珍藏本
纪念版

汉译世界学术名著丛书

企业的性质

起源、演变与发展

〔美〕奥利弗·E. 威廉姆森
西德尼·G. 温特 编

姚海鑫 邢源源 译

2017 年·北京

Edited by Oliver E. Williamson and Sidney G. Winter
THE NATURE OF THE FIRM
Origins, Evolution, And Development

根据牛津大学出版社 1993 年版译出

汉译世界学术名著丛书
（120 年纪念版·珍藏本）
出 版 说 明

2017 年 2 月 11 日，商务印书馆迎来 120 岁的生日。120 年前，商务印书馆前贤怀揣文化救国的理想，抱持“昌明教育，开启民智”的使命，立足本土，放眼寰宇，以出版为津梁，沟通中西，为中国、为世界提供最富智慧的思想文化成果。无论世事白云苍狗，潮流左右激荡，甚至战火硝烟弥漫，始终践行学术报国之志，无改初心。

迻译世界各国学术名著，即其一端。早在 20 世纪初年便出版《原富》《天演论》等影响至今的代表性著作，1950 年代后更致力于外国哲学和社会科学经典的译介，及至 1980 年代，辑为“汉译世界学术名著丛书”，汇涓为流，蔚为大观。丛书自 1981 年开始出版，历时三十余年，迄今已推出七百种，是我国现代出版史上规模最大、最为重要的学术翻译工程。

丛书所选之书，立场观点不囿于一派，学科领域不限于一门，皆为文明开启以来，各时代、各国家、各民族的思想与文化精粹，代表着人类已经到达过的精神境界。丛书系统译介世界学术经典，引领时代思想，为本土原创学术的发展提供丰富的文化滋养，为推动中国现代学术和现代化进程做出了突出的贡献。

为纪念商务印书馆成立120周年，我们整体推出“汉译世界学术名著丛书”120年纪念版的珍藏本，寄望既利于文化积累，又便于研读查考，同时向长期支持丛书出版的译者、编者和读者致以敬意。

两甲子后的今天，商务印书馆又站在了一个新的历史时间节点上。我们不仅要铭记先辈的身影和足迹，更须让我们的步伐充满新的时代精神。这是商务人代代相传的事业，更是与国家和民族的命运始终紧密相连的事业。我们责无旁贷，必须做好我们这代人的传承与创造，让我们的努力和成果不仅凝聚成民族文化的记忆，还能成为后来人可以接续的事业。唯此，才能不负前贤，无愧来者。

商务印书馆编辑部

2017年10月

前　言

罗纳德·H.科斯(Ronald H. Coase)的经典论文"企业的性质"最初发表于1937年。本书重印了此文和1987年为庆祝"企业的性质"发表50周年而举行的一次研讨会的参会论文。组织此会是我们二人难得的幸事。耶鲁大学组织与管理学院(Yale School of Organization and Management)利用阿尔弗雷德·P.斯隆基金会(Alfred P. Sloan Foundation)所赠资金资助该会,对此我们深表谢忱。

科斯教授具有与众不同的头脑,在解决当前某些最基本问题时,他设法永久地改变其对话方式。他一贯如此而非一时兴起。显然这种研究惯例首先必须想人所未想之问题,之后洞悉并考察其本质,最终还要用比前人更基本的方式加以详细阐述。

当然,这样会令其他人难堪。大家该如何对待这样一件明显正确、难于分析,却又颠覆了目前经济学理论基础的"赠品"呢?一种明智的反应是只在脚注中引用相关文章,而不在正文中关注其要旨。然而,正如后来的事实所证明,其张力迟早会受到大家的关注。

科斯教授从未因自己的研究超前于时代而退缩。在他看来,显示这种张力总比隐藏它要好。我们这些研究或关注经济组织问题的人——对经济组织的研究是整个经济学界都在直接或间接从事的——都应该永远感谢他。

本书第一章是综述，然后是科斯发表于1937年的那篇经典论文以及他在本次研讨会上所做的三篇演讲。本书还包括六篇参会论文和两篇受本次会议启发所撰写的论文。《法律、经济学与组织杂志》第四期（1988年春季号）刊登了本书中除导论和科斯1937年的论文以外的全部论文。在此我们十分感谢牛津大学出版社允许重印这些论文以及科斯1937年的论文。

正如本次会议和相关论文所揭示的，对组织的经济学研究方兴未艾。尽管该领域已经取得了实质性进展，但仍有许多问题悬而未决，有些问题则刚刚引起关注。鉴于有众多研究人才应用各种方法投身于该研究领域，我们对未来十年甚至五十年充满信心。而罗纳德·科斯继续积极参与该领域的研究发展，则是所有参会者以及整个经济学界的幸事。

奥利弗·E.威廉姆森

西德尼·G.温特

1990年7月于加利福尼亚伯克利

目　录

1 导论 3

奥利弗·E.威廉姆森

罗纳德·科斯(Coase,Ronald)的“企业的性质”于1937年首次公开发表,但其基本原理在科斯的心里早已具体化了,并出现在他1932年以前的信件中。尽管显现它的充分重要性花了很长时间,但那[①]确是一个有重大影响的事件。在1987年的一次研讨会上举行了“企业的性质”发表五十周年纪念活动。这里共收集了科斯1937年的论文、科斯在那次会议上所做的三篇演讲以及会议的其他论文。我按上述顺序对每一篇文章进行了简要的考察,并对正在进行的研究及研究议程提供一些观察。

1

1. 1937年的论文

“经济学家带给其他社会科学的主要优势仅仅是一种观察世界的方式”(科斯,1978,第210页)。但是,当一个共同的世界观把经济学家结合在一起时——实际上可以说成是规定了这个俱乐部的会员资格——少数经济学家敢于超越和改造那种世界观,它暂

---

① 指科斯的“企业的性质”于1937年公开发表。——译者注

时打乱了现状。罗纳德·科斯就是那些改造者之一;他 1937 年关于“企业的性质”的文章被认为是一篇经典,因为它改变了人们思考经济组织的方式。

科斯把他写这篇文章的目的描述为,提出一种既是现实主义的、又容易掌握的企业理论。尽管经济学中通常都认为“经济体系是通过价格机制来协调的”(第 19 页),但那只是一个局部的描述。经济体系也是由子系统构成的,大公司就是其中的一个显著的子系统。按照科斯的观点,当“一个工人从 Y 部门流动到 X 部门,并不是因为相对价格的变化,而是因为有人命令他这样做”时(第 19 页),就区分出了企业。显然,至少有两种协调机制:在市场内部,价格体系发出(分散的)资源配置需要和机会的信号;而企业使用不同的组织原理——科层制,因此,权力用来实现资源再配置。是
4 什么决定了一个企业选择哪些活动要自己来做,哪些活动要从外部获得呢?

该问题的一个简单答案就是,企业的自然边界是通过技术—经济规模、技术的不可分性等等来界定的。在这一传统中,把企业看成是生产函数 。但科斯不同意此观点。他正确地坚持认为,企业和市场是组织相同交易活动的可替代模式(第 19 页)。用日常的词语讲,该问题就是自制还是购买(make-or-buy)。那么,是什么决定了交易是如何完成的呢?

这就提出了一个深奥的难题,因为把企业看成是生产函数的方法提供不了什么。当然,企业有时把交易内部化,因为这样做可以起到减轻垄断压力(一个有效的要素比例)、加强垄断优势(一种策略性进入阻挠)、偷漏营业税或逃避企业间的贸易配额的作用。

所有这些特征可能并且已经在应用价格理论中得到了解释。但是，与技术决定论相结合的应用价格理论仅解释了企业所从事的全部活动的极小一部分。剩下的部分用什么来解释？

尽管其他人忽视了“剩下的部分”，但科斯却没有。相反，他提出了无论过去还是现在都是经济组织研究议程中核心的两个关键问题：“为什么存在（内部）组织？”（第 19 页）以及“为什么并非所有的生产都由一个大企业来完成？”（第 23 页）在对这两个问题的回答时，他进一步涉及了交易成本。

当然，科斯 1937 年提出的交易成本特点经受住了时间的检验，但在市场与科层在交易成本方面存在差异的一般观点上，并不那么令人满意。因此，科斯在回答第一个问题时声称，“建立一个企业是有利可图的主要原因似乎是利用价格机制时存在成本。通过价格机制‘组织’生产的最明显成本就是发现相关价格的成本”（第 21 页）。科斯引经据典，引用了尼古拉斯·卡尔多（Nicholas Kaldor，1934）和 E. A. G. 罗宾逊（E. A. G. Robinson，1934）的早期论述，以支持这样的观点，即由于管理收益递减的原因，企业的规模是有限的（第 23 页）。

尽管价格机制未能反映溢出成本或利益可能引起在其他方面无关的企业进行合并[戴维斯和惠斯顿（Davis and Whinston），1962]，但这一点与利用市场的主要成本就是确定市场价格的观点有很大的不同。然而，对溢出（外部性，市场失灵）的研究引起了人们对信息不对称、不确定性、不完全签约、双向依赖、第三方实施的限制等的注意，所有这些都有交易成本的起源，都跟研究比较经济组织有许多关联性。而且，含糊不清地阐述人们所描述的管理收益递减就是一种交易成本。需要有一种科层制理论，在这种理论中，在企业调解与市场调节（完全相同的交易）之间，比较的科层制成本的根源及后果是有区别的。结果是，近年来人们致力于评价不同治理结构的比较功效（表示为所组织的交易的功效）时，尽管
5 交易成本差异处于非常重要的地位，但科斯 1937 年所提到的交易成本特点在这种练习中并没有显著地出现。

尽管是这样，科斯仍然提出了引起人们继续研究的基本问题。但是，对科斯所提出的两个难题的反应要具体化却很慢长。尽管对“企业的性质”频繁引用，但在随后的三十五年间，企业理论大体上还没有交易成本的内容。科斯在他国家经济研究局的演讲中（1972，第 63 页）特别提到了这种延迟，在 1987 年的演讲中再次提到。

2. 1987 年的演讲

科斯为 1987 年的研讨会准备的三个演讲，涉及“企业的性质”之起源、意义和影响。这里没有按科斯所做演讲的顺序评论每一篇演讲，而是按照科斯及其所处的时代、“主要问题”、核心论点以及科斯所察觉的研究需要和机会，对这几个演讲进行考察。

2.1 自传

科斯的演讲是自传性的，并透露了许多他的背景和思想发展的内容。因此，尽管每个人都知道“企业的性质”于 1937 年发表，但科斯透露说，他一直在讲授这个题目，并且早在 1932 年他只有

21 岁时就得出了许多主要思想。科斯也谈及到他大学的经济学学习是相当不寻常的。由于他没有学习拉丁文，并不喜欢数学，所以他在伦敦经济学院学习的前两年没有选经济学课程，而学习了“法语、会计学、商务管理、工厂会计和成本会计、工业原材料与贸易、现代企业问题、企业融资、企业心理学等课程”（第 36 页）——这些课程现在看起来像是 MBA 课程。直到后来，特别是由于学习了阿诺德·普兰特（Arnold Plant）的课程，科斯才接触经济学，并提出了研究组织的经济学方法。

另一件轶事是，科斯叙述了阿巴·勒纳（Abba Lerner）对墨西哥的访问，“到墨西哥去见托洛茨基（Trotsky），以使他相信只要复制竞争体制的结果，并且让价格等于边际成本，那么在一个共产主义国家，一切都会是令人满意的”（第 39 页）。这就是 20 世纪 30 年代经济学的思维状况。

正如莱昂内尔·罗宾斯（Lionel Robbins）在《经济科学的性质和意义》一书中发表的有影响的观点所揭示的那样，实际上，当时关于经济制度的流行看法是，经济学本身应该涉及“高级的理论”，而制度在很大程度上是无关的（第 54 页）。在这样一个思想环境中，把企业看成生产函数的倾向是盛行的——这有助于解释 6
为什么科斯 1937 年的论文被认为是偏离正轨。相反，新的垄断—不完全竞争理论解决了生产函数的建立问题，并获得了极大的成功——其部分原因是“新的理论装置有一种优势，它能用图表进行表述说明，并且在讲课时无须去寻找现实世界发生了什么就可以把时间打发掉”（第 51 页）。

2.2 主要问题

科斯受到阿诺德·普兰特的很大影响，普兰特告诉他："生产者追求最大利润，并且相互竞争，因此，价格趋于等于成本，产出的构成是消费者评价最高的构成。普兰特还解释说，政府通常为特殊利益服务，促进的是垄断而不是竞争，并且普遍地实行一些使事情更糟的管制措施"（第37页）。科斯进一步评论说："我的基本态度过去（及现在）与普兰特相同，即我们的经济体系基本上是竞争性的。因此，对企业的出现的任何解释都必须应用到竞争性条件，尽管垄断在特殊情况下可能是重要的"（第54页）。因而，科斯强调经济组织理论需以对成本（而不是垄断）的考察为根据，而成本则需要比较地加以研究（第59页）。因此，关于交易成本的比较节约（问题）就成为主要问题——而垄断和其他的解释都可以算作是精练、限定、扩展等等，但这些都不具备成为"主要问题"的资格。

2.3 核心论点

接下来的问题就是如何对这种表述做出反应。尽管科斯赞成普兰特的观点，即竞争能为经济体系的自行运转提供必要的协调，不过他认为这种方法是不完善的：该方法遗漏了"企业管理和雇主—雇员关系的不引人注意的作用"（第38页）。科斯利用他1932—1933学年的卡塞尔旅行奖学金，研究了美国的纵向和横向一体化。他参观了许多美国大的制造企业，收集和解释的"数据"，"要比经济学中惯常见到的数据更加适合于微观分析，更加适合于比较对照"（第44页）。

资产的特征在选择企业还是市场以及在长期合约设计中可能起着关键作用，尽管这种可能性引起了科斯的兴趣（第 43 页，第 45—46 页，第 70—71 页），但他并没有把它作为重要特征。这是因为，专用投资所具有的机会主义危险“常常通过需要考虑企业的行为对未来经营的影响而得到有效的抑制”（第 71 页）。他的调查揭示了“存在‘许多合约的方法’，这些合约方法将避免与为满足一个客户而进行的资本投资相联系的风险，而且事实上，独立的企业一般都进行过这样的投资”（第 46 页）。 7

科斯并没有研究这样的声誉效应何时起好作用或不好作用、哪些条件可论证是与企业理论和市场组织相关的——甚至是主要的，而是假设企业运转正常，并认为“企业的区分标志是对价格机制的替代”（第 56 页）。因此，雇佣关系的性质就成了重要的焦点。一个合约被许多合约所取代，并且雇员在企业的界限内（第 56 页）“同意服从企业家的指挥”。当“在一家大企业工作的人……发现工作条件不如一家小企业有吸引力，因此要求更高的报酬以进行补偿”时（第 59 页），对企业规模的限制就产生了。关于企业、市场及混合组织的一种预言性理论——交易会通过哪一种组织模式以及为什么通过这种模式来组织——显然并不是科斯 1937 年所关注的。相反，对（与市场有关的）企业的收益和成本的一种非常全面的比较则是他所关注的（第 66—67 页）。

2.4 研究进程

然而，按照科斯对未来的看法，他把他 1937 年的论文的主要缺点看成是“利用雇主—雇员关系作为企业的原始模型”，并注意到“没有对通过收购、租赁、借入资本等企业融资进行考察”(第65页)。他1937年的论文更一般地导致了“过分强调企业是作为它所使用的投入的购买者”,其结果是使“经济学家们容易忽视企业、管理企业的主要活动”(第65页)。他现在认识到需要超越对“企业为什么存在”的解释,科斯1937年所全神贯注的是,研究“企业所履行的功能在企业内部是如何划分的”(第73页)。按照这一思路,他观察到企业管理任何特殊活动所发生的成本“大概在很大程度上都是由企业所承担的其他活动所决定的”(第67页)。

紧迫的研究需要和研究机会是要完成“一个理论方案,该方案将把所有这些因素联系在一起,形成一个连贯的理论体系”(第67页)。“所有这些相互联系均受到法律状况的影响”也是肯定的(第73页)。因此,应把法律、经济学和组织方法与该问题结合在一起来考虑。

3. 本次研讨会论文

本次研讨会准备了六篇论文,另外两篇论文是本次研讨会授意写的。第一篇会议论文是舍温·罗森(Sherwin Rosen)写的,他考察了“交易成本和内部劳动力市场”。罗森首先注意到,传说的科斯不喜欢数学是令人惊讶的——认为他的观点有许多是数学性
8 质的(第75页)。然而,语言的选择只是达到目标的一个工具。毕竟,目标是要以严谨的方式提出重要的思想。尽管数学是一种严谨的语言,但科斯有一种异乎寻常的细致而敏感的智慧,他用散文的方式成功地把他的思想传递给了广大读者。

罗森回忆了利用价格体制得出自发协调与求助于科层实现有意识的协调之间的紧张关系。为什么会有这两种体制？哪一种交易在哪儿发生？罗森的回答是，对企业基本原理的阐述应依据于企业的专用人力资本与非人力资本的条件。因此，他让读者设想有一条假设的生产线，在这条生产线上。每位工人都有自己的位置。罗森接着询问，在这样的一个组织中，分权的价格体制能否有效地实施这个方案。他得出的结论是，这样做可能会非常复杂(第80页)，而且需要不切实际的知识(第81页)。

接着，罗森考虑了这样一种可能性，即企业内部的分权可以通过自我实施性质的惩罚与奖励来实现。如果可行的话，就可以避免必要的监督，而且这就是现代代理理论的方法。然而，考察后发现，这种方法也导致了复杂化，并做了不合理的知识假设(第84页)。这诱使罗森提出一个内部劳动力市场理论，在该理论中，有意识的协调具有如下特征："激励、检验、职务分派和报酬必须在一个动态的人事系统内进行分析"(第87页)。

我的文章题为"经济组织的逻辑"，研究如何实施科斯的想法，即交易成本差异是市场、科层及混合组织模式的主要原因。一项交易从市场到科层的转换具有一定特征，其关键的权衡选择(trade-off)是牺牲的激励强度有利于更大的(双向的)适应性。

只有通过对区分企业和市场的微观分析过程的差异的考察，才能发现权衡选择的全部。因此，由于"选择性干预的不可能性"，企业内部的激励强度退化了，而且市场在适应性方面受到基本转换的限制——在合约执行期间及在合约重新签订时，大量的事前投标竞争转换成了少量的交换关系。

交易成本经济学的实施需要三个关键步骤：即需要阐明基本分析单位、识别人性的根本属性、描述组织的时际(intertemporal)①过程的转化。对第一个问题，我的回答是采纳约翰·R.康芒斯(John R. Commons)的建议，即把交易作为基本的分析单位，因此，把注意力放在交易的维度化(dimensionalization)上。有限理性和机会主义这两个假设是交易成本经济学所依赖的行为属性。

经济组织的一个预见性理论是以一种可辨别的(主要是交易成本的节约)方式，把(在属性上不同的)交易与(在成本和权限上不同的)治理结构联系在一起。把(以上面所描述的过程转化为特征的)这种观点应用到纵向一体化和区别利用负债与权益(equi-
9 ty)中，这种应用的框架就描绘出来了。

保罗·乔斯克(Paul Joskow)的论文研究的是"资产专用性与纵向关系结构：经验研究"。他首先思考了他自己的知识形成，回忆了人们对以严谨的方式所使用的交易成本观点的严重怀疑(第118页)。即使有人劝说他，关于产业组织的比较制度方法已有大量介绍，尤其是出于对反托拉斯实施的重新思考和重新表述的目的，他没有注意到该方法与他自己对管制的兴趣有关(第118页)。然而，当管制作为签约问题而提出，以及交易成本经济学用于评价自然垄断的特许权投标的功效时，情况就不同了。据此，乔斯克[与理查德·施马兰西(Richard Schmalensee)合作]以比较签约的形式考察了电力行业的纵向一体化(第123—124页)。结果就形

① intertemporal 直译为"跨时期的、不同时间的"，这里译为"时际"。——译者注

成了管制与放松管之间的显著分歧。

乔斯克接着考察了近年来纵向一体化和长期签约问题的经验研究，其中资产专用性的类型及程度是一个解释变量（第126—133页）。尽管存在数据收集方面的困难和度量问题，但这种经验研究已在稳步地进行。积累的证据支持了合约关系的治理随资产专用性程度系统地变化这一命题。因此，市场优先用来调解非专用性资产，混合签约形式随着资产专用性的逐步形成而出现，而科层（纵向一体化）专门用来处理双边依赖性特别大的交易。

奥利弗·哈特（Oliver Hart）的那篇题为"不完全合约与企业理论"。尽管代理理论能容易并有效地涉及机会主义（以逆向选择和道德风险的形式）的条件，但要服从于有限理性的条件也很勉强。原因很简单：所有内容广泛的签约理论都把全部签约行动集中于事前激励合作上，代理理论只是其中之一。然而，对于经济组织的研究而言，有限理性的中心训诫（lesson）就是所有的复杂合约都不可避免地是不完全的。因此，如果承认有限理性的话，就需要关于事后治理的明确规定。

然而，该训诫长期没有人反对，尤其是因为不完全签约的正式模型是极为困难的。桑福特·格罗斯曼（Sanford Grossman）和奥利弗·哈特1986年的论文提出了一个不完全签约性质的新模型，打破了以前的签约传统。那篇论文和哈特的会议论文的主要结果就是所有权问题。正如哈特指出的，"合约的不完全性打开了所有权理论的大门"（第141页）——尽管在一个内容广泛的签约方案下所有权是无关的。

哈特的会议论文建立在早期的交易成本的研究之上，在交易成本中，资产专用性是其特征。该理论把注意力完全集中在实物资产的所有权上，并利用剩余控制权的概念解释纵向一体化的成本与收益。论文举了三个例子，每个例子都说明——对于一项单个资产、两个横向相关的资产和纵向一体化——所有权的分配具有生产力的结果。哈特通过观察得出结论，探讨这类问题的研究前景是非常令人兴奋的(第 154 页)。

哈罗·德姆塞茨(Harold Demsetz)的那篇对企业理论的过去、现在、将来做了一个综述。如他所观察到的，新古典市场理论把企业看成是一个“为方便讨论价格体系所采用的华丽工具”(第 161 页)。为此，尽管简化企业理论的需要非常现实，但由此而产生的结果也付出了巨大的成本。为了研究市场及均衡之目的，什么是分析**方便**的企业理论逐渐被看成为一种为了理解经济组织之目的的**适合的**企业理论。尽管一种满足所有目的的企业理论有优势，但后者是一个重大错误。

那种失误不可能永远不被注意，科斯 1937 年的论文明显地反对该条件，许多近期的研究也在尝试着矫正它。然而，以德姆塞茨的判断，近期的研究——团队理论[阿尔奇安(Alchian)和德姆塞茨，1972]、代理理论[詹森(Jensen)和麦克林(Meckling)，1976]及交易成本类型——并没有取得足够的成功。

德姆塞茨对交易成本经济学提出的问题之一与术语有关：他主张，**交易成本**这个术语应专门用于市场，而**管理成本**则用于企业，而不是用交易成本对称地描述各种治理形式间的成本差异。然而，缺乏一般的成本分类使得这种比较变得复杂了，尤其是在引入混合的组织形式(特许经营、合资等)后。

更重要的是，德姆塞茨并不相信资产专用性具有人们所认为的解释性作用。需要问但还没有人问的关键问题是：“什么时候一个合约关系更具有企业特征？”（第170页）。他认为，有三个因素明显地与具有企业特征的协调相联系：专业化、联合的连续性、对指令的依赖。有趣的是，前两个与资产专用性条件密切相关。（玫瑰用别的名字闻起来不一样吗？）进而，第三个与前两个有关联，似乎承认了命令的功效。要是这样的话，德姆塞茨和阿曼·阿尔奇安一起修正了早期所坚持的观点，即命令并不是企业的显著特征（阿尔奇安和德姆塞茨，1972）。

尽管这样，德姆塞茨主张将来对企业理论的研究需要更加关注获取和利用知识的经济学。对这种联系，他观察到“以专业化知识为基础进行生产的人……[不必]自己拥有这些知识”。这是因为其他人的活动可以受到“那些拥有……[更多]知识的人的指导”（第172页）。因此，在企业理论的后续研究中，管理的作用需要加以更大的突出。

西德尼·温特（Sidney Winter）的那篇题为“关于科斯、能力和企业”。像德姆塞茨一样，温特把成为微观经济理论教科书特色的正统的企业理论同一种特别强调企业独特的生产力特征的理论需要进行了对比。接着，在讨论关于企业的演化和交易成本观点 11
之前，他对四个正统性批评——方法论的个人主义、不能处理科斯的核心疑问、非现实主义以及不能把企业作为一个权限的场所——一一进行了考察。

鉴于交易成本经济学从科斯1937年的文章获得灵感，演进经济学被阿尔奇安的经典论文“不确定性、演进与经济理论”（1950）

赋予了灵感。有趣的是，每一篇论文（因此每一种方法）都是在有限理性组织之外产生的。但是，对交易成本经济学来说，范式问题是自制还是购买决策，它具有把企业分解成若干组成部分的作用；相反，演进经济学采用的是一种企业的系统观点，获得与利用知识是企业的特征。因为“系统的业绩作为一个整体与对整体的最重要反馈相联系，完全可能的情况是，[对一个子系统来说]一个非常好的解决方案……问题能够解决，但至少在一段时间，在[整个系统的]其他方面可能产生大量的失策成本负担”（第 191 页）。

在组织研究中，次优化是一个长期的问题，有时不可避免地让步于有限理性的限制。但次优化有时可以得到纠正——即通过把它放到一个更大的系统范围里，这时它就作为一个部分，并重新评价局部解。路径依赖的考虑也需要把它视为因素。像德姆塞茨一样，温特还强调在未来企业理论的研究中获得和利用知识的重要性。

本书以斯考特·马斯特恩（Scott Masten）关于“企业的法律基础”的论文和本杰明·克莱因（Benjamin Klein）关于“作为组织所有权的纵向一体化”的论文作为结束。马斯特恩对广为坚持的观点即企业仅仅是一个“契约关系”表示异议。他认为企业和市场在性质上是不同的，因为在与商业契约相比较时，应用于雇佣关系的法律规则存在着差异。因此，商业法律被设计成保护当事人之间的相当大的自主权，而可用于内部组织的法律却被设计成打破自主权——由此，存在“可用于雇佣交易的机制或制裁，它对独立的签约方并不同样有效”（马斯特恩，1988 年，第 199 页）。治理雇佣合约的法律有“可能在很大程度上从雇员扩大为雇主的含义”

(1988年,第208页)。结果就是企业和市场存在差异,因为雇主有法律基础,以此希望从雇员那里得到更大的服从、忠诚、尊重和诚实(第200页)。结果,企业就不只是一个中性的契约关系。

与科斯和德姆塞茨相反,本杰明·克莱因主张资产专用性所具有的签约风险确实对经济组织有显著影响。当然,每个人都同意这样的说法:企业不会违约;或相反,如果不适当考虑到市场的信誉处罚效应就会产生机会主义行为。然而,那是为了阻止机会主义而不是消除它。因而,机会主义通过信誉处罚效应(科斯,第 12
71页)“通常得到有效抑制”的事实并不是决定性的。这个问题也是不同组织形式的比较功效之一。克莱因重新考察了费雪车身公司与通用汽车在20世纪20年代企业间签约的经历,并得出结论:费雪车身公司与通用汽车签订的“长期、固定价格规则、排他性交易的合约”不仅有缺陷,而且为费雪公司向通用汽车索要高价(hold up,或敲竹杠)提供了极大的可能——费雪公司就是这么做的(第216页)。尽管市场有信誉处罚效应,但这两个生产阶段的纵向一体化需要减轻这种紧张压力。

克莱因还区分了实物资产专用性与人力资产专用性,并指出后者具有更严重的签约问题。与温特把企业看成是知识获得与利用的联结体一样,克莱因极力主张“组织存在于其雇员的人力资本中”,而且管理团队“大于各个部分之和”(第220页)。

4. 研究议程

本书论述了过去、现在和将来关于经济组织的研究,那么我们从中能得到什么结论呢？人们一致同意的一个结论是，罗纳德·H. 科斯是他那个时代最有影响的经济学家之一。他的基本思想推动了经济学家重新考虑原始的问题。科斯对他的核心要旨作了非常精妙的表述，那就是：企业和市场组织之间的选择既不是给定的，也并不主要由技术来决定的，而主要反映了节约交易成本的努力；对交易成本的研究显然是比较制度的一个任务；这种非常相同的比较契约的方法应用到经济组织的研究中是十分普遍的——包括混合的经济组织形式、外部性和管制。[1]

过去 15 年已表明，有关组织的微观经济学的研究及兴趣正不断增加。曾经是传统的观点认为，企业是一个生产函数，而价格和产出是有重要关系的信息。这种观点仍然适用，但也受到了限制。通过透视交易成本节约，以各种形式对经济组织的研究已取得了进展。而且，越来越多的人同意，应该处理的更多的是微观分析方面的信息，而不是迄今人们认为必要的信息。的确，有理由相信，切斯特·巴纳德（Chester Barnard）50 年前（1938，第 290 页）提及的难懂的“组织科学”在 20 世纪 90 年代可能会形成。在这种联结中有关的内容是下面的观察和建议：[2]

A. 经济组织理论

1. **比较治理**。如果企业是一种治理结构，那么企业的边界应该针对企业（作为与市场的比较）提供有用的组织功能的能力来设定。因此，企业的比较交易成本节约理论必须与企业的技术理论同时产生。这种比较治理方法正在出现。

13 2. **系统考虑**。为了避免子系统的分析无法考虑到团队因素、组织间的作用、时际效应或法律与政治因素，交易成本的分析必须放到一个更大的范围里。商业企业作为一个整体大于并区别于各个部分之和的方式和原因需要加以说明。需要设计新的分析工具并解决更多的分支问题。这种系统因素分析也正在出现。

3. **保护**。如果针对失败和未到期违约提供合约保护的利益随交易的属性系统地变化，那么，一个经济的合约理论将对某些交易要求有显著的保护，而对其他交易则没什么保护要求。实际上就是这样，而数据也支持这一点。[3]

4. **一般性**。如果上述的合约理论有一般的应用，它应该——随着变化——应用于劳动力、中间产品及资本市场交易等。

a. **劳动力**。劳动力的集体组织（工会）和在内部劳动力市场出现的治理结构应该随劳动力的属性系统地变化。初步的证据认为是这样。

b. **中间产品**。自制还是购买决策应该随交易的属性系统地变化。有大量的证据证明这一点。[4]

5. **漏损**。要封锁某些技术或防止某些投资发生挪用性损失，显然会引起不同性质的漏损稀释。实际确实发生了漏损。[5]

6. **内部组织的限制**。为避免过度使用内部组织而带来成本不断增加的相反后果，需要以不同的方式利用内部组织。需要解决市场与科层间的权利与限制、显示基本的权衡选择、逐步建立数据、发现细微的差别。更一般地，必须把市

场失灵与组织失灵放在同等地位。这方面的工作正在进行。

7. **完整性**。不断强调效率不应该掩盖人类的个体需求——尤其是个人的完整性。必须解决完全尊重(或损坏)不同类型的市场与科层的属性的问题。

B. 在实用领域中的应用

1. **财务**。可以把负债和股东权益描述为财务工具。但如果这两个工具间关键的经济差别还依赖于它们的治理结构差别时,仅用财务术语来思考负债和权益就容易使人误解。需要一种把公司财务和公司治理相结合的理论。这里面涉及联盟资本主义(制度)问题。这方面的研究正在进行中。[6]

14 2. **营销**。市场营销的合约方法会导致各种理论的出现,如促进销售的正向整合、使用特许经营、利用代理商等等。这类研究和相关证据正在取得进展。[7]

3. **比较体制**。在比较经济体制的研究中所使用的各种方法已取得了不同程度的成功。对资本主义与社会主义的激励特征和科层制特征——权利、限制、各自的矛盾——的评价是非常需要的。

4. **经济发展**。现时的方法是要以一种更为制度导向和微观分析的方式考察经济发展。旧的理论——新古典、寻租、产权性质——完全无法提出、更很少能抓住许多恰当的制度问题。

5. 企业战略。战略性思维总是有吸引力的。但许多战略的制定是错误的，并且可能是昂贵的。需要制定战略的不同理论——何时实施、何时不实施、战略手段是什么、如何实现战略。比较合约的方法提供了一些必要的框架。

6. 经营史。经营史既应该为经济学和组织相结合的研究提供信息，又应该从这种研究中获取信息。经营史是一个似乎正在经历新生活的领域。

C. 在邻近学科中的应用

1. 政治学。关于如何组织受规章限制的代理机构以及如何构建联邦制度的合约理论将大大地增加我们对政治学的理解。这两类研究正在进行中。[8] 而且，非常需要一种对政治制度、可信签约和经济发展相结合的评价。这方面也已经开始形成。[9]

2. 国际企业。用治理结构/组织的术语来重新构造现代公司的概念，已形成了一个分支，用这种方法可以解释跨国公司。为推动技术转让而有选择地利用跨国公司就是一例。更为一般地，用跨国术语——它的一个分支是独立国家理论——来思考跨国公司是有益的。[10]

3. 社会学。新的组织经济学已使经济学和社会学开始建立积极的联系，而过去两者之间存在很大距离。需要充分的对话，而且是有希望的。[11]

4. 法律。除了反托拉斯和管制外，新的组织经济学对公司治理和合同法具有重要意义。尤其是，“赦免教条”的新解释、难懂的赎罪基本原理等都需要加以解决。

D. 公共政策

1. 反托拉斯。对商业的公共政策需要人们了解和相应地改革。这也正在进行。反托拉斯法已经得到改造(尤其是关于纵向一体化和纵向签约实践),而且更多的充满希望——共同研究创立新企业就是一个例子。[12]

2. 管制。如果合约在某些环境下起作用,而在其他环境下显然会违约,那么,放松管制(用自主签约取代管制)的优点应该是容易分析的。放松管制——包括错误的放松管制——应该沿着这些线路进行检验。[13]

3. 微观/宏观。宏观经济学的微观基础也需要以一种比较合约的方法重新进行考察。该领域几乎是一片空白。[14]

注　释

1 这三点是基于我对科斯著作的评论,《企业、市场和法律》(威廉姆森,1989,第 223—224 页)。

2 这里的材料是依据我的那篇关于“切斯特·巴纳德与组织的初始科学”的文章(威廉姆森,1990)。

3 特别见乔斯克(Joskow)的论文(1985、1987、1988)和其中的参考文献。

4 这许多在威廉姆森的著作中有概述(1985,第 5 章)。

5 见戴维·蒂斯(David Teece)(1986)和简·海德(Jan Heide)及乔治·约翰(George John)(1988)。

6 见迈克尔·格拉奇(Michael Gerlach)(1987)、青木昌彦(Masahiko Aoki)(1988 年)和埃里克·巴戈洛夫(Eric Berglof)(1989)。

7 见厄因·安德森(Erin Anderson)和戴维·施密特莱因(David Schmittlein)(1984)以及乔治·约翰和伯顿·维茨(Burton Weitz)(1988)。

8 见特里·穆伊(Terry Moe)(1990)以及维因加斯特和马歇尔(Weingast and Marshall)(1988)。

9 见道格拉斯·诺思(Douglass North)和伯利·维因加斯特(1989)以及加里·米勒(Gary Miller)(1989)。

10 见罗伯特·凯欧哈尼(Robert Keohane)(1984)和贝思与罗伯特·亚伯拉罕(Beth and Robert Yarborough)(1987)。

11 见马克·格雷诺维特(Mark Granovetter)(1985)和威廉姆森(1988)。

12 关于后者,见托马斯·乔迪(Thomas Jorde)和戴维·蒂斯(1989)。

13 见威廉姆森(1985,第 13 章)和乔斯克与施马兰西(Schmalensee)(1983)。

14 见阿瑟·奥肯(Arthur Okun)(1981)、迈克尔·瓦切特(Michael Wachter)与威廉姆森(1978)、威廉姆森(1986)。

参考书目

Alchian, Armen. 1950. "Uncertainty, Evolution and Economic Theory," 58 *Journal of Political Economy* 211—21.

——. 1984. "Specificity, Specialization, and Coalitions," 140 *Journal of Economic Theory and Institutions* 34—49.

——, and H. Demsetz. 1972. "Production, Information Costs, and Economic Organization," 62 *American Economic Review* 777—95.

Anderson, Erin, and David Schmittlein. 1984. "Integration of the Sales Force: An Empirical Examination," 15 *The Rand Journal of Economics* 385—95.

Acki, Masahiko. 1988. "The Nature of the Japanese Firm. as a Nexus of Employment and Financial Contracts: An Overview," 3 *Journal of the Japanese and International Economies* 345—66.

Berglof, Eric. 1989. "Capital Structure as a Mechanism of Control: A Compari- 16 son of Financial Systems." In Masahiko Aoki, Bo Gustafsson, and Oliver Williamson, eds., *The Firm as a Nexus of Treaties*. London: Sage Publications.

Coase, Ronald H. 1937. "The Nature of the Firm," 4 *Economica N. S.* 386—405[chapter 2 of this volume].

——. 1972. "Industrial Organization: A Proposal for Research." In V. R. Fuchs, ed., *Policy Issues and Research Opportunities in Industrial Organization*. New York: National Bureau of Economic Research.

——. 1978. "Economics and Contiguous Disciplines," 7 *Journal of Legal Studies* 201—11.

——. 1988. *The Firm, the Market, and the Law*. Chicago: University of Chicago Press.

Commons, John R. 1934. *Institutional Economics*. Madison: University of Wisconsin Press.

Gerlach, Michael. 1987. "Business Alliances and the Strategy of the Japanese Firm," 30 *California Management Review* 126—42.

Granovetter, Mark. 1985. "Economic Action and Social Structure: The Problem of Embeddedness," 91 *American Journal of Sociology* 481—501.

Grossman, Sanford J., and Oliver D. Hart. 1986. "The Costs and Benefits of Ownership: A Theory of Vertical and Lateral Integration," 94 *Journal of Political Economy* 691—719.

Heide, Jan, and George John. 1988. "The Role of Dependence Balancing in Safeguarding Transaction-Specific Assets in Conventional Channels," 52 *Journal of Marketing* 20—35.

Jensen, Michael, and William Meckling. 1976. "Theory of the Firm: Managerial Behavior, Agency Costs, and Capital Structure, 3 *Journal of Financial Economics* 305—60."

John, George, and Barton Weitz. 1988. "Forward Integration into Distribution," 4 *Journal of Law, Economics, and Organization* 337—56.

Jorde, Thomas, and David Teece. 1989. "Innovation, Cooperation, and Antitrust. "Unpublished manuscript.

Joskow, Paul L. 1985. "Vertical Integration and Long-term Contracts," 1 *Journal of Law, Economics, and Organization* 33—80.

——. 1987. "Contract Duration and Relationship-Specific Investments," 77 *American Economic Review* 168—85.

——. 1988. "Asset Specificity and the Structure of Vertical Relationships: Empirical Evidence," 4 *Journal of Law, Economics, and Organization* 95—117[chapter 8 of this volume].

——, and Richard Schmalensee. 1983. *Markets for Power*. Cambridge, Mass.: MIT Press.

Kaldor, Nicholas. 1934. "The Equilibrium of the Firm," 44 *Economic Journal* 70—91.

Keohane, Robert. 1984. *After Hegemony: Cooperation and Discord in the World Political Economy*. Princeton, N. J. : Princeton University Press.

Miller, Gary. 1989. "Confiscation, Credible Commitment and Progression Reform in the United States," 145 *Journal of Institutional and Theoretical Economics* 686—92.

Moe, Terry. 1990. "The Politics of Structural Choice: Toward a Theory of Public Bureaucracy." In Oliver Williamson, ed., *Organization Theory*. New York: Oxford University Press.

North, Douglass, and Barry Weingast. 1989. "Constitutions and Commitment: The Evolution of Institutions Governing Public Choice in Seventeenth-Century England," 49 *Journal of Economic History* 803—32.

Okun, A. 1981. *Prices and Quantities: A Macroeconomic Analysis*. Washington, DC: The Brookings Institution.

Robbins, Lionel. 1932. *An Essay on the Nature and Significance of Econom-* 17
ic Science. London: Macmillan.

Robinson, E. A. G. 1934. "The Problem of Management and the Size of Firms," 44 *Economic Journal* 240—54.

Teece, David J. 1986. "Profiting from Technological Innovation," 15 *Research*

Policy 285—305.

Wachter, Michael, and O. E. Williamson. 1978. "Obligational Markets and the Mechanics of Inflation," 9 *Bell Journal of Economics* 549—71.

Weingast, Barry, and William Marshall. 1988. "The Industrial Organization of Congress," 96 *Journal of Political Economy* 132—63.

Williamson, Oliver E. 1985. *The Economic Institutions of Capitalism*. New York: Free Press.

——. 1986. "A Microanalytic Assessment of 'The Share Economy,'" 95 *Yale Law Journal* 627—37.

——. 1988. "The Economics and Sociology of Organization: Promoting A Dialogue." In George Farkas and Paula England, eds., *Industries, Firms, and Jobs*. New York: Plenum.

——. 1989. "Review of Ronald Coase's The Firm, the Market, and the Law," 77 *University of California Law Review* 2223—31.

——. 1990. *Organization Theory: From Chester Barnard to the Present and Beyond*. New York: Oxford University Press.

Yarborough, Beth, and Robert Yarborough. 1987. "Institutions for the Governance of Opportunism in International Trade," 3 *Journal of Law, Economics, and Organization* 129—39.

2 企业的性质(1937) 18

罗纳德·H. 科斯

经济学理论一直饱受不能清晰阐明其假设之苦。经济学家在构建理论时,经常忽略考察其建立的基础。而这种考察又是不可或缺的,不仅为防止因缺乏理论所依据的假设知识而产生的误解和无谓争论,还因为经济学在选择相互竞争的各组假设时做出良好判断极为重要。比如,有人提出经济学中对“企业”一词的使用与“一般人”对该词的使用可能有所差异。[1]由于经济理论有从单个企业而非产业开始分析的明显趋势,[2]就更有必要不仅应清晰定义“企业”一词,而且如果它与“真实世界”中的企业存在差异,还应明确界定这一差异。罗宾逊(Robinson)夫人曾说过“对经济学中的一组假设应提两个问题:它们易于处理吗?它们是否符合实际”?[3]尽管正如罗宾逊夫人指出的,“通常是这组假设易于处理,而那组假设符合实际。”但确实有一些理论,其假设可能既易于处理又符合实际。希望下文定义的企业不仅从其与真实世界中企业含义的一致性意义上看具有现实性,而且用马歇尔(Marshall)提出的经济学分析的两大最有力工具,即边际概念和替代概念,合称边际替代概念,都易于处理。[4]该企业定义当然也必须“与能够被准确*认知*的正式关系相联系”。[5]

I

为便于我们定义企业，首先考虑经济学通常如何看待经济体系。想想阿瑟·萨尔特爵士（Sir Arthor Salter）描述的经济体
19 系。[6]“正常的经济体系自行运转。就其目前运行而言并不处于中央控制之下，所以也无须中央监视。全部人类活动范围和人类需要借助一个自动的、富于弹性的和反应灵敏的过程，供给根据需求调整，同时，生产根据消费调整。”一位经济学家视经济体系由价格机制协调，同时社会不再是组织，而变为一个有机体。[7]经济体系“自行运转”，但这并不意味着没有个体计划。这些个体计划从事预测，并在各种方案中进行选择。这是经济体系井然有序的必要条件。然而，这一理论假定资源的流向直接依靠价格机制。事实上，这经常成为反对经济计划的理由，因为经济计划只是去做价格机制已完成的任务。[8]然而，阿瑟·萨尔特爵士描绘的只是一幅不完整的经济体系画面。在企业中，这种描绘根本不适用。比如，我们发现经济理论中价格机制决定生产要素在不同用途之间的配置。生产要素 A 的价格在 X 中比在 Y 中高，结果 A 从 Y 流向 X，直到 X 和 Y 之间的价格差异消失，除非 A 用于补偿其他差异化优势。但在现实世界中，我们发现这种解释在许多领域并不适用。若一位工人从部门 Y 转到部门 X，其调动并非由于相对价格的变化，而是服从命令。那些基于价格变动能解决问题之理由从而反对经济计划的人可以得到答案，他们指出，我们的经济体系中存在计划，这种计划与上面提及的个体计划截然不同，而且类似于通常

所称的经济计划。上述例子在大部分现代经济体系中很有典型意义。经济学家当然未曾忽视这个事实。马歇尔引入组织作为生产的第四要素;J. B. 克拉克(J. B. Clark)赋予企业家协调职能;奈特(Knight)教授识别从事协调工作的管理者。正如 D. H. 罗伯逊(D. H. Robertson)所指出的,我们发现了"在这无意识合作的海洋中屹立的有意识力的岛屿,宛如牛奶中凝结的奶油"。[9] 但鉴于人们认为价格机制能够进行协调这一事实,为什么又需要组织呢?为什么存在着这些"有意识力的岛屿"?在企业之外,价格变动指导生产,而生产由市场上的一系列交易来协调。在企业之内,消除了这些市场交易,取代充斥交易的复杂市场结构的是企业家——也就是指挥生产的协调者。[10] 显然这是另一种协调生产的方法。然而,既然注意到如果价格变动调节生产、生产在无须任何组织时就可以进行这一事实,我们很可能要问,为什么还存在组织呢?

当然,价格机制被替代的程度大相径庭。在一家百货商场中,不同部门楼内位置的分配可能由控制权威掌握,也有可能是场地竞争价格投标的结果。在兰开夏的棉纺织业中,一个织布商可凭
信用租赁电力、店铺,并获取织布机和纱线。[11] 而这种不同生产要 20
素间的协调通常无须价格机制的干预即告完成。显然,替代价格机制的"纵向"一体化的程度因产业和企业不同而相差悬殊。

我认为,可以假设企业的显著特征就是替代价格机制。当然,正如罗宾斯教授指出的,企业"与由相对价格和成本构成的外部网络相关联",[12] 但重要的是揭示这种关联的确切性质。莫恩斯·多布(Maurice Dobb)先生在讨论亚当·斯密(Adam Smith)资本家的概念时,非常生动地描述了在企业内与在经济体系内配置资源

的区别:“开始发现存在着某些比企业家掌控的每家工厂或单位的内部关系更重要的东西;存在着企业家与超出其直接管辖范围之外的其余经济世界的关系……企业家忙于企业内部的劳动分工,并有意识地进行规划和组织”,但“他仍与更广阔的经济领域相关,在这广阔的经济领域中他自己只是一个专业化单位。所以,他在一个较大的组织中扮演着一个单个细胞的角色,几乎意识不到自己在发挥着更大的作用”。[13]

鉴于经济学家视价格机制为协调工具的同时又承认“企业家”的协调功能这一事实,探询为什么在某种情况下协调是价格机制的工作而在另外情况下又成了企业家的任务,的确是重要的。本文的目的就是要缩小经济理论中关于通过价格机制配置资源的假设(出于某种目的)和依赖于企业家—协调者配置资源的假设(出于其他目的)之间出现的鸿沟。我们必须解释实践中在这两种假设之间作出选择的基础。[14]

II

我们的任务是尝试弄清楚为何企业竟然会出现在专业化的交换经济中。如果替代价格机制的关系是人们自己想得到的,价格机制(单纯从配置资源方面考虑)便会被替代。举例来说,如某些人愿意在另一个人的指挥下工作,上述情况就会出现。这些人为了能在某人手下工作会接受较低的报酬,企业就因此而自然产生,但这并不是企业产生的一个十分重要的理由,因为当人们通常趋向于寻求“做自己的主人”的好处时,[15]就会有一种相反倾向起作

用。当然,如这种愿望不是受人指挥,而是指挥和控制别人,人们
可能会为此放弃某些东西,即支付给别人多于价格机制下所得到
的报酬,从而达到指挥这些人的目的。但这意味着他们是为了能
指挥别人而付钱,而不是以指挥别人来赚钱,显然在大多数情况下
这不现实。同以其他方式生产的商品相比,[16]购买者更偏爱由企 21
业生产的商品,这样企业也可能存在;但是,即使是这种偏好(假如
它们存在)的重要性可以忽略不计,在现实世界中企业依然存
在。[17]所以,必然有其他相关的因素存在。

建立企业是有利可图的主要原因似乎是利用价格机制是有成本的。通过价格机制"组织"生产活动的最明显的成本就是发现相关价格的成本。[18]随着出售这类信息的专业人员的出现,这种成本可能减少,但却不能消除。市场中发生的每一笔交易的谈判费用和签约费用也必须加以考虑。[19]此外,在某些市场中,如农产品交易,可以发明一种技术使合约成本最小,但不可能令其消除。确实,当企业存在时,合约不会被取消,但却大大减少了。某一生产要素(或它的所有者)不必与企业内部同他合作的一些生产要素签订一系列的合约。当然,如这种合作是价格机制起作用的直接结果,一系列的合约就是必需的。在一系列的合约被一个合约替代的阶段,重要的是注意合约的特性,即注意企业中被雇佣的生产要素是如何进入的。为了得到一定报酬(可以是浮动的也可以是固定的),生产要素通过合约同意在一定限度内听从企业家的指挥。[20]合约的本质是限定了企业家的权力范围,只有在这种限制下,他才能指挥其他生产要素。

然而,利用价格机制依然存在其他不利因素(或成本)。为某

种商品或劳务的供给而签订长期合约可能是人们所期望的，这也许缘于这样的事实：如果签订一个长期合约来代替若干较短期的合约，就可以节省签订每一个较短期合约的支出。或由于人们的风险意识，比起短期合约，他们可能宁愿签订长期合约。现在，由于预测方面的困难，有关商品或劳务供给的合约期越长，实现的可能性就越小，因而买方也越不愿意明确规定缔约双方干些什么。对于商品和劳务的供给者来说，通过几种方式中的哪一种来供给无关紧要，而对于买者来说并非如此。但是买者并不知道供给者的几种方式中哪一种是他想要的，因此，对将来要提供的服务只是一般性地规定一下，具体的细节留待以后讨论。合约中只陈述了供给者提供商品或劳务的范围，合约中并没有体现要求供给者所做的细节，之后将由购买者决定。当资源的流向（在合约规定的范围内）变得以这种方式依赖于买方时，我命名为“企业”的那种关系
22 便广泛出现。[21]因此，在期限很短的合约无法令人满意的情况下，企业有可能出现。显然，购买劳务的情形比购买商品的情形有更为重要的意义。购买商品时，主要项目能够预先说明而其后决定的细节意义并不大。

我们可以这样总结这部分讨论的内容：比方说市场的运行需要成本，而组成组织，并让某些权威人士（如“企业家”）支配其资源，如此便可节省若干市场成本。企业家必须做到以低成本行使其职能，因为他可以用低于市场交易的价格获得生产要素。如果他做不到，一般也能再回公开市场。

人们常认为不确定性问题与企业均衡的研究密切相关。如果不存在不确定性，企业的出现就不大可能。但是有些人，例如奈特

教授,把支付方式作为区分企业的标志——他们让一个承担剩余且浮动收入的人保证从事生产的人有固定收入——似乎提出了与我们所考虑问题无关的观点。企业家可将劳务售予他人来寻求货币收入,而雇员的工资则大部分或完全是利润的一部分。[22]如今看来,重要问题是,资源配置为何没有通过价格机制直接完成。

另一需注意的要素是,政府或其他有调节力量的主体通常对市场上的交易事项和在企业内部组织相同的交易采取区别对待的方法。若考察销售税的征收,显而易见,那是一种市场交易税收,而与企业内部同样交易无关。既然如今“组织”方法可以有不同选择——利用价格机制或通过企业家,那么这种政府调节就会使企业出现,否则企业的存在就毫无理由。这就为在专业化的交换经济中出现企业提供了一个理由。当然,考虑到企业已经存在,类似销售税这种措施只能使企业变大。同理,定量配给的配额和价格控制方法对为自己生产产品的企业毫无效用,只是让那些不通过市场只在企业内部组织生产的企业获利。这必然鼓励企业扩大规模,但依然很难相信上文提到的种种管理措施会使企业产生。然而,如果无其他原因,这些措施会使企业出现。

上文所述即是类似企业这种组织,存在于一般假定以价格机制“组织”资源分配的专业化交换经济中的原因。因此,当资源配置取决于企业家,由关系系统组成的企业便开始出现。

这种初步获得的认识将有助于科学解释企业规模扩大或缩小 23
的原因。当企业家组织额外的交易(也可是由价格机制进行协调的交易)时,企业的规模就会扩大。反之,当企业家放弃组织这些交易时,企业的规模就会缩小。出现的问题是:是否能够研究决定企业规模的力量，为什么企业家不组织更多或更少的交易呢？注意一下奈特教授有趣的观点：

> 效率同规模的关系是最严肃的理论问题之一。在本质上，一个工厂效率与规模之间的关系，与其说由智力因素决定，不如说由个人人格与历史机遇决定。但这是个极为重要的问题，因为垄断收益的可能性为企业提供了强有力的刺激，使其不间断、无限制地扩张。而随着企业规模扩大而产生的使效率下降的一些同样强的力量，会使这种刺激力被抵消，即使在有限竞争的条件下这种情况也存在。[23]

看来奈特教授认为不能科学地研究决定企业规模的因素。现在，我们将以阐述的企业概念为基础，尝试一下这种研究。

正如上文所说，企业这个概念的引入，主要源于市场运行成本的存在，要问的一个相关问题（与奈特教授指出的垄断观点完全不同）出现了：如果能通过"组织"消除某些成本，而且事实上的确减少了生产成本，那么为何仍有市场交易存在？[24] 为何不由一个大企业进行所有生产活动？对此似乎存在某些可能的解释。

首先，随着企业规模的扩大，企业家功能收益便会递减，也就是说，在企业内用于组织额外交易的费用会增加。[25] 理所当然，企业若想扩大规模，企业内部组织一笔额外交易成本必须等于在公开市场中进行这笔交易的成本，或等同于另一企业家完成此交易所消耗的成本。其次，随着组织交易的增加，企业家越来越无法将生产要素用在价值最大之处，也就是说，无法充分利用生产要素。

再次,要想使交易增加,由于资源浪费所带来的损失必须等于在公开市场中进行交易的成本,或等同于另一企业家完成此交易造成的损失。最后,或许一种或某些生产要素的供给价格会提高,因为小企业的“其他优势”多于大企业。[26]当然,企业的规模扩大究竟止于何处取决于以上几种因素的共同作用。前两个原因最符合经济学家们所说的“管理收益递减”。[27]

上文指出,直至企业内部组织一笔额外交易的成本,等同于在公开市场中进行此项交易的成本,或在另一企业中组织此交易的成本为止,企业将一直扩大规模。但如果企业在内部组织一笔额外交易的成本低于公开市场交易成本,或等于在另一企业中组织 24
此交易的成本时停止扩大规模,在多数情况下(“联合”时除外)[28]这意味着两个生产者间有市场交易,双方都可以在低于实际市场运行成本的情况下组织生产活动。怎样解决这一自相矛盾的说法呢?我们看一个例子,原因便一清二楚了。假设 A 从 B 处购买产品,并且 A 和 B 都可在低于现行成本的情况下组织市场交易,可以假设 B 不是负责组织生产的一个过程或阶段,而是若干个,因此,如 A 想避免市场交易,他必须接手所有 B 控制下的生产程序。除非 A 接手所有生产程序,否则市场交易会依然存在,虽然交易的是不同产品。但我们曾假设,随着生产者扩大企业规模,效率会降低,组织额外交易的附加成本也会增加。A 组织交易的成本可能大于之前 B 组织此交易之成本。只有 A 组织 B 工作的成本不大于 B ,并且数量等于公开市场完成此交易的成本时,A 才可以接手 B 全部的组织。但当市场交易追求经济实惠时,以这种形式将生产分开也须投入成本,因为在每个企业中组织额外交易的成

本相同。

至此，我们一直假设通过价格机制进行的所有市场交易性质相同。但实际上，没有任何事件比现代世界中进行的实际交易更加复杂多样。这好像意味着通过价格机制进行交易的成本间存在巨大差异，企业内部进行组织交易的成本也是这样。所以，即使不考虑收益的递减，企业内部组织某些交易的成本也可能大于公开市场上进行该交易的成本。这意味着通过价格机制进行的交易必须存在，但这意味着必须有一个以上的企业存在吗？显然不是这样，因为经济体制中存在价格机制不能直接支配资源导向的领域，而这些领域都可能组织到同一个企业中，看来刚刚我们分析的因素很重要。虽然很难断定是否“管理收益递减”或要素供给价格上升更加重要。

因此，在其他条件相同的情况下，如果企业具备以下条件，企业将趋于扩大规模。

a. 组织成本越少，被组织的交易增多时，成本增加越慢。

b. 企业家失误的可能性越小，被组织的交易增多时，失误增加越少。

c. 企业的规模越大，生产要素的供给价格降低的越多（或升高的越少）。

25 对于规模不同的企业，生产要素的供给价格不同。除此之外，当用于组织交易的空间分布、交易的差易性和相对价格这三个要素变化的可能性增加时，似乎失误所带来的损失和组织成本也会增加。[29]当由一个企业家来组织更多的交易时，这些交易往往或者有不同的种类，或者在不同的地方进行，这为企业规模扩大时效率会降低的说法提供了另一种解释。能够通过缩小分布空间的方式使生产要素结合得更紧密的发明,会使企业规模扩大。[30]电话、电报等技术创新会降低组织成本,从而导致企业规模扩大,所有能够改善管理技术的创新都会使企业规模扩大。[31—32]

应注意的是,上文得出的企业定义可以更准确地解释“联合”和“一体化”的含义[33]。当原先由两个或多个企业家来组织的交易由一个企业家组织时,联合就产生了。当原先由各个企业家在市场中进行的交易被组织起来统一进行时,一体化就出现了。企业可以用上述一种方法或同时使用两种方法扩大规模,这样全部“竞争性产业的结构”就容易用普通经济分析法来解决。

III

经济学家们并没有完全忽视上述研究的问题。如今需注意的是,比起已有的解释,为何上文所说的企业出现在专业化交换经济中的原因更容易被人接受?曾有这种说法:可以从劳动分工中找出企业存在的原因。这是一个源于厄舍(Usher)教授并为莫里斯·多布先生接受和扩展、引申的观点,企业成为“劳动分工复杂化的结果……经济分工的增加需一定一体化的力量。如没有这种力量,分工将陷入混乱;而且正因为分工经济中有一体化力量存在,产业形式才有十分重要的意义”,[34]这种说法的结论很明确,“分工经济中的一体化力量”已通过价格机制形式存在。表明认为专业化必会导致混乱并没有理由,这一点或许是经济科学的主要成就。[35]因此,莫里斯·多布先生给出的原因是不能接受的。必须给予解释的是，为何要用一种一体化力量（企业家）代替另一种一体化力量（价格机制）。

对这一事实最有趣的（也可能是最为广泛接受的）说明在奈特
26 教授的《风险、不确定性和利润》一书中，我们将在下文仔细推敲他的观点。奈特教授的观点始于一种没有不确定性的体制：

> “如今在美国广为人知，个人如想在完全自由但没有合伙人的情况下经商，应通过利用劳动的一级和二级分工以及资本的运用等方式进行。生产团体和机构的内部组织是激发人们想象力的最重要的因素。在完全没有不确定性的情况下，个人能够完全了解整个态势，这样责任管理和生产控制便没有存在的必要了。甚至任何现实意义上的市场交易也不会存在。原材料和生产服务将会完全自发地流向消费者。”[36]

奈特教授指出，我们可以假想这种协调是“仅凭试错法长期实践的结果”，无须想象每个工人都在某种他人创造的“事先建立的和谐”气氛中在适当的时间准确地做适当的工作。或许会有一些试图使个人活动更协调的管理者和监督者等存在，虽然这些管理者只是履行一种单纯的“没有任何责任”[37]的日常管理职能。

奈特教授又说：

> “将不确定性——即无知和靠个人判断而不是靠知识行动的必要性的事实——引入伊甸园式的情形中，它的特点便会完全改变……在不确定性条件下做事，经济活动的实际进

> 行成为生活的次要部分。主要的功能问题是决定做什么和怎样做。”[38]

这种不确定性的事实引发社会组织的两个最重要的特征。

> 首先，商品是为市场生产的，完全以个人需求预测为基础，而非满足生产者本身的需要，生产者有预测消费者需求的责任。其次，预测工作以及同时技术指导和生产控制的大部分仍进一步集中在少数一类生产者身上，就出现了一个新的经济职员——企业家……当存在不确定性时，而且决定做什么和怎样做这一任务具有支配地位时，执行生产群体的内部组织的任务就不再无关紧要了，也不再是呆板的细节。这种决策和控制功能的集中化是必不可少的，“首领化”的过程是不可避免的。[39]

最根本的变化是： 27

> 在这样的体制下，让自信的人和爱冒险的人来承担风险或确保有疑虑的人和胆小的人有一定收入，以这种方式作为对实际成果进行分配的报偿……我们知道，从人性方面来讲，在一个人无权指挥另一人工作的情况下，还要让他保证此人的行动有特定结果，这种情况是十分少见或根本不可能发生的。而从另一方面讲，如果前者不能做出这种保证，后者也不会让前者指挥自己的工作……企业和行业工资系统是功能多

层次专业化的结果，不确定性是它们存在于世界上的直接原因。[40]

以上引文表明奈特教授的理论要义。不确定性意味着人们必须预测未来的需求。因此，你会发现一个新的特殊阶层出现了，他们给予那些愿意听从指挥的人有保证的工资。这种方式之所以起作用，是因为良好的决策通常与一个人对自己判断力的信心有关。[41]

奈特教授的理论中似乎有几处有待于推敲。首先，正如他自己所说，某些人有相对好的判断力和相对多的知识并不意味着他们只能通过自己参加生产活动来取得收入。他们可以出售这些建议和知识，每个企业都从许多顾问那里购买建议。我们可以想象这样一个体制，所有的建议和知识都可以按需求量购买。其次，如果具有丰富的学识和较好的判断力，不直接参加生产而与直接进行生产的人签约也能得到报酬，商人购买期货便是很好的例子。但这仅仅表明一点，如果只是保证某些行动的结果，而并没有指挥这些行动，由此获得报酬是完全可能的。奈特教授说："我们知道，从人性方面来讲，在一个人无权指挥另一人工作的情况下，还要让他保证此人的行动有特定结果，这种情况是十分少见或根本不可能发生的。"这绝对是错误的。大部分工作都依据合约进行，也就是说，如签约者进行某些特定的行为，就会得到一定的报酬，但这并不包含任何支配关系。然而这的确意味着相对价格制度改变了，而且生产要素将会被重新安排。[42]奈特教授所提到的"如果前者不能做出这种保证，后者也不会让前者指挥自己的工作。"这根本与我们的论题无

关。最后,值得关注的是,奈特教授说,即使在不存在不确定性的经济体制中,仍然有起协调作用的人存在,虽然仅仅是一种日常管理。他立即又说他们“没有任何责任”。由此会出现一个问题,谁给他们报酬?为什么给?看来奈特教授并没有给出价格机制会被替代的原因。

IV

28

看来,进一步研究这点是很重要的,就是搞清楚上述分析与“企业成本曲线”一般问题的相关性。我们有时会这样假设,当完全竞争时,如果企业的成本曲线上升,企业的规模也会受到限制;[43]而在不完全竞争时,当边际成本等于边际收益,企业不会为生产付出比产出更多,所以企业的规模就会受到限制。[44]但很明显,企业可生产多于一种产品,没有明显的原因能够说明,在完全竞争的条件下企业的成本上升时和在不完全竞争的条件下当边际成本不总是低于边际收益时,企业的规模会受到限制。[45]罗宾逊[46]夫人做了一种简化的假设,就是只生产一种产品,但很明显,弄清企业生产的商品数目很重要。但是,假设实际上只生产一种产品的人和理论可能都没有多大实际意义。

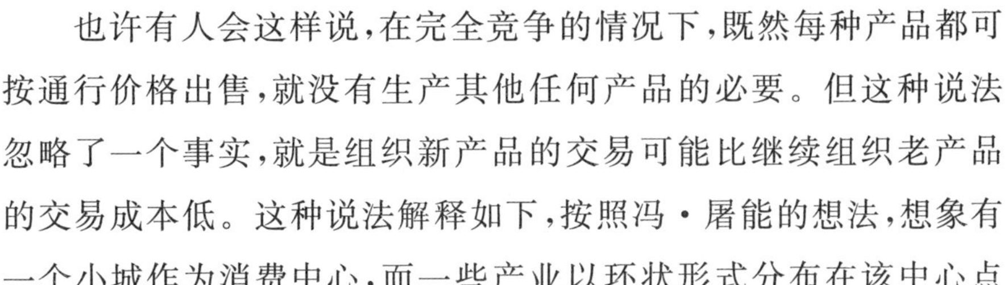

也许有人会这样说,在完全竞争的情况下,既然每种产品都可按通行价格出售,就没有生产其他任何产品的必要。但这种说法忽略了一个事实,就是组织新产品的交易可能比继续组织老产品的交易成本低。这种说法解释如下,按照冯·屠能的想法,想象有一个小城作为消费中心,而一些产业以环状形式分布在该中心点四周。如下图所示，A、B、C分别代表不同的产业。

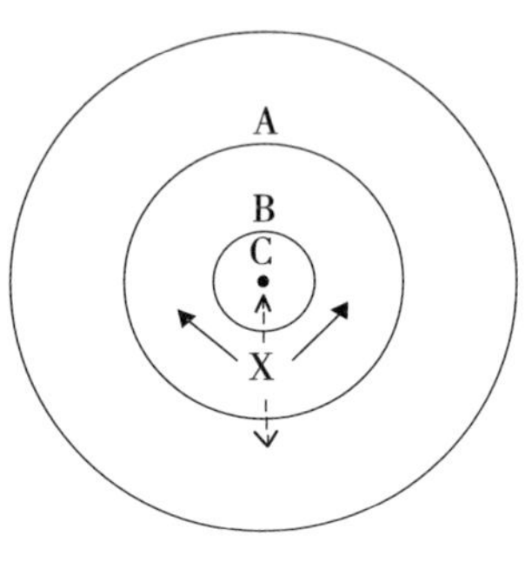

假设有一企业家从X区开始控制交易，现在他仍然在同一产品(B)上扩大经营，组织成本将会一直增加，直到等于其他邻近产品的组织成本。因此，随着企业规模的扩大，就会生产多于一种的
29 产品(A和C)。这样处理这个问题显然不完善，[47]但很有必要说明的是，只论证成本曲线上升并不能得到企业规模会受限制的结论。到目前为止，我们只考虑了完全竞争的条件，不完全竞争条件下的情况是很明显的。

要决定企业规模，必须考虑销售成本(即利用价格机制的成本)和组织各个企业家的成本。之后才能决定每个企业生产产品的种类和每种产品的生产数量。所以，沙夫先生(Mr. Shove)[48]在关于“不完全竞争”的论文中提出的问题，罗宾逊夫人的成本曲线理论显然不能回答。看来，上文所说的因素与此相关。

V

剩下的唯一任务是，看看我们得出的企业概念是否与真实存在的企业相一致。我们可通过研究通常称作“主人与仆人”或“雇主与雇员”[49]的法律关系来搞清楚企业的构成。这种关系的实质如下 :

(1) 仆人有义务向主人或代表主人的人提供个人服务,除了所签合约是关于商品出售之类的合约这种情况。

(2) 主人必须有权控制仆人的工作;或者亲力亲为或通过其他仆人或代理人。主人有这种干涉和控制仆人的权力:告诉仆人何时工作(在提供劳务的时间内)、何时不工作,做什么工作和怎样做(在规定范围内)。这就是这种主仆关系的本质特征,它将仆人与独立签约人和只为雇主提供劳动成果的雇员区别开来。后两者,即签约人和执行人并不是在雇主控制下工作和服务,他们必须规划并设法完成他们的工作来得出他保证实现的结果。[50]

因此,“雇主与雇员”这个法律概念的实质就是指挥,同上文我们在经济概念中得出的结论一样。注意一下巴特(Batt)教授的进一步说明很有趣:

> 区别仆从和代理人,并不是看他们是否有固定工资或由企业委员会单独决定的报酬,而是代理人有择业的自由。[51]

因此,可以得出这样一个结论:我们给出的企业定义与现实中 30
的企业定义十分相近。所以我们的定义是现实的。那么它可行吗? 当然可行。当思考企业的规模应该多大时,边际原理就会很好地发挥作用。一直存在这样的问题,在组织权威下,进行更多的额外交易需不需要付出成本。在边缘点上,企业内部组织交易的成本,或者与另一企业组织此交易成本相等,或者与价格机制"组织"此交易的成本相等。实业家不断尝试加强或减弱对交易的控制,以此保持均衡,有了这种均衡,就可以进行静态分析。但是很明显动态因素也十分重要。一般来说,只有研究企业内部组织成本和市场交易成本变化的影响,才能解释企业扩大或缩小的原因。因此我们获得了移动均衡理论。上文的分析似乎弄清楚了经营和管理的关系。经营的意思是进行预测,利用价格机制和新合约的签订进行操作。而管理却正好是只对价格的变化有反应,并依此重新安排生产要素。通常,实业家具有以上两种功能。这是上述讨论的市场交易成本的明显结果。最后,这个分析使我们有能力对企业家的"边际产品"做更准确的描述,然而对于这一点进行详细说明,会使我们超出那些较为简单的定义及分类工作。

注 释

1 琼·罗宾逊:《经济学是一门严肃的学科》(Joan Robinson, *Economics is a Serious Subject*),1932 年,第 12 页。

2 尼古拉斯·卡尔多:"企业的均衡",载《经济学杂志》("The Equilibrium of the Firm," *The Economic Journal*),1934 年,第 44 卷,第 60—76 页。

3 琼·罗宾逊:《经济学是一门严肃的学科》,第 6 页。

4 凯恩斯,J. M.:《自传随笔》(J. M. Keynes, *Essays in Biography*),1933 年,第223—224 页。

5 莱昂内尔·罗宾斯:《经济科学的性质和意义》,1935 年,第 63 页。

6 这段描述被 D. H. 罗伯逊:《工业控制》(*Control of Industry*),1923 年,第 85 页和阿诺德·普兰特教授:"企业管理趋势",载《经济学》("Trends in Business Administration", *Economica*),1932 年,第 12 卷,第 45—62 页中赞同并加以引用。该描述出现于《联合航运控制》(*Allied Shipping Con-*

trol),第 16—17 页。

7 见弗里德里希·哈耶克:“经济思想趋势”,载《经济学》(“The Trend of Economic Thinking”, *Economica*),1933 年 5 月号,第 13 卷,第 121—137 页。

8 见弗里德里希·哈耶克:《经济思想趋势》。

9 见 D. H. 罗伯逊:《工业控制》,1923 年,第 85 页。

10 在本文的其余部分中,我会用企业家这个概念来代表那些在竞争性体制中替代价格机制来控制资源的人或人们。

11 《纺织业调查》(*Survey of Textile Industries*),第 26 页。

12 见莱昂内尔·罗宾斯:《经济科学的性质和意义》,1935 年,第 71 页。

13 《资本主义企业与社会进步》(*Capitalist Enterprise and Social Progress*),1925 年,第 20 页,另见汉德森:《供给与需求》(Henderson, *Supply and Demand*),1932 年,第 3—5 页。

14 显而易见,当国家插手一个产业的指挥和规划时,它只是在做一些价格机制已经完成的事。人们通常没有意识到,任何企业家所做的组织各部门间关系的工作只是做着通过价格机制也能完成的事情。所以,对于那 31
些强调计划经济中问题的人,德宾先生回答说:在竞争体制中,企业家同样要处理这类问题,他的这种回答是有道理的。(见“计划经济中的经济微积分”,载《经济学杂志》(“Economic Calculus in a Planned Economy”, *The Economic Journal*),1936 年 12 月号,第 46 卷,第 676—690 页。)两者最重要的区别是,由于企业是一种更有效率的组织生产的方法,所以当它们自然产生时,再进行经济计划就是强加之事了。在竞争体制中,存在计划工作的“最优”量!

15 哈里·戴维斯:“钢铁行业的劳动流动性”,载《经济学杂志》(Harry Dawes ,“Labour Mobility in the Steel Industry”, *The Economic Journal*),1934 年,第 44 卷,第 84—94 页。他举例说,薪酬优厚的熟练工人辛苦转行从事零售和保险业务是源于独立的愿望(通常是工人生活的主要目的)。

16 实际上,这并不是虚构的,一些小店主就比其雇员赚钱少。

17 G. F. 沙夫在“不完全市场:一个进一步的注释”,载《经济学杂志》(“The Imperfection of the Market: A Further Note”, *The Economic Journal*),1933 年,第 44 卷,第 113—124 页,注释 1 中指出,尽管他的例子几乎都

与文中举例相反，这种偏好也可能存在。

18 尼古拉斯·卡尔多在“均衡决定的一个分类注解”，载《经济研究评论》(“A Classificatory Note of the Determinateness of Equilibrium”, *The Review of Economic Studies*)，1934 年，第 122—136 页中认为，“所有个人都知道全部的相对价格，”这是一个静态理论假设，显然与事实不符。

19 当厄舍教授讨论资本主义发展时，注意到了这种影响。他说：“不断买卖部分成品完全是一种能源的浪费。”载《英国工业史导论》(*Introduction to the Industrial History of England*)，1920 年，第 13 页。但他没有发展这个观点，也未考虑为何买卖行为依然存在。

20 企业家拥有无限的权力是很有可能的，这是自然产生的奴隶制，巴特教授在《雇主与雇员法》(*The Law of Master and Servant*)，1933 年，第 18 页中认为，这种合约无效且不可执行。

21 当然，不可能为企业存在与否划定一个十分明确的界线，很可能会有或多或少的指挥。这与主人与仆人关系或委托人与代理关系存在与否的法律问题相似，见下文讨论。

22 将在下文进一步详细讨论奈特教授的观点。

23 《风险、不确定性和利润》(*Risk, Uncertainty and Profit*)再版前言，伦敦经济学院再版系列第 16 期，1933 年。

24 某些市场只能以取消“消费者选择”的方式才能消除成本，即零售成本。可以想象，这些成本太高，以致人们宁可接受定量，因为额外产品的获得是以选择权的丧失为代价的。

25 该观点假设市场交易可以是均质的，很明显这与事实不符，下文将予以考虑。

26 有关不同规模企业生产要素供给价格变化的讨论见 E. A. G. 罗宾逊：《竞争产业结构》(*The Structure of Competitive Industry*)，1932 年。有时，据说随着企业规模扩大，组织才能的供给价格也会增加。因为人们宁愿做小型独立企业的领导者，也不愿指挥某些大企业的一个部门。见琼斯：《信任问题》(Jones , *The Trust Problem*)，1921 年，第 531 页，和迈克格瑞格《工业联合》(Macgregor, *Industrial Combination*)，1935 年，第 63 页。这是那些鼓吹理性化的人的普遍观点，即大型单位更有效率，但少数企业家有个人主义思想，他们宁愿保持独立，而对合理化后可能因效率增加而带来的高收入置之不理。

27 当然,这个解释过于简略且不完整,对这个问题的详细讨论见尼古拉斯·卡尔多:“企业的均衡”,载《经济学杂志》1934 年,第 44 卷,第 60—76 页和 E. A. G. 罗宾逊:“管理问题和企业规模”(The Problem of Management and the Size of the Firm),载《经济学杂志》,1934 年,第 44 卷,第 242—257 页。

28 这个专有名词定义如下。

29 尼古拉斯·卡尔多在“企业的均衡”中强调问题的这个方面。E. A. G. 罗宾逊此前已经强调了这种联系的重要性,见《竞争产业结构》,1932 年,第 83—106 页。该假设为,价格变动的增加,使企业内部组织交易的成本比市场上进行交易的成本增加得更多。这个假设可能是真的。

30 这也许对说明技术单位很重要,见 E. A. G. 罗宾逊:《竞争产业结构》,第 27—33 页。技术单位越大,要素就越集中,因此企业规模会变大。

31 应该注意的是,多数发明会改变组织成本和利用价格机制的成本。例如,如果电话降低利用价格机制的成本多于组织成本的降低,那么它将使企业规模缩小。

32 莫恩斯·多布说明了这类动态力量,见《俄罗斯经济发展》(*Russian Economic Development*),1928 年,第 68 页。“因为企业的工作在监督人的皮鞭下进行,工人劳动便没有理由进一步结合。1846 年后,企业工作由强大的机构指挥,才恢复这种结合。”家庭制度变成工厂制度并不只是历史的偶然事件,而是经济力量的决定。认识到这一点很重要。事实证明,也可能由工厂制度变为家庭制度,如俄国,反之亦然。价格机制无法发挥作用是农奴制的本质,因此,组织者必须进行某些指挥。然而,当农奴制度废除时,价格机制才可以发挥作用。直到组织机构将工人安排到特定的位置,取代了价格机制,企业才再度出现。

33 这通常被称为“纵向一体化”,联合则被定义为“横向一体化”。

34 厄舍教授的观点见他的《英国工业史介绍》,1920 年,第 1—18 页。

35 J. B. 克拉克在《财富的分配》(*Distribution of Wealth*),1889 年,第 19 页中说,交换理论就是“工业社会的组织理论”。

36 《风险、不确定性与利润》,第 267 页。

37 《风险、不确定性与利润》,第 267—268 页。

38 《风险、不确定性与利润》,第 268 页。

39 《风险、不确定性与利润》,第 268—295 页。

40 《风险、不确定性与利润》,第 269—270 页。

41 《风险、不确定性与利润》,第 270 页。

33 42 这表示在没有企业存在的情况下,也可拥有私人企业制度。但实践中,企业的两种职能,一种是预测需求并按此预测采取行动来影响相对价格制度,另一种是基于既定的相对价格制度进行管理。实践中这两种职能通常由同一人进行,但理论上把它们分开是很重要的。下文将详细论述这一点。

43 见尼古拉斯·卡尔多:“企业的均衡”和 E. A. G. 罗宾逊:“管理问题和企业规模”。

44 罗宾逊先生将这称为残存小企业的不完全竞争状态。

45 罗宾逊先生的结论,见“管理问题和企业规模”,第 249 页,注释 1 好像是错了。他的观点被霍瑞斯·J. 怀特进一步解释于“垄断竞争和完全竞争”,载《美国经济评论》(Horace J. White ,“Monopolistic and Perfect Competition” ,*The American Economic Review*),1936 年,第 26 卷,第 645 页,注释 27。怀特先生说:“在垄断竞争下企业规模必然受限。”

46 《不完全竞争经济学》,1934 年。

47 如上文所示,区位只是影响组织成本的一个因素。

48 G. F. 沙夫在“不完全市场:一个进一步的注释”,载《经济学杂志》,1933 年,第 43 卷,第 115 页,关于郊区需求增加和其对供给者要价的影响问题中问:“……为何老企业不在郊区开分部?”如果文中观点正确,这就是罗宾逊夫人无法回答的问题了。

49 “雇主与雇员”的法律概念和企业的经济概念不同,因为企业可能会控制他人的财产和劳务。但在评估经济概念的价值时,要考察法律概念,所以这两个概念的地位十分相似。

50 巴特:《雇主与雇员法》,第 6 页。

51 巴特:《雇主与雇员法》,第 7 页。

3　企业的性质：起源 34

罗纳德·H. 科斯

“一个人总是谈论自己，难免会有点儿自高自大”，大卫·休谟(David Hume)在自传开头如是说。如果连大卫·休谟这样一位被亚当·斯密称为“可能在人性弱点所允许的极限内，几乎趋于完美智慧和高尚情操的人”都认为有必要如此提醒自己的话，那么，恐怕我的演讲也难免有自高自大之嫌。然而，我沉湎于讨论个人研究工作的自然倾向，在某种程度上会被一种真实的愿望所抑制，这种愿望就是我要搞清楚经济学界长期以来如此对待“企业的性质”这篇文章的原因。这篇论文虽然备受推崇，在包括由美国经济协会(American Economic Association)资助的《价格理论读本》(*Readings in Price Theory*)等多部书中重印，但在较近一段时间以前，它一直没什么影响。法语称此为“叫好不叫座”(un succèss d' estime)。如果我再不实事求是地论述撰写该文的环境条件，该文试图传达的观点及其表达方式，想理解这个原因即使不是毫无可能，也会难上加难。

发现我在何时形成“企业的性质”中的思想并不难。这些观点在 1932 年夏天的某时刻已经成型了。1932 年 10 月(大约)我任邓迪经济学与商业学校的助理讲师。另一位助教邓肯·布莱克

(Duncan Black)记得我到邓迪时，脑子里装满了与企业有关的想法。我写于1932年10月的一封信证实了他的记忆。这封信是写给我的朋友，时任伦敦经济学院(London School of Economics)助教的罗纳德·福勒(Ronald Fowler)的。行文如下：

1932年10月10日

亲爱的福勒：

非常感谢你的信。很抱歉此前没给你写信，但我现在忙于备课。想想同时开三门课！我被迫穷于应付。

35 我正在讲一门有关经营单位组织(organization of the business unit)的课，第一次课已讲完。(自认为)能用一种新方法讲授这一主题，甚喜。值得一提的是，我自己设计了全部课程内容。

首先，我要探究经营单位组织的成因。只要有任何以市场销售为目的的生产，经营单位就会存在。这意味着交换和交换专业化。但这种专业化是经营单位的专业化，并不意味着经营单位内部的专业化。我又区分了对经营单位活动的管理和对企业内部个体活动的管理。经营单位在市场的活动，如需求和供给等，是不用组织的。我引用了普兰特文章中萨尔特(Salter)的这句话。我认为，假定存在原子状竞争(atomistic competition)[①]，即涉及使用他人劳动力、原材料和资金的每项交易是市场交易的主体，那么组织就没必要存在了。可事实并非如此。原因何在？我在从事这些市场交易的成本中找到了原因。如果人与人之间的每次合作都需要

① 指无数小企业集合起来形成的竞争。——译者注

市场交易,想象一下这种不便利性(增加的成本)。但是,如果交易不由价格机制直接支配,就必然需要一个组织。因为在市场条件下,生产要素的用途最大,组织的目的是复制市场条件,但生产会因成本的降低而增加。于是,我提出一个问题,如果减少市场交易可以降低成本,为什么还会有市场交易呢?也就是说,为什么存在不同的企业?原因有两个:

1. 每增加一个市场交易,成本就增加,直到组织边际市场交易的成本等于该交易的市场成本。
2. 随着交易的增加,可能不会实现复制市场条件的目的。

然后指出,不可能消除销售给最终消费者的所发生的成本(ever cost),除非消除消费者的选择。讨论了俄国的组织等。总之,组织的目标是:

(a)在经营单位内部复制原子状竞争条件下的要素分配。

(b)这样做使成本低于其取代的市场交易成本。

当然,我还有很多想法,在此无法一一赘述。我相信这会是一门很棒的课,确实成功地将组织和成本联系起来。我打算再深入研究这一观点。你认为如何?

很明显,我 21 岁时的授课中包含了后来出现在“企业的性质”中的主要观点:选择交易作为分析单位,交易成本的概念,区分了在企业内部与通过市场配置资源的差异,比较了在企业内部组织交易 36
与借助市场交易手段的成本差异,等等。这封记载授课内容的信是我与罗纳德·福勒通信的一部分。正是这些通信帮助我重现了自己企业思想的演化过程,它们将与我的其他文章一起保存在芝加哥

大学的里根斯坦(Regenstein)图书馆里，虽然字里行间的年少热情和稚气表达如今都令自己惊诧。

对有些人来说，取得学术成就有一种必然性。即使不是通过给定路线所达到，也会另辟蹊径。而我写出“企业的性质”绝非必然，实在是一系列事件促发的结果。我在基尔伯恩文法学校(Kilburn Grammar School)(相当于美国的高中)，在16岁这一正常学龄通过了资格考试后，有额外的两年时间准备伦敦大学的中级考试(相当于大学一年级的功课)。我志在攻读历史学位，但由于我是12岁入学，而不是通常的11岁，学校就没要求我上拉丁文课。拉丁文的缺憾阻止了我取得文科学位(至少是我希望的学位)，因而我转向理科，想学化学专业。但我很快发现，学理科必修数学，而我不喜欢数学，于是我别无选择，只能攻读商业专业。由于我那时是个社会主义者，对社会问题感兴趣，这使我的专业转型非常容易，而且学习经济学的前景(商业学位的必修课)也变得颇有吸引力。随后两年中我学习了经济学、地理、法语、英国经济史和会计(函授学习，因为本校不教会计)。虽然有关这些学科的深入知识我不甚了了，但我仍能通过考试，显然，要求的标准很低。1929年，我18岁时进入伦敦经济学院(LSE)，继续攻读商业学位。

1929年到1930年，为了通过最终学位考试的第一部分，我学习了如下一些课程：英国外贸、货币原理、生产理论、工业关系、海外领土的经济发展、印度和热带属地、商业法、统计方法、运输组织和心理学。在1930至1931年，在为了获得管理学士学位的第二阶段中，我决定通过商业学士学位考试第二部分D组(工业)，那些希望进入工程和金属贸易、分销贸易和从事工程和工厂管理的

学生，被建议参加这一考试。我并不适合这些职业，但对于一个不懂拉丁文又不喜欢数学的人还能有什么别的选择呢？在 1930 年到 1931 年备考第二部分期间，我学习了如下课程：法语、会计、企业管理、工程和工厂会计及成本会计、工业原材料和贸易、现代工业问题、工业融资、产业法(industrial law)、工业心理学。

大家可能注意到，在伦敦经济学院的两年中，我选修了多门课程，因而每门课投入的时间很少，难免缺乏系统阅读。我没选经济 37
学课程，尽管有一些课程包含了经济学内容，但大部分没有。我在法律，特别是产业法课程上耗时甚多，案例和法律推理深深地吸引了我。攻读商学使我了解了一些经济学、法律、会计和统计学的知识，这些知识对我后来的研究有所影响。但在伦敦经济学院对我影响最大的是阿诺德·普兰特的教诲，我能有此机会确实很幸运。普兰特曾是南非开普敦大学的商学教授，1930 年被聘为伦敦经济学院的商学(企业管理为主)教授。我选了普兰特的企业管理课，但真正影响我的是他在研讨会上的发言。我仍能记得与普兰特在他举行的研讨会上第一次会面的影响，1981 年在一次洛杉矶会议上我曾这样描述这次谈话带给我的巨大影响："我说，萨金特(Sargent)曾在我们这儿举行过研讨会……，普兰特就问，'你们探讨了什么问题？'我说，'噢，我们讨论了石油产业的政策，比较了盎格鲁-波斯(Anglo Persian)石油公司执行的精炼保护政策和美国实行的浪费政策。'普兰特说，'挺有意思的。'然后他开始问几个问题，不久我们就发现，石油公司并未最大化其利润，又发现政府对石油产业比石油企业自己知道得还多，这真是奇怪。更糟的是，我们知道的比石油企业知道得更多。这令我们难以接受。接着我们

明白了……生产石油的大部分成本是未来收益的折现值等等。”[1]这次研讨会大约在我参加第二部分最终考试的 5 个月前召开。在遇到普兰特之前，我的经济学观点是一片混沌，他使我懂得，生产者相互竞争以最大化自身利润，这使价格趋于与成本相等，产出构成由消费者最高定价来决定。普兰特还解释了政府经常为特殊利益服务，促进垄断而不是竞争，通常设置恶化情况的管制。他使我意识到，存在着从价格体系指导下的经济流出的收益。显然，当时我无须到芝加哥大学就能学到这些观点。

如果说普兰特传授给我基本方法，那么，我又从和同学们的讨论中获得了我的经济学知识。罗纳德·福勒是他们当中的主要一员。我在伦敦经济学院的第一年，他受卡塞尔旅行奖学金资助去了法国，回来后，与我在第二年学习同样的课程。福勒擅长分析，和他讨论问题使我受益匪浅。和其他同学的讨论同样有助于我，特别是主修经济学专业的同学，如维拉·斯密(Vera Smith)(即后来的维拉·鲁茨，Vera Lutz)、阿巴·勒纳和维克托·埃德伯格(Victor Edelberg)。我和罗纳德·福勒对成本和成本曲线的结构特别感兴趣。然而，最终考试前的几个月，在伦敦经济学院进行的经济学讨论远非我的兴趣所在。那时占据我大部分精力和时间的是生产结构问题，主要是奥地利的生产资本结构，而不是生产的组
38 织结构。因为 1931 年 2 月哈耶克在伦敦经济学院的公开讲座深深地感染了师生。讲座内容后来被出版成《价格与生产》(*Price and Production*)。我的最终考试成绩不是太突出，但足以使我获得 1931—1932 年度的卡塞尔旅行奖学金。由于必须在校三年才能获得学位，而我当时只待了两年，所以，直到 1932 年，我才被授

予商学士学位,卡塞尔奖学金资助游学的一年算我在校一年。

我打算这一年去美国,研究我定义为产业的纵向一体化和横向一体化问题。无疑,普兰特谈到的产业的不同组织方式影响了我的选题(确实是我自己的选择)。而缺乏解释以现有方式组织产业的理论激发了我的研究兴趣。我在美一年主要是探寻一体化理论,这清楚地反映在我写给福勒的信中。还有另外一个问题,虽然表面看起来与产业的不同组织方式没有直接联系,但我认为彼此相关。普兰特不满当时有人鼓吹对英国数个产业采用合理化方案(rationalization schemes),尤其对协调不同运输方式的建议抱有敌意,1931 年就此他呈递给运输学会(Institute of Transport)一份报告。普兰特争辩道,竞争将提供所需的全部协调。但经济中有管理这样一个生产要素,其功能就是协调。1931 年 10 月在其伦敦经济学院的就职演讲中,普兰特称消费者是经济系统中的"最终雇主",他引用了阿瑟·萨尔特的话"正常的经济系统本身会发挥作用"[2](这段话我在邓迪经济学与商业学校的授课中谈到,后来在"企业的性质"中引用)。普兰特的观点似乎掩盖了企业管理的作用和雇主—雇员关系的作用。但我并未就此发表评论。事实上,这些观点很有意义,但看起来还不太完整。

对我来说,用另一种形式自身表述的在本质上相同的困惑,可以用一个词概括,即俄国。今天的人很容易错误认识我们在 1931 年目睹的情况。此前 14 年的 1917 年 10 月,圣彼得堡爆发了冬宫革命。经过一段时间的战争、国内冲突以及最初的中央集权控制后,列宁(Lenin)实行了新经济政策,他于 1924 年逝世,斯大林(Stalin)直到 1928 年托洛茨基(Trotsky)被流放后才成为无可争议的领袖。苏联直至 1928 年才执行第一个五年计划。所以，1929 年到 1931 年我在伦敦经济学院求学之际，很难理解俄国的计划经济究竟是如何运作的。我们听说伏尔加河上建了第聂伯河大坝(Dnieper Dam)，我还去斯卡奈塔第[①](Schenectady)的通用电器工厂参观它建设中的巨型发电机，但很难获知详细情况。列宁曾说俄国的经济系统将像一个大工厂一样被管理。尽管那时远比现在更易于发现俄国当时所发生的情况，但人们对俄国运行的经济组
39 织基本没有经验，所以西方经济学家就计划问题展开了一场大辩论。一些人主张以大工厂方式运行整体经济是不可能的。可在英、美的确存在这样的工厂。该如何调和以大工厂方式运行俄国的不可能性与西方世界现存大工厂的现实性之间的矛盾？那时我自认为是一个社会主义者，在美国拜访的人士中有一位就是社会党总统候选人诺曼·托马斯(Norman Thomas)。也许有人会问，我如何把对社会主义的同情和对普兰特观点的认可协调一致。简要的回答是我从没感到有必要协调这两种看法。我只能回忆起我的一个同学阿巴·勒纳去墨西哥看了托洛茨基，还劝说托氏，只要复制竞争系统的结果，将价格设定为与边际成本相等的水平，共产主义国家就会万事大吉。勒纳曾在其《控制经济学》(*Economics of Control*)序言中，感谢普兰特对他思想形成过程的影响。至于我，没有经历任何明显的排斥阶段，头脑中的社会主义思想很快就消失了。

在美国我很少听课。虽然我参观了很多所大学，但大部分时

① 美国纽约州东部城市。——译者注

间用于拜访企业和工厂。在赴美前,英国最大的工会——运输及总工会(Transport and General Workers Union)的秘书欧内斯特·贝文(Ernest Bevin)曾代我联系了英格兰银行(Bank of England)的布鲁斯·加德纳(Bruce Gardner)。凭借加德纳的介绍信,我很容易就见到了不同的美国企业界人士。我仍记得可能是在联合碳化公司(Union Carbide)一个采购经理办公室度过的有意义的一天,我听到他的电话谈话,这次拜访使我对替代品的可能性产生了感性认识。在美期间,我阅读联邦贸易委员会(Federal Trade Commission)的报告和记述美国不同产业组织的书籍,比如科普兰(Copeland)对棉纺织业的研究。我还阅读了贸易期刊,利用了较多不寻常(对于一个经济学家而言)的资源,比如电话簿里的黄页。我兴奋地发现,在我们认为的单一产业内运营着如此众多的专业公司,并发现了以煤炭企业和制冰企业为代表的生产活动的有趣组合。实际上,我在美国的工作是寻找打开我困惑的钥匙,很不寻常,我认为我居然找到了。

所幸我能用与福勒的通信追述这一过程。现存的不是全部信函,但足以表明我在考察一体化问题时的体会。当然,这些信件并不全是关于一体化问题的。福勒告诉我一篇维纳(Viner)发表在1931年9月号《国民经济研究》(*Zeitschrift für Nationalökonomie*)杂志上的论文,我读后称之为"重大成就"。他还告诉我1928年《政治经济学杂志》(*Journal of Political Economy*)上因特马(Yntema)的论文,希克斯曾在伦敦经济学院讨论过这篇论文。该文不赞同维纳认为倾销不会影响国内市场价格的结论。我写给福勒的信中显示,我完全不能理解因特马的观点。我同样困惑于福

40 勒提到的“边际收入曲线”(marginal receipts curve)。另外,福勒讨论了自己关于折旧经济学的研究,这些研究促成了他后来的著作《资本折旧》(*Depreciation of Capital*)。上述话题引领我们讨论了经济学的某些一般问题,比如“利润”或“动态剩余”(dynamic surplus)概念的应用。然而,我信中的主题是提出一个一体化理论。现在引用这些信件不免有些尴尬,因为信中非常直率地表露了我内心深处的想法,当时绝对没料到日后会被发表。所以,当下文中引用这些信时,我唯盼读者能同我一样,以同情之心对待写信青年的赤子之情。

首先我必须谈谈我信中的一些思想,虽然它们并未带我找到解决问题的突破口,但确实影响了我的思想演变,而一旦我找到了问题的突破口,它们也就臻于完善了。在 1932 年 2 月 28 日的信中,我说:“我逐渐形成这样一种理论,即小规模生产的局限性导致经济一体化。本质上说,经济一体化是不同产业的小生产商为获取大规模生产优势而联合。所以,我认为已经实现了大规模生产的单位之间的联合可能是最不稳定的。”然而,不到一个月,我开始动摇自己的一体化概念及其分析。在 1932 年 3 月 24 日,我说我已经把一体化看成是“把不同功能整合到一个控制下”。但是,我还没弄清楚如何将其与我们对专业化作用的看法相协调。无论如何,我认为接下来的研究方向应是,考察把各种功能整合到一个控制下对成本的影响。我用图表表达了我的观点,这与斯蒂格勒(Stigler)在 1951 年发表的论文《劳动分工受限于市场程度》(*The Division of Labor Is Limited by the Extent of the Market*)中的方法类似,尽管没有那么复杂精细。这些工作促使我提出,区分纵向一体化和横向一体化并没有价值,“重要的是,不同功能在事实上整合于一个控制下,至于他们所处的阶段无关紧要。”

福勒在回信中清晰地表述了自己对一体化和专业化关系的看法。他说:“应该这样看待整个一体化问题。所有的经济,即借助更有效率的生产方法来降低成本,通常归因于更高的专业化程度。从更高的生产率看,横向扩张依赖于更高的专业化生产率。事实上,你可以说专业化和横向扩张是同一现象的两个方面。问题是,既然纵向一体化和专业化过程背道而驰,为什么我们还能从纵向一体化中获得经济性。当然,有些案例很容易解释,比如钢铁业中的冶炼和轧制过程的纵向一体化,我们可将其归因于专业技术的原因,这一点不能用专业化等一般概念解释。我记得利文顿(Lavington)写过一篇文章,否认存在任何趋于纵向一体化的一般趋势(我的意思是除了垄断意图以外)。如果有人赞成一般趋势是趋于纵向一体化,他必须首先承认存在消除中间商的一般趋势,也就是说,在竞争中,两个经纪人比三个经纪人更有效率。证明了这一点 41
就等于否认专业化带来更大经济性。”

对此我回复如下:“我不太确定,所有的经济作为一种规则,在多大程度上可归因于更高的专业化……我曾以此为出发点,但发现这个思路并不能帮我解决疑问,原因在于我们并不十分清楚,与以前相比,现代企业的专业化程度是更多了还是更少了。也许手工操作确实是更加专业化了,但管理又怎么样呢?……更准确地说,一体化的经济程度如何?你只能通过分析……比如说把两个单个的任务结合在一起的方式,对相关成本曲线的形状的影响。我想,这样分析可能使你有收获。其他的概念太模糊了无法通用。”

接下来福勒点评道：“我认为有必要探询均衡条件下导致管理能力收益递减的原因。是如你所言复杂性递增（专业化的反面）导致收益递减，还是另有原因？举个例子，如果你的企业专业生产某一特定商品，然后你持续扩张到一点，在该点管理能力的收益开始递减，是否可能把这种收益递减归因于现在的企业不是更多而是更少的专业化？收益递减的一个可能原因是企业现在要向更大的市场范围来供货，而更大的市场范围意味着更少的专业化和更大的复杂性。应该以不同的方式对待不同市场，因为其环境条件千差万别。这必然导致不同生产者致力于不同市场的专业化趋势。”我的回信热情洋溢：“你提到管理能力收益递减并非由于企业的专业化提高，而是更少专业化造成，我认为完全正确。递增的复杂性也许带来了某些技术优势，但管理能力收益递减是根本的局限。”接着我给出一个例子：“当观察橡胶轮胎行业时，我考虑其所需的某些化学制品的情况。现在，当你读美国贸易杂志时，可以从广告上明显发现这些化学品由生产企业自行销售。但如果你看的是英国的贸易出版物，就会发现这种特定化学制品的广告是出现在某公司即某某化学制品公司代理商名下。也就是说，这种特定化学制品的海外销售由那些专攻该市场的人负责。当然，我考虑的化学品是美国生产的化学品。”

福勒还认为我解释“一体化的经济程度如何？”这一问题的方法非常好，这个方法就是通过寻找把两个单个任务结合在一起是如何影响整合后成本曲线形状的方式。“但我还希望你能以某种方式一般化这些结论。”对此我没有回复。我认为的这个有力解释就是上面提到的方法,看似前景光明,但却无疾而终。我和福勒通信的意义是提出了以下一些问题:为什么某些看似偏离专业化的行为反而更加有效?为什么我们要区分纵向一体化和横向一体化?为什么将某些活动整合在一个控制下能降低成本?我很清 42
楚,自己尚未找出解决这些问题的方法。在 1932 年 3 月 24 日的信中,我指出自己先前提出的考察把不同功能整合到一个控制下对成本的影响这一方法是非常无力的,然后我开始感叹缺少帮助,无论是与经济学者的讨论,还是研究他们的著述,都无助于问题的解决。“学术界对这个问题的无知令人吃惊。事实上,我认为,和我讨论这个问题的教授中,还没有一个比我对此认识更清楚。”在页边的空白处,我加了一句话,“我非常迷茫。”接着我写道:“在我们讨论问题的主要方面——划分导致成本曲线形状变动的原因时,这一点表现得尤其明显。他们指出的一些原因根本站不住脚,你看看有关此类问题的文献就知道了——那完全是废话。”我将这些文献称为“废话”的准确含义是鉴于其中的某些观点与普兰特的一些基本立场相抵触。我已经忘记了这些文献的具体内容,但可以举出一些例子,比如有些观点的隐含假定是生产者不追求利润最大化,或者是其他产业的生产者比某一产业的生产者更了解该产业的问题所在。评论过这些“废话”后,我继续写道:“你可能认为前面的话过于自夸,可说这些话时我并不得意。我对已有文献的批评不是建设性的,而是破坏性的。但我仍希望能构建出一体化理论(如果它确实存在!)。”

最终引领我获取一体化理论的途径是非常奇特的,更不寻常的是,其产生部分地缘于考察今天所说的资产专用性在促进纵向

一体化中的作用。让我从再次引用1932年3月24日的信件开始追忆这一过程。这封信是在克利夫兰写的，在那里我参观了联合碳化公司。“离开纽约前，我去见了瓦西里·里昂惕夫(Leontief)，我想在以前的信中曾向你提过这位数量经济学家(此处提到的这封信没保留下来)。他使用的一体化观点是我已否认的一个很不理想的解释。他说，假定一个企业对一定数量的产品有一个稳定的需求，除此之外，还有一些波动的需求。那么，该企业应自行生产这些稳定的需求，外购那些波动的需求，这样比较合算。我反对此观点的论点如下——继续按普兰特通常的处理模式，如果它生产这些数量合算，为什么原材料生产商不建企业或者任何什么设施来生产这些常规数量?”然后我注明，也许经营两个企业将更便宜一些，因为每个企业承担适当的产量波动，而不是一个企业产量稳定而另一个企业产量波动很大。然后我继续引入了一个我称之“也许有些重要意义”的限定条件。这个限定条件是我已采用的普兰特的论点“假定最初生产者的成本与后来进行生产的最初消费者的成本是一样的。”但是，“举例说，如果为了满足一个消费者的稳定需求建立一个工厂，显然存在着这样的风险，就是消费者停止需求你的产品。”然后我提到“很明显，无论是谁生产这些产品，大部分风险最终要由生产者承担。这种双边垄断条件下的内在风险可能导致资本成本很高，以至于较便宜的做法是由最初的消费企业自行生产，尽管这样做的实际运营效率较低。我碰到
43 过同样情况的实际例子。”之后的话表明了我思维的发展方向，并提出了一个问题，这个问题最终导致形成“企业的性质”这篇文章。“综上，我应该考察企业间的长期合约，在许多情况下，这种长期合

约也许被视为对实际运营一体化的一种替代,所以值得为此努力以获得任何相关信息。”我补充道,尽管获得信息是困难的,“偶尔我也颇有收获,就像那天碰到与某些煤矿整合的发电厂的例子,我看到了他们建立的实际成本曲线。”我在给福勒的信中没说这家电厂是匹兹堡杜奎斯尼电力与照明公司(Duquesne Power and Light Company of Pittsburgh),几年后,我还在一篇关于成本会计原理的文章中使用了他们的数据。

福勒不理解我关于“在双边垄断条件下的固有风险(risks inherent in this condition of bilateral monopoly)”使生产企业的资本成本升高这一说法。我回复道:“我认为双边垄断这个词不大准确,可能使你不解。我是这样考虑的,假设生产某产品需要一部大型资本设备,然而,这部大型设备只能专用于生产某种特定产品,要想重新改制,耗资巨大。这家为单一消费者生产该产品的企业进而发现自己面临极大的风险——消费者也许将需求转至别处,或行使垄断权利强迫降价——所以这部大型设备没有供给价格。这一风险意味着所支付的该资本利率会更高。如果消费企业决定自行生产该产品,这种风险就不存在了。而且这种资本成本的差异恰好补偿了实际运营中的相对低效率。因为这种原因结成一体化的例子是福特汽车公司。我很清楚还应考虑许多其他因素,福特汽车公司只是个专业化的例子(福特曾一度大量消费某些特定产品,以致被视为唯一的消费者)。”

这封信写于底特律,那时我尚未参观福特汽车公司,无疑我有关福特的观点是以阅读和耳闻为依据。后来我打算参观福特汽车公司,但此前参观了通用汽车公司。在通用我必然会讨论其与供应商的关系，我当然留意到费雪车身(Fisher Body)工厂。六年前，费雪车身公司已被通用汽车收购。我希望现在我能重述通用汽车公司经理们告诉我的他们兼并费雪车身公司的原因，但信件除了显示我参观了通用汽车公司外没有其他内容。我记得他们告诉我兼并的主要原因是确保费雪车身工厂的位置靠近通用汽车的组装工厂。我在信中没提及参观费雪车身工厂并不奇怪，因为我参观的大部分企业和工厂在信中都没有提及，我在信中主要进行经济分析。

44 然而，在这封写自底特律的信中，在前面引用部分后面的一段还真是描述了参观福特汽车公司的细节，但这些描述只是因为我想告诉福勒自己在没有介绍信的情况下如何得以参观福特并获取了正要搜寻的信息。我写道：“我今天去了福特汽车公司。你可能会有兴趣了解我为获取所需信息而采取的策略。首先你要知道我没有参观福特的介绍信，而由于我需要的信息只能通过会见一些负责人才能获得，所以对于如何接近这家企业，我没有太大把握。底特律有位兰斯伯(Lansburgh)先生写过一本如何管理工厂的书，不知你读过没有，这本书启发我按如下方式开展工作。到了福特公司的行政管理大厦，我进去问我能否见埃德塞尔·福特(Edsel Ford)先生，埃德塞尔是亨利·福特(Henry Ford)的儿子，现在是福特汽车公司的总裁，他的股权值五亿美元。我被告知他外出了——我当然没期望他会在。于是我问能否见他的秘书，然后填了一张表格，自称专程从伦敦来拜访埃德塞尔等等。几分钟后，一个男人来见我，我就告诉他自己究竟是谁。你看，一旦你置身于一个企业，也就是说见到某些重要人物，一切就没问题了。然后我和此人简短地谈了一体化问题。顺便说一下,提问时我颇具律师的技巧,我能让他们说出成本情况,而他们并未意识到自己已经说了什么。当然我是在不要具体统计数字的情况下了解到成本情况。我想要的只是从适合一体化理论的观点中得到启示的陈述。之后我在福特餐厅吃了午饭,之后有专人带我参观我想在福特工厂参观的任何地方。看过工厂后,我说想见采购部的人,一位绅士,我猜是采购部的经理,接待了我。我和他谈了约一个半小时,话题包括与供应商缔约、采购日程等相关问题。提这些并非因为福特公司特别招待了我——我几乎总能做成自己想做的事——而是我未经任何介绍就完成了这些事……我确实获得了有关福特公司与其供应商关系的极为有趣的观点。明天我打算了解硬币的另一面——我将参观福特公司的一个供应商,当然,福特公司不知道我的计划。"

我的下一封信写自芝加哥,在那儿我参观了盖瑞(Gary)的钢铁厂、西尔斯百货公司(Sears Roebuck Company)、蒙哥马利·沃德百货公司(Montgomery Ward)和芝加哥的牲畜场,我还去密尔沃基(Milwaukee)参观了艾利斯·查莫斯公司①(Allis Chalmers)和令我印象颇深的 A. O. 史密斯②工厂,但我没忘了去芝加哥大学。在那儿我听了弗兰克·奈特的几堂课,他当时正在讲计划问题。我在信中引用了他颇具特色的言论,"财产、竞争和自由是同一事物的不同名称",尽管这一观点无助于我寻找一体化理论。唯

① 美国机械设备制造商。——译者注

② 美国热水器行业的领导者和最大制造商。——译者注

一和我讨论此问题的人是雅各布·维纳(Jacob Viner)。他素以对学生苛刻而出名,对我却很和蔼。但我不确定从他那儿得到了什么。我从芝加哥写给福勒的信中提到,维纳说在讨论一体化时假定生产者是理性的是错误的,对此我争论到,既然**一个**生产者是
45 理性的,他的竞争者也必须是理性的(大概因为理性的生产者将获利更大并将取代其非理性的和获利较少的竞争者),所以我们通常假定生产者是理性的。当然我不是指企业不会做错误决策。我告诉福勒我对一家橡胶厂收购橡胶种植园案例的研究,这家橡胶厂在橡胶价格上涨时收购种植园,价格下跌时再卖掉种植园。我之所以不接受维纳的观点,原因是在一个产业中持续遵循的惯例一定是那些能带来赢利的做法。我还记得(信件中没提到)维纳当时提出某些诸如建桥的案例,假设在两个地点之间选址,除了很大地影响一个生产者的利润之外,几乎对所有人都无大碍,那么这个生产者就会有很强的激励在使自己利润最大化的地点建桥。我记得维纳没有解释为什么生产者必将成为桥的经营者而不是与提议建桥的人或组织签订一项财务协议。也许就是这个案例体现的问题对我的思想发展产生了重要影响——但我不太确定。

福勒仍不同意我的观点,即一体化能降低风险。于是我在1932年5月写自芝加哥的信中详细重述了我的想法,这些观点维纳认为很有道理。"假定某一产成品生产商发现自己需要某种特殊的零件,那么他有两个选择,一个是自己生产,一个是让供应商生产,现在假设这种特殊的零件需要一个大型、高度专用化的资本设备来生产,比如某种特殊的模具(die,信中误拼为dye)。对于该零件的外部供应商而言面临这一风险,即这个产成品生产商可能

将需求转向其他供应商。如果消费者转移需求到别处,那么外部供应商会发现自己的巨额投资无法获得收益。鉴于可能存在这种风险,外部供应商会期望这一资本有高额收益。但如果消费者即产成品生产商自行生产该部件,就不存在这种风险。在消除该风险情况下,也就在某种程度上实现了节约。”然而在同一封信中有一些话,极大地降低了上述观点的实践意义:“事实上,我对需要大型资本设备产品的合约形式的研究表明,合约安排可以用来避免这种风险。所以消费企业可以自己购置这种特定设备,即使这个设备可能在另一企业的工厂里。另外还有一些合约方法可以克服这些困难。”为避免福勒断言我关于风险的观点没有实践意义,我举了一个例子“最经济的生产应是购买整间工厂”,接着我问,“消费企业会购买整间工厂吗?”我又指出,如果只供货给一个消费企业,还会有更多具有无形特点的资本投资。“当企业只向一个生产者供货,这个企业全部精力将专注一个方向——想想投资在这个 46
市场的声誉——我认为声誉是由资本投资产生的。”在这种情况下,“对生产企业来说,唯一的解决办法就是被消费企业收购。”我补充道,“无疑供应商将避免和某单一客户进行自己绝大多数的交易,即使这么做可能节省经营费用。因为风险太大了!我碰到很多类似案例。”

在刚引用的这封信之后,我从美国只发了一封信(或至少只保存下这封信)。这封信与此前信件相比并无很多新意。下一封寄自邓迪经济学与商业学校,就是我在演讲一开始引用过的信。为了避免大家误解这些信件的时间跨度,我应该解释一下。我从美国只发了 7 封信,共计 64 页。第一封信写于 1932 年 2 月 28 日,信中我谈及双边垄断的风险以及考察企业间长期签约的必要性。我引用的最后一封信，谈到避免风险的合约安排的存在，写于1932年5月7日。可见，我引用的这些信的时间跨度不过两个多月。

1932年夏天来临之际，我已经形成了这样一个理论，即当企业为了供货给某个特定客户而不得不进行大型资本投资时，这种情况具有内在风险。维纳认为这个观点是合理的，但更重要的是我认为自己的想法合理。另外，我通过调查已经找到支持证据。我已找到许多关于供应商避免和某单一客户进行自己绝大多数交易的例子。然而，我的调查还揭示了别的问题，事实表明，另外还有“许多合约方法”可以避免因供应单一客户大举资本投资产生的风险，而现实中独立企业经常进行这种投资。A.O.史密斯工厂提供了这样的例子。另一方面，看起来这种情况有时确实导致一体化，通用公司兼并费雪车身公司可能就是这方面的例子。

需要解决的问题已经昭然若揭。决定独立企业之间是通过合约安排还是通过一体化来解决问题的是什么？我在1932年2月底就想到了一体化这一备选方案。还有一般经济分析带来的问题，这种分析的假定用萨尔特的话说就是“正常的经济体系自行运转”，这种分析忽略了企业。我无法准确地描述我如何得到了问题的答案；思想的形成是一个过程，你直到完成后才知道自己在此过程中做了什么。答案是意识到在市场经济中进行交易有成本，所以有必要将交易成本纳入经济分析中。当时的经济学没有这样做，我还要说，即使在今天，大部分现代经济理论也没做到。但是，一旦我们开始考虑交易成本，情况就会逐渐改变。我横跨大西洋

的探询之旅已经成功,我走得够远了。一个交易是在企业内组织 47
(用信中的话说就是是否存在一体化),还是由独立的签约者在市场中进行,取决于进行市场交易的成本与在企业内进行交易的成本的比较。正如我在1932年10月10日的那封信中所言,我的方法"成功地将组织与成本联系起来"。

注　释

1 爱德蒙德·W. 克奇编:"真理之火:回忆1932—1970年芝加哥大学的法与经济学",载《法律与经济学杂志》,第26卷,1983年,第214页[Edmund W. Kitch, ed., "The Fire of Truth: A Remembrance of Law and Economics at Chicago, 1932—1970", 26 *Journal of Law and Economics*, (1983)214]。

2 阿诺德·普兰特,"企业管理趋势",载《经济学》,第12卷,1932年,第387页。

48 4　企业的性质：意义

罗纳德·H.科斯

我带到美国的问题的答案后来变得十分简单，只需要认识到进行市场交易存在成本，并需将这些成本纳入到分析中，这也是经济学家以前未做之事。如果在企业内部组织交易比借助市场进行同类交易可能花费较少的成本，那么企业就会在经济体系中扮演一个角色。企业规模的边界应设定在其运行范围扩展到在企业内部组织交易的成本超过通过市场或在其他企业中进行同样交易的成本的那一点上。这一陈述一直被称为"同义反复"，人们用此语来批评那些显然是正确（而无须再提出）的命题。

我当然需要详细阐述在1932年授课中的观点，而且我在授课后不久写给福勒的信中就表明我想要这样做。我于1934年初夏完成了"企业的性质"的草稿，当时我还在邓迪经济学与商业学校。遗憾的是我现在没有该草稿的副本，不过实际上在该文于1937年在《经济学》杂志上发表之前几乎没再改动。我想起我增加了一个载于《美国经济评论》上霍勒斯·怀特所写的论文的脚注，他认为垄断竞争会确定企业规模的边界。我还增加了一个邓迪经济学与商业学校的同事埃文·德宾（Evan Durbin）所写论文的脚注。无疑我做了某些其他的改动，但它们本质上肯定微乎其微。1937年发表的论文实质上和1934年的草稿相同。

在将邓迪经济学与商业学校的讲稿改写为论文时,我详尽阐述了自己的观点,并附以许多说明,但基本的研究方法没变。不过我写了一节研究由多布和奈特提出的关于企业的存在性的另一种解释。我在邓迪经济学与商业学校讲课之前,肯定没有读过所引用的多布《俄国经济发展》一书,肯定也未曾读过奈特的《风险、不确定性和利润》。我在1933年5月写给福勒的信中表明,我刚刚 49
读完奈特的论著[与威克斯蒂德(Wicksteed)、巴巴奇(Babbage)以及马歇尔的一些著作一起读的]。我在1932年提出我对企业的存在性的解释时,还没有考察这些解释,而在考察以后,我十分清楚地知道无须改变自己的想法。我认为,可以确信,奈特对我企业思想的发展没有影响,之所以要强调这一点,是因为有人持相反的看法。真正促进我研究该问题的是从普兰特那里学来的研究方法,而这种方法无疑又是传自普兰特之师埃德温·坎南(Edwin Cannan)。当然有人可能会说,奈特的思想在伦敦经济学院尽人皆知,所以我即使不阅读他的著作也会受到其影响。的确,在伦敦经济学院,人人都会提到《风险、不确定性和利润》,不管是否读过。但对罗宾斯来说(他是奈特的观点在伦敦经济学院的主要诠释者),至关重要的是风险与不确定性和奈特书中第二部分的分析纲要与观点之间的区别。我非常怀疑伦敦经济学院的经济学家们究竟是否讨论过激发我兴趣的奈特关于经济组织方面的观点。当然,后来我还是仔细阅读了奈特的著作,而且毋庸置疑,我后来的论著受其很大的影响,尽管难以说清究竟在哪些方面受到影响。但是1932年我形成"企业的性质"中的思想时,当时的分析体系却

是源于普兰特。

也许有人要问，为什么从 1932 年提出这些概念到 1937 年发表论文经过了这么长时间，原因各种各样。首先，我一直不愿仓促付印，无疑其中部分原因是懒惰和发现写作如此之难，同时也想等自我感觉良好之后才发表。福勒在 1932 年 3 月写的一封信中，表示希望我写一篇或者一系列有关一体化的论文，我回信说："你说我应尽快把关于一体化的全部思想形成论文，你不知道我却想尽可能多拖一阵儿。老实说，福勒你永远不知道会发生什么情况，将改变你写好的东西。比如说，你提到的而且我肯定会去阅读的瓦伊纳的那篇文章，很可能使我改变许多已决定了的内容，所以我不会仓促成文。"我可以用一个与企业无关的故事来解释自己不愿仓促发表的理由。1932 年年末，我发现罗伯逊所著的《银行政策与价格水平》(*Banking Policy and the Price Level*)中的一个错误，一开始邓迪经济学与商业学校的同事们不愿相信我会纠正罗伯逊对某个问题的错误认识，不过最终他们信服了，而且力劝我就此撰文寄给《经济学杂志》(*Economic Journal*)。我并不愿这么做，而是致信罗伯逊，解释为什么我认为他说的错了。一个月后，罗伯逊回信说我的想法是正确的。战争中断了一切，但到 1949 年《银行政策与价格水平》的修订版出版时，附有罗伯逊重写的导言。我迫不及待地弄来一本，想找出罗伯逊对此错误的解释。要知道能在罗伯逊的《银行政策与价格水平》中被提及在当时堪称是不朽的功绩，我发现他承认了那个"大错"，并简要列出了我的观点。然而他又在导言中说，这个错误"是很久以前由一位通信者指出的，而我
50 却负义地忘却了其姓名……"[1]不朽的业绩就此烟消云散，这个故

事也许能说明仓促发表意味着什么。

但是,我迟迟未把关于企业的思想付诸成文,很大程度上是出于其他原因,正如我在第一次演讲中引用的给福勒的一封信中所说的,我在邓迪经济学与商业学校同时开三门课程。那时至少在英国通常并不使用教科书授课,要求教师在阅读有关课题文献的基础上备课。当时由于我对所讲课题知之甚少,备课占用了我许多时间,即使这样我还担心备课没有达到应有的水平。其后我于1934年被任命为利物浦大学的助理讲师,在那里讲授我一无所知的银行与金融课程。1935年我被任命为伦敦经济学院的经济学助理讲师,这对我和利物浦大学的学生来说,都是一种仁慈。当时我主讲公用事业经济学的课程,这门课以前由已赴南美的巴特森(Batson)讲授。我很快发现,在英国,人们对公用事业知之甚少,为发现事实,我开始研究有关历史,进而发表了有关广播和邮局的文章。我还研究了英国的供水、供气和供电的历史,但是至今未能将这些研究以任何实际出版物的形式发表。我同时供职于伦敦经济学院的工商管理系,普兰特时任该系的系主任。我按哈佛商学院的方式准备了案例,记得曾准备过一个有关唱片制造和分销的案例,我还参与过组建会计学研究协会(Accounting Research Association)[其灵魂人物是罗纳德·爱德华兹(Ronald Edwards)],并提出了一种成本核算方法,进而在《会计学家》(*The Accountant*)杂志上发表了一系列文章,这些文章被一再重印并广泛引用。

大家已经注意到,我教学和研究的课题似乎并不很集中,的确如此。在1932年的就业市场中面对的问题不是谋求一个合适的岗位,而是找到一份工作,伦敦经济学院挤满了找不到工作的大学

毕业生。当时突出的问题是找不到工作或者难以获得晋升，形势迫使我不断学习新的课程。但这并未令我消沉，我仍抽时间从事若干研究项目。当时，我对定量调查颇感兴趣，我认为这是受到芝加哥大学舒尔茨研究的影响。我与福勒一起研究的一个项目旨在发现生产者对价格预期究竟是什么，特别是他们是否认为，像经济学家使用的许多理论构架中所假设的那样，现行价格将持续适用于未来。我们决定研究英国生猪的生产周期，人们通常认为上述假设适用于此实例，但我们的结论是猪农并不像人们所断言的那样，认为现行价格可以保持下去，1935 年我们发表论文公布了这一发现。[2]按照帕施贾(Pashigian)的说法，这篇论文与其他研究一道提出了“虽然轮廓模糊、却是理性预期假设的精髓，其观点必在 35 年后蓬勃发展”。[3]我不禁要提到福勒对生产材料替代所做的一
51 些重要却被忽视了的研究。1937 年 11 月“企业的性质”发表的同一个月，他在《经济学季刊》(*Quarterly Journal of Economics*)上发表了题为《钢铁制造业中用铁屑替代生铁》(*Substitution of Scrap for Pig-Iron in the Manufacture of Steel*)的论文，如果这类研究得以持续下去，可能会给投入—产出分析注入新的活力，而且必将极大地改进我们对竞争体制运行的分析，但是实际上并非如此。

我不能略而不提占去我们时间和精力的另一个进展，1933 年罗宾逊夫人的《不完全竞争经济学》(*Economics of Imperfect Competition*)和张伯伦的《垄断竞争理论》(*Theory of Monopolistic Competition*)发表了，这两本书在英国是巨大的成功之作，特别是罗宾逊夫人的书为我们提供了一套分析价格体系运行的新工具。

我于 1935 年发表了一篇 1934 年年初撰写的论文,在其中运用了罗宾逊夫人的这个新研究方法来分析张伯伦提出的双头垄断问题。这个新的理论工具的好处是,教师用图示覆盖黑板,而无须寻找现实世界中发生了什么就能填满(黑板)。无疑,在凯恩斯令人佩服地成为主角之前,这两本书是 30 年代初英国经济学家主要感兴趣的书,而我也和其他人一道被卷了进去。1935 年,我被任命为伦敦经济学院的助理讲师,同年希克斯离开该学院赴剑桥大学。原来由他讲授的垄断课程交给我讲,同时我还要讲授公用事业课并效力于工商管理系。讲授希克斯所讲授过的课促成我在 1937 年发表了一篇关于垄断价格的论文,[4] 还写了一篇题为"具有相关成本和需求的垄断定价"("Monopoly Pricing with Interrelated Costs and Demands")的论文,但由于战争,这篇文章直到 1946 年才发表。[5] 总之,由于这些工作要花许多时间,很容易理解为什么我在 1932 年形成的关于企业性质的思想直到 1937 年才发表,而且为什么在发表的时候几乎未予修改。

刊载"企业的性质"一文的那期《经济学》杂志发行的当天,我在去吃午餐的途中,商学教授萨金特(Sargent)和普兰特就向我表示祝贺。尽管我与普兰特合作密切,而且他把我视为他的"团队"成员,但他再没有提及这篇论文,也再未和我讨论过这篇论文。我的系主任罗宾斯(Robbins)也从未向我提起这篇文章,哈耶克也没有提过,尽管我与他们两人都是至交。这篇论文并未迅速走红,但并没有令我泄气。邓肯·布莱克在与埃尔辛加(Elzinga)的通信中回忆起我在 40 年代初对这篇论文的评价:"我不认为一生中还会做出这样重要的事情。"

从 40 年代开始，对这篇文章有一些引用，而到了 50 年代，在该文被施蒂格勒重新刊登在美国经济协会的《价格理论文选》上以后，被引用的次数更多了。这篇论文在 60 年代继续在脚注中被引用，尽管对正文的内容没有任何显著的作用，所以我在国民经济研究局 50 周年学术讨论会上关于产业组织的论文中认为评价我的这篇论文为“引用得多而运用得少”是有道理的。然而到了 70 年代，这篇文章不仅被引用，而且被讨论了，这种情况持续到 80 年
52 代。无疑，过去 10 年里对我的这篇论文进行的讨论比前 40 年都多。然而，鉴于讨论该文章的经济学家没有人了解其写作环境或当时我关注的问题，也因为许多人不知道英国 30 年代的经济学状况，所以对我写作“企业的性质”时的想法存在某些误解也就不足为奇了。

重读此文令我印象深刻的是其简洁，文中没有微妙或复杂的论述令人伤神，也没有晦涩难懂的概念。我的论文从方法论入手：我们在经济学中所做的假设应该是实际的。大多数读者会忽略这些开场白(普特曼在重印我的文章时把它们删掉了)，而另一些人则将这段话视为幼稚的错误加以原谅。因为他们和许多现代经济学家一样，相信我们应该在预测准确的基础上选择我们的理论，至于假设的现实性全然无关。我在 30 年代不信这个，针对现实，现在我仍然不信。我在 1981 年的沃伦·奴特讲座(Warren Nutter Lecture)中指出，经济学家不会、不可能，即使可能也不应该在预言准确的基础上选择他们的理论。在“企业的性质”一文中，我提到 1932 年出版的罗宾逊夫人写的一本长期被人遗忘的小册子《经济学是一门严肃的学科》。她提出，而且人们很难不同意她的论

点:如果我们一定要有什么经济理论的话,那么其假设必须是可以处理的。不过随后罗宾逊夫人似乎又论证说,如果我们能把握的仅有的设想是不现实的,那么除了采用这种假设,别无选择。实际上这个说法流传下来的东西是,当经济学家发现他们不能分析现实中真正出现的现象时,就会创造一个他们能够把握的假想世界。这绝不是我在30年代想要遵循的研究模式,这也说明为何我要深入工厂和办公室而不是在我不尊敬地称为“废话”的经济学家的论著中寻找企业存在的理由。在诠释我的论文的观点时,必须记住,我的目的是发现一个“实际的假设”。因此我不理会罗宾逊夫人的主要观点,而是紧紧抓住她的一句话,主张我的企业概念“既符合实际、又易于处理”。

说到我的企业概念易于处理时,我所想的是,用该方法看待企业,我们可以用标准的经济理论来分析其活动,这就是我在给福勒的描述在邓迪经济学与商业学校授课情况的信中说我已经成功地把组织与成本联系起来的含义。我引用罗宾斯的《经济科学的性质和意义》中的一句话结束了“企业的性质”的导言。我在形成自己的企业思想时,尚未读过《经济科学的性质和意义》,但之后不久我肯定读了,因为那篇文章于1932年发表。引文的大意是,我们在经济学上使用的概念必须用这样一种方法来定义,即它们“与能被准确认知的正式关系相连”。当时我认为这正是我所从事的,而且我的分析与罗宾斯的观点一致。我本以为他会赞同我在“企业的性质”一文中的观点。现在我明白了,我的预期是错误的。想想 53
他在该书中所说的,罗宾斯在谈到以往的经济学家将我们的研究主题分为生产理论和分配理论之后评论说:“我们与熊彼特教授深

有同感，即为那些所谓的生产理论有许多是不可置信的陈词滥调而几近羞愧——它们无非是关于各种形式的自耕农、工厂组织、产业心理、技术教育等等单调乏味的讨论，甚至在对据此整理的一般理论的最佳论著中也容易出现这种讨论。只要把马歇尔在其《原理》第五卷中对那些分析我们眼中的纯粹经济问题的真知灼见，与他在第四卷中大量关于粪肥和'家仆的良品'那种软弱无力的老生常谈加以对比，就不难发现外行手段入侵纯粹经济学问题的研究所带来的隐患。而且，最根本的问题是，它必然缺乏精确性。"接着罗宾斯提出要陈述"生产组织的现代分析方法"的优点，不过他首先列出了传统分析方法的缺点。"传统分析完全不能令人满意：关于劳动分工的优点的一些陈腐归纳都是抄自亚当·斯密，并用大概是巴巴奇的一些例子加以解释；然后用一系列完全非科学的破绽百出的关于民族特性的评论来喋喋不休地讨论产业'形式'和'企业家'——也许仅用一章有关本地化(localisation)的论述就能囊括一切了，没有必要详述这些令人难以忍受的沉闷和平庸的内容。不过这也许恰恰说明其明显的自身缺陷。人们认为经济学家视'组织'为工业(或农业)的内部安排事项——即使不是内部到企业，至少是内部到'该'产业。同时，它倾向于全然忽视了所有生产组织的支配要素——价格与成本的关系……在现代分析中，有关生产的讨论是均衡理论的组成部分。它说明了生产要素如何通过价格与成本机制在不同商品的生产之间进行配置，以及某些既定的基础数据，即利率和价格差额(price margins)是如何决定生产要素在当前和未来的生产之间进行配置。以前过于烦琐的劳动分工定律逐渐变成了动态均衡理论的组成特征。现在甚至'内部'组织和管理的问题也变得与相对价格和成本的外部网络相关了。”[6]

在《性质和意义》的第二版中,罗宾斯说自己已经“尽量消除了某些与如今心态不再协调的激烈的表达方式”。[7]无疑是这种情绪上的改变使罗宾斯删掉了对马歇尔《原理》第四卷的傲慢评价。但是他并没有改变对老一辈经济学家生产理论的其他评论。当然,罗宾斯严厉批评他们的讨论是“缺乏精确性的外行手段”,而且没有解释基于价格和成本的产业安排选择并非没有道理,但是,我在 54
“企业的性质”一文中所做的,正是试图以一种非常精确的方式把组织与成本联系起来。然而,我不认为罗宾斯把约翰·斯图尔特·穆勒和阿尔弗雷德·马歇尔(对这些经济学家他显然了然于胸)对生产理论的分析描绘为“平庸的”、“沉闷的”、“不科学的”和“低劣的”,仅仅是因为他认为这种分析缺乏经济内涵。罗宾斯是致力于高深理论研究的,而且我认为,至少在30年代他对讨论像自耕农和产业“形式”这样的俗套就已感到有些厌倦。因此,不必期待一篇题为“企业的性质”的文章会引起他的注意。

这种轻蔑的态度在今天经济学家中是找不到了,尽管仍有些人的做法会与此相似。但是在过去不长的时间里,愈来愈多的经济学家已经开始对生产的制度结构发生兴趣,这种兴趣使他们不仅在脚注中而且在正文里不断引用“企业的性质”。鉴于他们不可能了解促使我写这篇论文的原因,而我在过去的50年中又一直没有讨论过这篇文章的观点,他们对我的观点存在某些误解就不足为奇了。

我想从该文的一个方面谈起,一直以来这方面很少或者没有被人评论,而正是在这方面现代经济学家的做法又经常明显地不同于我在“企业的性质”中的分析。这涉及把垄断看成是企业存在的理由，或者更通常地说，看成是纵向一体化存在的理由。在该文中我没有提及垄断，虽然我指出某些种类的销售税、配额制和价格控制可能导致企业存在或者使其超出原有规模。我本可轻易地把垄断包括在上述因素清单里，因为对纵向一体化的论述本质上与上述情况一致，我之所以没有这样做无疑是普兰特教导的结果。普兰特认为除非受到政府促进和支持，垄断往往是暂时的，而且一般来说是不显著的。当然，在实践中我们并不如上述观点那样保持头脑清醒。产业组织的文献大多源自美国，而且都强调垄断的后果，这必然会影响我们的思维。我记得在普兰特的课上讨论“匹兹堡加成”(Pittsburgh-plus)定价体系时，我们主要使用1931年出版的费特(Fetter)的《垄断的伪装》(*Masquerade of Monopoly*)。而且无疑我在美国时很认真地接受了联邦贸易委员会报告中所说的内容，但是我的基本立场过去是(现在仍是)同普兰特一样，我们的经济体系基本上是竞争的。因而任何对企业出现原因的解释必须是适用于竞争条件下的解释，尽管垄断在特定情况下可能显著。在30年代初期我一直在寻找并非基于垄断条件的企业存在的理由，我找到了，当然答案就在交易成本中。

克莱因、克劳福德和阿尔奇安在1978年发表的一篇论文中这样说：“一旦我们尝试给科斯的基本观点，即系统地研究交易成本对解释经济组织的特定形式是必要的，增加经验性详细说明时，我
55 们就会发现，他关于企业内部的交易与在市场上的交易之间的基本区分往往过于简单化。许多长期合约关系(如特许权)模糊了市场和企业之间的界线。”[8] 克莱因及其同事是在暗示，当区别在企

业内部进行的交易与在市场上进行的交易时,我认为全部存在的就是这种极端的和一刀切的情况。他们的看法是不对的。其实,对这个问题我的观点非常明确。在“企业的性质”中,我指出“不可能划出严格的界限以确定是否存在企业,可能还有其他的方向”。[9]同样,我还在文章的第一部分中谈到,“价格机制的程度”,用当前的术语说,即市场,“能被替代的方式差异很大。在一个百货商店中,各种柜台在大楼里的空间配置既可以由管理机关决定,也可以是场所进行竞争性价格招标的结果。在兰开夏棉纺业中,一个纺织商能凭借信用租到电力和店铺,得到织机和棉纱。”[10]当然,正像我所说的,这不是办棉纺厂的一般方式。我的确没有提到特许经营,但直到50年代这才成为常用的分销方法,而且即使这种方法存在,在1932年我肯定也不知道。这些年来,我见过许多建立在企业内部的市场的例子,最有趣的一个是发现了运营在英国国有化产业的心脏——电力行业中的一种市场。我引用了英国中央发电委员会(Central Electricity Generating Board)的一位官员在1961年7月所作演讲中的话:“英格兰和威尔士的电站的输出量由伦敦的全国控制中心通过七个区域控制中心来协调(请注意他的措辞)……在安排每天的发电量时,由于全国控制工程师(National Control Engineer)要求各区域中心报出第二天它们能在特定期间供应某些数量电力的价格,这样全国控制室实际上成了拍卖场……哪里出价最低他就接受哪里的,而各区域则按全国控制工程师制订的能量相互交换项目来安排他们的电站运作。”[11]

当然,在私有制的企业中也可能发现类似的情形。在这些企业中,无论作为来自上司指示的结果,还是相互间本质是市场交易

的结果，独立分工的部门之间都可能相互供应。当存在广泛的市场交易时，人们提出了我们是在处理一个单个的企业，还是一批互有联系的企业的问题。无疑，为了某些目的，最好是想象成单个企业，而为了另外的目的，则最好是想象成一批企业。不过，若想象成单个企业的话，明显是指这样一个企业，用我论文中的术语来说，就是其交易由价格机制协调，而不是行政决策的结果。所以，虽然“企业的性质”旨在解释为什么企业出现在市场内部，但我们同时必须承认在企业内部也可能存在市场。正如我所解释的那样，由于企业内领导层指挥生产要素的权力是在“合约的范围内”的，这就意味着超出合约范围以外的将不可避免地由市场交易来
56 支配。因此，企业管理者与企业所使用的资源所有者之间的关系常常包含指令和市场交易的混合就不足为奇了。特许经营可能就是这方面的一个例子。对我来说，这种混合关系的存在并不意味着我们应该放弃我在“企业的性质”中提出的“企业最显著的特征是对价格机制的替代”这一观点，也不意味着区分资源配置是借助市场还是在企业内部进行没有价值，即使不可能划出一条严格的用于确定生产要素使用者和所有者之间的关系是否可视为企业的分界线。与此相同，界定雄性和雌性对许多目的都很有用，然而中间或变异类型的存在，用克莱因的话说，则“模糊了界限”。

近来许多经济学家说过，企业问题本质上是合约安排的选择，我一直就是这么认为的。正如我在“企业的性质”中所言，“即使有了企业，也不能消除合约，但却会大大减少其使用。”原因在于采用了某种特殊合约。“某一生产要素（或它的所有者）不必与企业内部他所合作的一些生产要素签订一系列合约。当然，这种合作

如果作为价格机制起作用的一个直接结果,这一系列的合约就是必需的。一系列的合约被一个合约替代了。……重要的是注意合约的特征,即注意企业中被雇佣的生产要素的进入。……生产要素为获得一定报酬(可以是固定的,也可以是浮动的),同意在一定限度内服从企业家的支配。……在限定的范围内,他就指挥其他生产要素。”[12] 我还在“企业的性质”的最后一部分指出:正如我所料想的,构成企业的关系十分符合雇主与雇员关系的法律概念,并引用了我在伦敦经济学院学过的一门法律课上所用的巴特(Batt)著作《雇主与雇员法》(*The Law of Master and Servant*)中的一段文字:“有权告知雇员什么时间工作(在工作时间内)和什么时候不工作,以及做什么工作和怎样做(在工作范围内),这种控制和干预的权利,即为这种关系的本质特征。正是这种权力使雇员区别于独立签约人。”[13]

还有其他的证据可以说明我是从合约安排的选择角度来思考企业问题的。青年时代,当我想要思考一个课题时,习惯于坐在打字机前敲出我所想到的内容。我本意是罗列这些想法,以后再将它们组合起来撰写成一篇讲稿或论文。我用此方法保留下了一些笔记,它们将存放在里根斯坦图书馆,题为:“一个合约理论”。遗憾的是,这些笔记不像信件,没有注明日期。不过根据措辞和我自己的(模糊)记忆判断,很可能是在完成“企业的性质”的草稿后,在1934年写的,当然也可能在写该文之前。我在利物浦大学和伦敦经济学院的工作肯定占去了我许多时间,所以离开邓迪经济学与商业学校以后我未必会十分关注合约问题。现存的是一些当时准备用于一篇从未动笔的文章的最初笔记。 57

如果把这样一些未予深思和从未修改过的粗糙笔记视为代表某种确定观点或应予十分关注的观点，那就错了。但无论如何这些草稿表明了我在撰写"企业的性质"期间对合约和企业的看法的特点。这些笔记从论述合约限制个人行动开始，然后称确定性是以放弃行动自由为代价的。现在我对这后一点似乎半信半疑，因为即使心甘情愿放弃行动自由所获得的可能还是很不确定。这些笔记接着谈到，合约的范围可能因包含更多的经营内容而扩展，但主要源于合约执行期的延长。合同期限的延长可以减少成本，因为消除了多个短期合同，或协调合约各方风险偏好的需要。接下来的观点也体现在"企业的性质"中，即合约期限愈长，合约愈不可能确切说明提供服务一方应做什么，因而合约就笼统说明供方将做什么，而细节则取决于用方（或雇主）的指示。在"企业的性质"中这一节的结尾处，我指出雇主—雇员的合约接近于企业关系，但只有"当出于彼此合作目的而与他人签订若干类似合约时，才是完整的企业关系"。

到此处，这些笔记不过证明了我的文章在体现我的观点方面是一篇多么仔细的读物。然而，题为"长期合约与纵向一体化"的下一节却提出了一些新观点。从一体化和长期合约皆为束缚人们进而减少风险的方法的观点出发，我提出了疑问，为什么在有些情况下采用的某种解决方案在其他情况下却不适用，特别是乍看起来似乎一体化的全部好处都能借助长期合约而获得。然后我提到我所认为的长期合约的缺点，即合约另一方可能死亡或不再有效，而一体化却意味着合约关系得到有关主体的终生保证。

接下来的是我现在认为这些笔记中最有趣的部分，即对被欺诈的风险的讨论，"有时人们说一体化是源于'保证产品质量'的愿望。既然错误导致质量不良，除非一体化企业显得更有效，否则就没有一体化的理由。随之而来的问题是，是否可以借助一体化减少欺诈。"我分析这个问题的方法非常严肃。我开始是列出决定欺诈行为多少的因素，然后思考这些因素如何受一体化的影响。我认为欺诈会增加行骗企业的利润，却会减少顾客，就是说减少其未来的生意。顾客的丧失取决于顾客识别行骗供应者的能力以及一旦他被识破后能否从事同一行当。在一个高度流动的社会中，显然很可能失去诚信。一次我在查阅阿尔弗雷德·马歇尔的文章 58
时，发现了他十分清晰地表达这一思想的一句话："金钱比好名声更易于携带。"我看了以后用下面的话概括我的想法"是否丧失顾客……将取决于所生产的商品的等级和其营销方式以及社会的经济发展速度——且与用来揭穿欺骗的时间有关。这成为明显的事实可能意味着出现这样一种人，其工作就是识别老实人。这样，一个消费企业可能不知道谁是生产企业——而一个批发商可能专门去找谁是老实人和好顾客，因而消费企业可以借助他免除欺骗的后果，不过这需要一笔成本，但可能……借助一体化免掉这笔成本。"

关于决定欺诈程度的因素，我提出那些管理一体化企业的人为增加利润会缺乏欺诈的动力，言下之意显然是，在一个阶段内增长的利润（比如说是由于采用某种价廉而质次的材料）可能会被后一阶段利润更多地减少所抵消。但是我认为，顾客的丧失在纵向一体化企业中并不会产生同样的影响。这种企业不太容易被引向原料或部件的竞争供应商。结果，竞争的压力在这种企业内部发挥的作用不大，这导致了欺诈的增加，“因为雇员不会生产雇主所预期的产品，除非采取防范措施。”因此，我判断一体化企业的监督成本可能与从独立生产商处采购的企业一样大。格罗斯曼和哈特发表于 1986 年 8 月《政治经济学杂志》上的一篇文章中提到，“科斯认为一体化把敌对的供应商转变为驯良的雇员。”[14] 显然从我刚才引用的一段文字中可以看出，这不是我 50 年前的看法，也不是我现在的想法。供应者不是敌对的，雇员也不是驯良的。面对相同条件时两者会以同样的方式做出反应。一体化创造了不同的制度条件，而我们的任务是揭示这种条件对经济行为的影响。这些笔记令我满意之处是我运用的这种研究方法，至于我的初步结论是否正确那就另当别论了。我认为供应商通常是可以识别的，而且，为了防止顾客在担当对欺诈具有显著威慑作用的角色时所产生的损失，制度条件的变化通常不会那么快。所以我得出结论，在促进一体化中避免欺诈并不是重要的因素。

有些人认为，我在“企业的性质”中假设企业为个体所有制，因此这种分析方法如果不加修正就不能适用于对公司或更为复杂的组织的分析。这种错误的印象可能是因为我使用**企业家—协调者**的字眼来描述那些在企业中配置资源的人。在脚注中我解释说，我用**企业家**一词“是指在竞争性体系中替代价格机制配置资源的人或人们”。[15] 我所指的企业家，是在企业中配置资源的科层（hierarchy），不仅包括管理人员，还包括工头和许多工作人员。这不是一个特别恰当的用词，但这是当时在英国的普遍用法，因为它出自
59 于 20 世纪 30 年代英国出版的最重要的价格理论著作——罗宾逊夫人的《不完全竞争经济学》和希克斯的《价值和资本》中。在这两

本书中,企业家一词使用的是这个含义,而且提及资源配置时似乎是由个体来执行的。罗宾逊夫人在这一点态度十分明确,她说,“下文中,企业家被人格化且指的是个体。但在股份公司中,没有任何单个个人对企业的最终控制负责。”[16]

最后谈谈生产要素的“递增供应价格”的含义。就此我说过随着企业的扩大,可能导致组织交易的成本增加,从而限制其规模。这种“递增供应价格”与经济学理论通常认为的一个产业内某要素供应价格递增无关,但与下述事实有关,即在大企业工作的某些人可能发现其工作条件不如小企业有吸引力,因而要求较高的报酬来补偿。这并不意味着其他一些人,也许是大多数人,可能不会认为在大企业工作更吸引人,在这种情况下,供应价格就会下降,但这不会限制企业规模。类似的作用也可能在劳动力以外的要素中发现,如在资本的供应中。

我说过人们对我在“企业的性质”中的观点的性质存在一些误解,其中有些是无关紧要的。但是我担心有一个误解流传甚广而且后果严重,它关系到我的论文的核心,即涉及通过企业的存在而产生的收益的源泉。我的观点是:它们当然来自交易成本的减少。但是被节省下来的主要交易成本,是由于在企业内部生产要素间的相互协作,否则就会在市场交易中发生。正是这些成本与经营一家企业所发生的成本的比较,决定了建立一家企业是否会赢利。

注 释

1 我所反对的观点见 D. H. 罗伯逊编:《银行政策与价格水平》,1932 年,第 35—36 页。我引用的这段话也出现在 1949 年第 4 次印刷(修订版)的该书前言第 vii 页上。罗伯逊对我的观点的概要性说明在第 xiii 页和第 xiv 页。感谢收到我的信的罗伯逊的明信片和同意我的观点的信将和其他文件一起存放在芝加哥大学的里根斯坦图书馆里。我写给罗伯逊的信的内容经删减后写入 1932 年 12 月 7 日邮寄给福勒的信。

2 “英国咸肉生产和生猪生产周期”(“Bacon Production and the Pig-Cycle in Great Britain”),载《经济学》,1935 年,第 2 卷。

3 《新帕尔格雷夫大辞典》中 B. 彼得 · 帕施贾撰写的“蛛网理论”(B. Peter Pashigian, “The Cobweb Theorem”in the New Palgrave Dictionary),1987 年。

4 “关于垄断价格的一些注释”,载《经济研究评论》(“Some Notes on Monopoly Price,” 5 *Review of Economic Studies*),1937 年,第 5 卷。

5 “具有相关成本和需求的垄断定价”,(“Monopoly Pricing with Interrelated Costs and Demands”),载《经济学》,1946 年,第 13 卷。

60 6 莱昂内尔 · 罗宾斯:《经济科学的性质和意义》,1932 年,第 65 页,第 69—71 页。

7 莱昂内尔 · 罗宾斯:《经济科学的性质和意义》,1935 年,前言,第 xiii 页。

8 本杰明 · 克莱因,罗伯特 · G. 克劳福德和阿曼 · 阿尔奇安:“纵向一体化、专用租金与竞争性缔约过程”,载《法与经济学杂志》(Benjamin Klein, Robert G. Crawford, and Armen A. Alchian, “Vertical Integration, Appropriable Rents, and the Competitive Contracting Process,” 21 *Journal of Law and Economics*),1978 年,第 21 卷,第 326 页。

9 “企业的性质”,《经济学》,1937 年, 第 4 卷,注释 1。

10 同上书, 第 388 页, 注释 9。

11 A. R. 库珀:《英国电力系统的运作》(A. R. Cooper, “The Operation of the British Grid System”),中央电力委员会,第 11—12 页。1961 年 7 月发表的这篇演讲的复印件将和我的其他文件一起存放于芝加哥大学的里根斯坦图书馆。

12 《企业的性质》,第 391 页(本书英文原著,第 21 页)。

13 同上书,第 404 页(本书英文原著,第 29 页)。

14 斯坦福·J.格罗斯曼和奥利弗·D.哈特:"所有权的成本和收益:纵向和横向一体化理论",载《政治经济学杂志》(Sanford J. Grossman and Oliver D. Hart, "The Costs and Benefits of Ownership: A Theory of Vertical and Lateral Integration"),1986 年,第 94 卷,第 693 页,注释 1。

15 《企业的性质》,第 388 页,注释 2。

16 琼·罗宾逊:《不完全竞争经济学》,1933 年,第 25 页。

61 5 企业的性质：影响

罗纳德·H. 科斯

由于“企业的性质”在发表之后的30或40年内，影响甚微或者可以说是毫无影响，因此要评价它的影响必须集中在最近。但是我会根据50年前的思想和事件来说明这种影响。

最初，我的文章在伦敦经济学院（LSE）的前辈中受到的是毫无兴趣的冷遇，经济学界中其他人的反应也相差无几。1952年，斯蒂格勒在为美国经济协会主编［与博尔丁（Boulding）合作］《价格理论文选》时重印了这篇文章。这次重印仅仅增加了这篇论文作为脚注被引用的次数，却没有使任何人产生对文章提出的问题的实际兴趣。据我所知，出现于70年代前、用与我相似的方式严肃地论述企业问题的唯一文章是在1961年8月发表于《经济学季刊》的马尔姆格伦（Malmgren）撰写的《信息、预期与企业理论》（“Information, Expectation and the Theory of the Firm”）。结果，1970年11月，我应邀于国民经济研究局成立50周年庆祝会上以“产业组织的政策问题及研究机遇”为题发表论文时，我认为将“企业的性质”称为“引用得多、运用得少”是有道理的。我指出，我所关注的是当时产业组织研究的危机状况，即经济学家所研究的内容与怎样组织产业无关，产业组织学变成了“关于企业的定价和产出政策的研究,尤其是在寡头垄断的情形下”。[1]

尽管我认为情况不那么令人满意,但如今情形不同以往。大部分就产业组织写文章的经济学家依然把这一课题看成主要与价格和产出的决定有关。但是,从 20 世纪 70、80 年代开始,有越来越多的经济学家抓住了解释有关产业组织的问题,这使人们越来越多地提起“企业的性质”。张五常指出,自从 1966 年开始,这篇论文被引证的次数稳步增长,而且毫无疑问,自从它发表以来,现在引用的次数比 50 年来其他任何时候都多。[2] 1986 年,由巴尼 62
(Barney)和奥奇(Ouchi)主编的《组织经济学》和由普特曼(Putterman)主编的《企业的经济性质》都重印了“企业的性质”,这一切使人们对产业组织经济学的兴趣不断增加,威廉姆森 1985 年出版的《资本主义的经济制度》(*Economic Institutions of Capitalism*)和 1986 年出版的《经济组织》(*Economic Organization*)为人们对产业组织增加的兴趣提供了进一步的证明。

为何处于 20 世纪 70、80 年代的人们会对我大约 50 年前提出的问题有这样不同以往的兴趣呢?在一篇并未发表的文章中,巴泽尔(Barzel)和科钦(Kochin)说道,如今出现的这种对“企业的性质”的兴趣反映了我发表在《法与经济学杂志》(*Journal of Law and Economics*)1960 年 10 月号上的“社会成本问题”这篇文章的影响。而且,他们认为表面看来源于“企业的性质”的关于产业组织的最新作品实际上只是“社会成本问题”论述的副产品而已。确实,克莱因曾说,大体上说,“社会成本问题”是稍早那篇文章的重新论述。在克莱因看来,两篇文章的论题都是“在我们的模型中缺少一个要素”,这个要素就是交易成本的概念。[3]但是,实际在写这

两篇论文的时候我心中并不存在这种一般的目标。交易成本在一篇文章里是用来说明，如果不将其纳入分析，企业(的存在)就无意义；而在另一篇文章中我说明，正如我所认为的那样，如果不将交易成本引入分析，在所考虑问题的范围内，法律(的存在)就没有意义。在这两篇文章中，我们采用的论述结构很相近，但是使用交易成本概念解决的问题却完全不同。通过回忆，我想可能的情况是因为人们认为“企业的性质”对经济学最重要的贡献是明确地把交易成本概念引入经济分析中，但我的目的并不是要改变经济理论的特征。实际上，如果那篇文章中的想法是由一个对经济学一无所知的年轻人提出，那么认为他旨在改变经济理论是难以置信的。在“企业的性质”一文中，我用交易成本来解释企业的出现，就是这样。与此相同，在“社会成本问题”一文中，我用交易成本这个概念来证明法律体系能够影响经济体系运行的方式，并没有其他的目的。但与“企业的性质”不同，“社会成本问题”一经发表，立刻获得了成功，马上为人引用并得到广泛讨论，且历久弥新。我并不想讨论为何两篇文章运用如此类似的研究方法却得到了如此不同的反响。但是我想巴泽尔和科钦认为“社会成本问题”的受欢迎对重燃人们对“企业的性质”的兴趣定然起了十分重要的作用是有道理的。

我无法说清楚是什么时候我明确地意识到将交易用概念引入分析将会改变整个经济理论——也许我是逐渐意识到的。至少从张五常对他在60年代末与我谈话的回忆中可以看出，那时，我已
63 经意识到这一点。其他经济学家现在对我关于交易成本对经济理论的重要性的观点有多赞同，我不知道。但毫无疑问的是，从70

年代开始,许多经济学家开始把采用各种企业实践(包括企业的出现)解释为是对存在交易成本的反映。

虽然20世纪70年代和80年代对我在"企业的性质"中的观点给予的关注,部分是因对我在"社会成本问题"一文中观点的兴趣及文章引起的对交易成本重要性的理解所引发,但威廉姆森的著作一定也起到了同样的作用。他于1970年出版的《公司控制和企业行为》(*Corporate Control and Business Behavior*),特别是1975年出版的《市场与科层》(*Markets and Hierarchies*)一书必然使许多经济学家意识到存在着一种与通常方法不同的产业组织学研究方法。威廉姆森提出的这一可选择的方法依赖于市场与科层的区别,将交易成本纳入分析中,并用比经济学家通常的做法详细得多的方法考察企业的内部组织问题。他的研究方法与"企业的性质"广泛地一致,在书中他频繁引用了该文,而其研究方法必然引领一些经济学家去考察或再考察我的这篇论文。威廉姆森赞同我在1970年对该文地位的评价,并称其为"严酷的评价"(grim assessment)。但他把我的论文虽常常被誉为"基本洞察力"却未被运用归因于它尚不具有可操作性,正如他1975年说的:"交易成本已适当地成为分析的核心,但多少还不具可操作性,它允许人们用系统的方式评估企业与市场之间(安排)完成交易的效率。"[4] 威廉姆森在1985年和1986年重申了这一观点。我认为这是十分正确的。标准经济理论总的来说是针对无交易成本世界的,所以明确将这些成本引入理论分析中会产生极为深刻的影响。沃利斯(Wallis)和诺思(North)曾估算交易成本占国民生产总值的50%左右。鉴于如此巨大的比重,它们对经济体系运行的影响必然是

广泛的。所提供商品与服务的范围、定价方法、合同安排及经济组织的形式等，一切都将受到影响，而且受到很大影响。此外，经济体系的上述特征相互联系。所提供商品和服务的范围取决于定价方法、合约安排和经济组织的形式；而定价方法又因所提供商品和服务的范围、合约安排、经济组织的形式等而定。因此，将交易成本融入经济分析中是一项十分艰巨的任务。而在20世纪30年代早期，我对经济学所知寥寥，所以没有尝试将交易成本融入经济分析，这也不足为奇。

看一下邓肯·布莱克在《委员会与选举理论》(*The Theory of Committees and Elections*)前言中的一句话，就可以说明将交易成本融入经济分析中所面临的问题。他说："很早我就通过与同事罗纳德·H.科斯教授讨论就其对企业性质的观点来帮助我找出总
64 的研究思路。"[5] 1932年至1934年布莱克和我同为邓迪经济学与商业学校的助理讲师。我与他详尽地讨论了我的观点，而且我知道我的企业思想令他印象深刻。但是他在前言中的话仍令我困惑，因为我在分析企业活动时强调的因素似乎并未反映在《委员会与选举理论》中。布莱克在通信中这样解释："缺乏明显联系的部分原因是，虽然为形成委员会理论我使用了交易成本的概念(例如得出一种政党理论)，但到发表时我却去掉了所有不能以数学形式表述的材料。"布莱克未将交易成本(或者说它们与政治体系的主要特征的关系)转化为数学形式并非因为他缺乏数学运用能力，他在转向经济学以前已获得物理和数学学位。问题在于应该以精确的方式说明交易成本在政治体系运行中所起的作用。在政治学中尚需如此，经济学中也应这样。

暂且不谈上述课题的内在困难,现在我认为自己在“企业的性质”中论述的弱点阻碍了其深入发展。我在论文发表时就意识到这个弱点,但直到准备这篇讲稿时,我才意识到它对这个课题的发展产生了多么严重的影响。了解这一点很重要,现在是我50多年来首次真正思考企业问题。我是一个经济学界的落伍者①,因此不用期待我将对自己的见解做出权威性的陈述,更别指望我能对近来的相关研究成果进行评价了,因为我刚刚开始研究其中的一些文献,其余的至今没有机会阅读。现在我能做的就是表达自己总的见解,但我的话不会缺少说服力,我应该直接说,尽管我认为“企业的性质”的观点存在弱点,但我读过的评论文章似乎都未察觉这些弱点,而且现在就这个问题所说的一大堆话在我看来也是毫不相关的。

我认为该文的主要弱点之一是套用雇主—雇员关系作为企业的原型,这使得企业的性质残缺不全。但更重要的是,我认为这种套用误导了我们的注意力。我在30年代就充分意识到了套用雇主—雇员关系来类比企业导致的不完整性。在论文最后一节我尝试显示我的企业概念的现实性,就将其与雇主与雇员的法律关系进行比较。但是,我在脚注中又补充说,法律概念和经济概念并不相同,“鉴于企业可能意味着控制他人的财产或劳动。”[6] 而且在1934年前后写的笔记中,我指出雇主与雇员的合同接近于企业关系,但是,除非“为了相互合作而与人签订若干类似的合约”,否则

① 原文为“我是经济学界的里普·万温克尔”。里普·万温克尔是美国作家欧文·W.爱若文(Irving)所写一篇故事名及其主人公,后常被用于比喻时代的落伍者、嗜睡的人。科斯在此处用该人戏称自己是落伍者。——译者注

不会形成完全的企业关系。可是，在论文的正文里，至少有一处看来我忘掉了这个必要条件，而且写得好像企业的全部内涵就是雇主—雇员关系。我这样写道，“重要的是注意合约的特征。即注意
65 企业中被雇佣的生产要素的进入。通过合约，生产要素为获得一定的报酬(可以是固定的，也可以是浮动的)，同意**在一定限度内**服从企业家的支配。合约的本质是它限定了企业家的权力范围。在限定的范围内，他就能指挥其他生产要素。”[7]对于这一段话我插入脚注说没有限制就会出现“自愿奴隶”。这就十分清楚地表明，在这一部分，我心中的生产要素就是劳动力，我说的合约就是雇主与雇员之间的合约。由于只是重视雇主—雇员关系，结果就忽略了考察能使企业组织者以购买、租赁或借入的方式来指挥资本(设备或货币)使用的合约。这也许是因为50年前我所掌握的知识还不足以处理这些问题。

这种不完整性是个瑕疵，但它并未对我的总体理论框架造成严重的损害。其实，就撰文“企业的性质”以说明为什么会存在企业而言，我的论述恰如其分。但是，如果人们关心企业活动分析的进一步发展，那么，我认为我表达思想的方式导致或者说鼓励了过分强调企业作为生产要素服务的购买者的作用，以及为此企业对合约安排的选择。因为只把企业视为其所使用投入物的买者，结果经济学家们有些忽视企业的主要活动，即经营生意，同时也会掩盖“企业的性质”中我的核心思想：把协调企业内部生产要素的活动的成本与通过市场交易或在其他企业内部进行经营带来同样结果的成本进行比较。

让我们来假想一个没有企业的经济体系，尽管这很难构想。

在该体系中,所有交易都通过要素之间订立合约来进行,彼此提供的服务由合约规定,这中间没有任何指令。合约也可用于要素与消费者之间的产品销售。这一过程具体地如何运转是难以描述的,甚至是不可想象的。一种要素可能负责向消费者销售产品,或者情况也可能是这样,一种要素负责向一些要素销售由其他要素制成的部件,同时另外一种要素承担向消费者销售产品的任务,或者是另一种情况,消费者可以与所有提供服务来制成产品的要素订立合约。这就存在大量可能的合约安排。但是,没有企业谁都不能支配生产要素。在这样一种体系中,资源配置将直接由价格机制支配,而大量有用的资源将被用于做出合约成立所需的安排和提供做出决策所需的信息。

如果修改上述理论框架,允许形成企业,那么情况就截然不同 66
了。如果企业组织者向要素所有者支付比后者在上文假设体系中所获更多的报酬,他们就能够与后者订立合约,而在这种合约基础上生产要素就会服从他们的支配。同时,如果企业组织者能够以低于上文假设体系中的销售价格销售成品,产品就能销售出去。实际上这意味着经营成本(包括与生产要素或其他企业订立合约的成本以及销售产品的成本)低于在完全市场体系下发生的交易成本时,组成企业就是有利可图的,因为其差额就是高要素收益和低产品价格的源泉。而在"企业的性质"中我解释了为什么我认为这种差额往往会大到足以导致上述结果是有道理的:"某一生产要素(或其所有者)不必与企业内部的协作生产要素签订一系列合约。当然,如果这种合作是价格机制运作的直接结果,这一系列合约就是必需的。所以,一个合约替代了一系列合约。"[8]我在"社会

成本问题”中对此情况给出了不同的、也许更好的描述：“在企业内部，各个协作生产要素之间的议价被取消了，因为行政决策指令替代了市场交易。这样，不用借助生产要素所有者之间的议价，就可以重新安排生产……实际上，……企业将获得合约各方的合法权利，所以重新安排活动无须再按照合约对权利的重新安排，而是成为如何使用权利的行政决策的结果。”[9]企业的出现使合约安排大大简化，其特征可以用“一个合约替代了一系列合约”来表明。另一个事实是，我写“企业的性质”时，肯定没有认识到，企业的出现会使企业之间的交易替代要素与要素之间的交易，并使企业与消费者之间的交易替代要素与消费者之间的交易，这肯定也会产生简化签约过程的作用。

当然，企业运营成本不但必须低于没有企业的经济体系中所发生的交易成本，而且必须低于其他企业从事相同运营所带来的成本。如果情况不是这样，人们就会组织其他企业，生产要素会涨价，产品的销售价格就会降低，直到成本与收入之间的差额缩小到第一家企业的运营不再赢利为止。这个观点同样适用于企业可能从事的各类活动。上述论点推导出了生产的制度结构就是要最小化生产成品的总成本的结论。

伴随各个企业竞相协调生产要素活动而出现的情况是，过去本应是生产要素之间的交易大部分被免除了，而且被锁定在企业内部，尽管企业内部也可能存在一些市场。它也导致了这样一种
67 情况，除了生产要素服务的采购和零售贸易之外，大多数市场交易将是企业间的交易。替代企业之间市场交易的是将参与交易的这个或那个企业，纳入一个企业的范围之中。所以，为什么纵向一体

化被视为产业组织的主要问题之一,就一目了然了。不过在我看来,如果我们能在一个更加全面的理论框架中考察纵向一体化问题,将取得更长足的进步。

"企业的性质"没有提出这种全面的理论。我这篇论文的目的只是要说明为什么会存在企业,而只要说明形成企业可以避免某些成本,即现在通常所说的交易成本就足以达成此目的了。当然,只有被避免的成本大于企业协调生产要素活动所发生的成本,组织企业才是有利可图的。当时我并不想探索什么是发生上述情况的决定因素,只是满足于给出一些似是而非的解释,即为什么假设生产要素之间的市场交易成本经常会超过导致相同结果的企业协调生产要素的成本是合理的。但这并未揭示生产的制度结构的形态。生产的制度结构依哪些企业能以最低成本执行这种特定活动而定,而这一点在很大程度上取决于企业正在进行的其他活动。我在 1970 年国民经济研究局的演讲中,抱怨我们对企业已从事的活动对将要从事的活动的成本的影响所知甚少。我感觉就此我们仍需长期研究,以获得一个能将所有这些因素联结成协调一致的理论体系的框架。我在这里不会提出这样的理论框架,但是为了推进这项研究,我在此阐明长期合约的作用。

我在"企业的性质"中说明企业存在的基本理由(即避免生产要素之间的缔约成本)之后,还附加了一个对长期合约的看法,即长期合约不是替代企业内部之协调,而是导致企业的存在 。没人注意到这一观点的怪异之处,而我在写"企业的性质"时也未意识到。这种观点是在笨拙地适应我的理论框架的其余部分。我指出选择长期合约可能是用来避免一系列短期合约导致的附加成本,或者是因为它可能符合各方当事人的风险偏好。然后我说合约期限越长,越不愿意在合约中详尽规定期望服务提供方做的事情。今天我们喜欢用交易成本这个概念来表达这个思想并解释说,合约期限越长,在合约中规定可能发生的全部意外事件和规定期望服务提供方在这些情况下所做的事情,成本就越高。之后我又说,在各种行动中采取哪种行动,对供应方而言可能是无关紧要的,对
68 买方则不同。因此,(长期合同中)只用笼统的措辞列明供应方所需提供的物项而相关细节留待以后决定。时至今日,我仍认为当时的观点无误。但是我推论,“当资源的配置(在合约所规定的范围内)因此而取决于买方时,那种我界定为‘企业’的关系就此产生了。”正如我在20世纪30年代中期在笔记中所说的,现在我还是要说,这样一种关系只是接近于企业关系,而只有当组织者与几个由他协调其活动的要素订立合约时才会产生完全的企业关系。当然,导致组织者与一个要素订立这样一种合约的理由同样也可能导致与其他要素订立类似的合约,结果,一个企业自然地应运而生。在这种情况下企业存在的理由,和前述理由一样,是导致交易成本的减少。但是减少的并非生产要素之间的交易成本,而是组织者与其所使用的生产要素之间的交易成本。我在“企业的性质”中说这个观点对“购买服务——劳动——的情况显然比对购买物品的情况有更重要的意义”。[10]然而,存在一种假设认为,与订立长期合约相关的问题会导致本不存在的企业之形成,取决于从事这一活动的生产要素之间的缔约成本低到足以令任何情况下都不会形成一个企业。在我看来,这种假设不是一个肯定成立的假设。企业组织者与生产要素缔约成本之所以高的理由也会适用于生产

要素之间缔约的情形。所以长期合约的可取之处通常会导致本不存在的企业之形成，这种理由在我看来不大可能。我在“企业的性质”中补充说，这一观点比较不适用于物品，因为它不像劳动，物品合约“主要物项能够事先在合约中规定，而细节可以留待以后决定，这不很重要”。现在我对此观点抱有怀疑。在购买大多数物品时，交货期间、发送数量、交货地点并非“不很重要”。尽管如此，我仍然相信，我在“企业的性质”中暗指的物品长期合约所产生的问题在实践中看来并未使纵向一体化成为更有效的解决方案。之所以这样说，是因为我在 1945 年有机会考察许多长期合约，发现它们通常都不规定像交货时间、数量（总数除外）或者交货地点等类似的要求，这些都是以后决定的事。但是毫无疑问，我当时考察的是独立企业之间的交易，没有机会去发现这些问题在实践中是如何解决的。但是研究留给我清晰的印象是，即不必借助纵向一体化，企业能够解决长期合约所固有的、在经济学家看来是如此难以处理的问题。现在我认为，长期合约作为促使企业形成的因素相
对来说是不重要的，但是长期合约和纵向一体化作为解决企业之 69
间签约问题的备选方案，在我看来仍然是重要问题。

如今，许多撰文讨论企业问题的经济学家似乎认为，纵向一体化主要发生在存在资产专用性时，因为资产专用性鼓励了机会主义行为。通常最容易想象到的情况是，一个企业为了供应另一企业必须进行投资，但这种投资除了使其成为买方的供应商之外毫无其他价值。这种投资包括设计、特殊设备或者了解客户相关问题的支出。在这种情况下，有人认为，一旦进行了这些投资，买方就会有动机将价格压低到使上述投资无利可获的水平，因为供应

商的产品除了服务于该特定客户外毫无其他价值。意识到可能发生这种情况，供应商可能就不愿投资，这导致买方陷入这样一种境况，除非买方自行投资，否则不可能获得供应商投资所提供的服务。有时人们假设不是买主而是供应商采取机会主义行为。一旦买方同意从特定供应商那里购买所需要的物品或服务，并且做出相应的生产计划，这时对生产者来说，转向另一企业的代价将是高昂的，而供应商此时就可能抬高要价，索要高于初始谈判时生产者愿意支付的价格。这样看来价格似乎同时被抬高和压低。但为了防止造成混乱和简化论述，以下我只考察诱使买主进行机会主义活动的动机（最普遍引用的情况）。

现实中确有采用这种做法的风险，不过经济学家应揭示何时采用长期合约及何时采用纵向一体化来处理这种风险。研究这个问题的现代领先论文看来要算1978年发表并在由巴尼和奥奇主编的书以及由普特尔曼主编的书中重印的克莱因、克劳福德和阿尔奇安合写的“纵向一体化、专用租金和竞争性签约过程”。克莱因及合著者在导言中说，“我们所强调的可能导致严重违约威胁的特定情况，就是专用租金的出现。进行专用投资并产生专用租金以后，机会主义行为的可能性变得非常现实了。遵循科斯的理论框架，可以用两种可能的方法解决这个问题，即纵向一体化或者合约。”他们接着说，“支持这篇论文分析的关键假设是，当资产更加专用并产生更多专用租金时（进而增加了机会主义行为的可能收益），签约的成本通常比纵向一体化的成本增长得多。所以，假定其他条件相同，我们更可能观察到纵向一体化”[11]。就像罗宾逊夫人对类似情况的评论，如果我们正好看到某人把兔子放进帽子里，

那么我们看到他再从帽子里变出兔子来也就不会感到惊奇了。无疑是读者们希望去揭示的缔约成本和纵向一体化成本之关系转而
成了假设。所以，他们从该假设中得出的结论即使不是错误的，也 70
会令他们误入歧途。纵向一体化或长期合约能否代表更为有效的解决方案，取决于这两种可选择安排的成本的绝对关系。即使资产变得更为专用化，且准租金增加，从而导致签约的成本比纵向一体化的成本增长得多，纵向一体化也不会代替长期合约，除非缔约的成本变得比纵向一体化的成本更大——从实际发现的准租金的任何价值来说，这种情况可能从未发生过。总之，我很怀疑是否存在（克莱因等人）论文所描述的这种系统的关系。

我之所以强调这一点是因为早在1932年（就像我在首篇演讲中解释的）我已经提出了与克莱因等人的论文中的观点基本相同的主张。而且，在某种程度上，“企业的性质”一文正是对该问题进行思考并拒绝视其为纵向一体化的理由。“企业的性质”中完全没有论述资产专用性的痕迹，下面我将解释原因。故事特别有趣，因为克莱因及其同事用于说明论点的实例之一，正是我早在他们说明这一观点的46年前就批驳了该观点时所采用的实例。我在1932年3月24日致福勒的信中说，“假设生产一种特定产品需要使用一种大型资本设备，而这种设备的专用性很强，所以再改装这种设备的成本会很高。于是这个专为单一客户生产该产品的企业发现它面临一个风险——客户可能将其需求转向别处，或者运用其垄断力强行要求降价——因为该设备没有供给价格。这种风险必然意味着所支付的资本利率更高。……如果客户企业决定制造这种产品，这个风险就没有了，并且情况很可能是，资本成本的差

额可能恰好抵消实际运营的相对低效率。”通过与企业经营者的讨论，我证实这种风险确实存在，即供应商常常不愿只向一个客户销售其产量的过多份额。可是很快我收集到了其他信息，这些信息不是令我怀疑风险的现实性，而是怀疑其重要性。有许多合约安排避免了这种风险。我发现，那些在实际中不得不处理这些风险的企业经营者们远不如我担忧。所以当我在 1934 年开始撰写“企业的性质”的草稿时，另一个想法加重了我的怀疑。在第二篇演讲中，我引用了一些可能写于 1934 年前后的笔记，这些笔记讨论了欺诈行为是否会助长一体化的问题。机会主义行为不一定就是欺诈行为，尽管它可能是，但可以用同样的方法来估算机会主义行为的可能性。一个行骗的企业可能获得一些眼前的利益，但一旦被识破，就会失去未来的生意，我认为这通常会使欺诈无利可图。一个类似的观点是，我们所讨论的这类机会主义行为通常也会无利可图，而且因为奉行此道的企业必然被识破，从而更增加了该观点的说服力。长期合约的履行往往伴以不受合约支配的非正式安排（至少我 1945 年的调查表明了这点）以及这种方法行之有效的事
71 实，启发我想到企业必须考虑其行为对未来生意的影响，这通常会有效地扼制企业的机会主义行为倾向。当然，还因为存在可以减少机会主义行为收益的合约安排，使机会主义行为更加不可能发生。我在 1932 年致福勒的信中列举了这种安排，即客户企业支付专用设备（譬如铸模机）的成本。显然还有其他产生类似作用的合约规定，只是我没有在信中描述罢了。这些必然使我怀疑关于资产专用性的论述。但是，鉴于克莱因、克劳福德和阿尔奇安用于说明其论点的例证之一，是通用汽车公司在 1926 年购得其不曾拥有

的费雪车身公司40%的股份(通用汽车公司从1919年起已拥有费雪车身公司60%的股份),我的思想也十分荒谬地受到了影响。克莱因及其同事把这种股份购买归因于订立车身供应合约中所遇到的困难,即合约一方面消除了通用汽车公司机会主义行为的动机,另一方面却"给费雪车身公司占取通用汽车公司的好处"创造了机会。至少,通用汽车公司对这种合同安排是不满意的。"此外",正如克莱因及其同事所解释的,"费雪车身公司拒绝将其车身工厂设立于通用汽车公司的装配工厂附近,而通用汽车公司则声称这种搬迁对生产效率很必要(但这种搬迁需要费雪车身公司投入一大笔专用投资)。"[12]

我于1932年,即通用汽车公司完全控制费雪车身公司大约6年之后参观了通用汽车公司,而且我记得有人告诉我他们采取这一行动的原因是要确保车身工厂设在装配工厂附近。此后几星期,我参观了位于密尔沃基的A.O.史密斯工厂。A.O.史密斯公司是当时世界上最大的汽车车体制造商,它的产量占美国总产量的50%左右。它的主要客户是通用汽车公司。A.O.史密斯工厂是我见过自动化程度最高的工厂,通过全自动工序,钢板被制成汽车车体。经推荐我访谈的美国企业家都认为这是一个初出茅庐的英国工厂经理必须参观的一家工厂。A.O.史密斯工厂当然令我印象深刻。我很幸运,1932年适逢经济萧条的谷底,我虽在实业界找不到工作,但是去了邓迪经济学与商业学校,而且成了一名经济学者。但是我依然保留着对A.O.史密斯工厂的记忆,我看到的是汽车制造的一个繁重而关键的部分,它用昂贵且高度专用的设备进行加工,并且航行数百海里将产品运到密歇根州的通用汽

车公司装配工厂——但是制造商 A. O. 史密斯工厂显然与通用汽车公司有着和谐的关系。正如人我所想象的那样，这次参观使我怀疑能从费雪车身公司的实例中吸取什么普遍性教训。后来发生的事情并没有使我改变看法。1979 年，A. O. 史密斯公司仍被认为是世界上最大的汽车车体制造商，通用汽车公司是其主要雇主。1983 年，根据 A. O. 史密斯公司的年度报告，美国的 10 辆畅销轿
72 车中，有 4 辆是用 A. O. 史密斯公司的车体制造的，其中两辆是通用汽车公司的大型轿车，而 A. O. 史密斯公司又是这种轿车的大型分隔式车体的唯一供应商。很难相信，如果通用汽车公司或 A. O. 史密斯公司机会主义地行事，这种业务关系能够维持 50 多年。

1970 年提交给美国证券交易委员会的文件说明了 A. O. 史密斯公司与通用汽车公司之间的合约安排的细节。A. O. 史密斯公司再次被形容为世界上最大的汽车和卡车车体的独立制造商。而且实际上它的全部客车车体(不是卡车车体)都销售给通用汽车公司的各个分部。我们知道了 A. O. 史密斯公司并没得到一份确切数字的车体订货单，只是签订了一份一定数量的全年协议，这多少类似于我在 1945 年考察的那些长期合约中的内容。价格经由年度协商决定，但是如果修改设计或成本变化时就要重新进行协商。在设计和检测车体方面，A. O. 史密斯公司与通用汽车公司进行了密切合作。重大的车型变化将使 A. O. 史密斯为新机床的使用、生产线的安排和生产工人的培训支付大量开支。生产车体所需的机床或者由 A. O. 史密斯公司制造，或者由他们购买，然后这些设备会卖给他们的主顾并归主顾所有。但是，这种关系的许多方面因为没有包括在机床安装之内，通用汽车公司显然处于机会

主义行为的有利地位，如果它想要那样做。这样看来，要么是通用汽车公司没这样做，要么是 A. O. 史密斯公司反应迟钝。

斯蒂格勒在他的《劳动分工受限于市场程度》中评论 19 世纪的英国经济组织时说，A. O. 史密斯公司的做法是具有普遍意义的："那些认为企业之间的交易是昂贵的，而企业内部的交易则是免费的人们还是学一学这一成绩卓著时期英国的经济组织为好。在金属交易中心伯明翰，专业化已经到近乎难以置信的程度。"然后。斯蒂格勒引用了 G. C. 艾伦关于 1860 年轻兵器工业组织的报告。[13]这是很有启发性的，因为金属贸易中心的经营者有必要进行那些高度专业化的投资，这种投资鼓励了机会主义行为，当然，经不起诱惑的人会发现他们极少接到回头生意。

纵向一体化是一个重要的课题。但是，正像我以前所说的，如果我们用一种更为全面的理论来分析这一课题，我们就能更好地了解它。现在我所能做的就是简要地说明我所说的这种全面理论的一般特征是什么。如果我们从想象的一个只有生产要素的世界出发，为了克服交易成本极高这种协作障碍，企业会自然地出现。由于这些企业的存在和扩大，交易成本将趋于下降，因为企业间的交易将代替要素与要素之间的交易；从而这将限制企业的扩张。此外，年轻时我称之为"管理报酬递减"的官僚政治刚性也将随企业的扩张而提高其协调要素活动的成本。这也将趋于限制企业的扩张行为，但是其过程要复杂得多。在"企业的性质"中，我说一个 73
企业倾向于扩张其控制范围直到其成本不再少于由市场交易或在一些其他内部经营而取得同样结果的成本时为止。但是在那篇文章中我只是强调交易成本与组织成本的对比，而没有调查促使组

织成本在一些企业比在其他企业低的因素。如果主要目的（像我的目的）是说明为什么会存在企业，这样表达是颇为令人满意的。但是，如果人们必须从总体上说明经济体系中生产的制度结构的话，那么揭示为什么组织特殊活动的成本在企业中存在区别的理由就是必要的了。

我们可以想象，就像星系由原生物质形成一样，在决定交易成本的相互关系的力量影响下，生产的制造结构形成了。这种相互关系极为复杂，正像我前文所说的，包括价格实践、合约安排和组织形式，而且正如我撰写“社会成本问题”时开始所认识到的，所有的这些相互关系都受法律状况的影响，法律状况需要纳入分析。但是那是一个把这些相互关系具体化的理论纲要，我认为那个纲要能使我的“企业的性质”的研究方法具有可操作性。一些读者提出要将这种分析纲要以数学形式加以表述，我不会忽略他们的劝告。只有当这种分析力量被用来启发我们认识现实的而不是臆想的世界时，它才会给我们希望。所有这一切要进行大量的实验性工作，这也正是为什么我会设想“企业的性质”中基本思想可以构成经济分析的有活力的一部分的原因。

人们说，年轻人有憧憬，老年人有梦想。我的梦想就是建立一种能使我们对生产的制度结构的决定因素进行分析的理论。在“企业的性质”中，这项工作只做了一半——说明了为什么会存在企业，但并没有说明企业所担当的功能是如何在它们中间进行分割的。我的梦想就是完成这项大约55年前就开始的工作，并且参与发展这样一种全面的理论。所以，一旦我目前所做的项目与此不相适应，我就准备放下我现在从事的研究项目，加入正在这个领域工作的经济学家的行列。我打算再次扬帆,寻找通往中国的航线,即使我这次所做的一切可能是发现美洲,我也不会失望。

注 释

1 “产业组织:一个研究建议”,载维克多·R. 福歇编《产业组织学中的政策问题和研究机会》(“Industrial Organization: A Proposal For Research” in Victor R. Fuchs, ed., *Policy Issues and Research Opportunities in Industrial Organization*)(国家经济研究局,1972 年),第 62 页。

2 张五常:“企业的合约性质”(“The Contractual Nature of the Firm”),载《法与经济学杂志》,1983 年,第 26 卷,第 1 页,注释 2。

3 爱德蒙德·W. 克奇编:“真理之火:回忆 1932—1970 年芝加哥大学的法与经济学”,载《法与经济学杂志》,第 26 卷,1983 年,第 202 页。 74

4 奥利弗·E. 威廉姆森:《市场与科层:分析和反垄断的启示》,1975 年,第 3 页。

5 邓肯·布莱克:《委员会和选举的理论》,1958 年,前言第 xi 页。

6 “企业的性质”,载《经济学》,1937 年,第 4 卷,第 403 页,注释 3。

7 同上书,第 391 页。

8 “企业的性质”,载《经济学》,1937 年,第 4 卷,第 391 页。

9 “社会成本问题”,载《法与经济学杂志》,1960 年,第 3 卷,第 16 页。

10 《企业的性质》,第 392 页。

11 本杰明·克莱因,罗伯特·G. 克劳福德和阿曼·A. 阿尔奇安:《纵向一体化、专用租金与竞争性签约过程》,载《法与经济学杂志》,1978 年,第 21 卷,第 298 页。

12 同上书,第 308—310 页。

13 乔治·J. 斯蒂格勒:“劳动分工受限于市场范围”,载《政治经济学杂志》,第 59 卷,1951 年,第 192—193 页。

75 # 6　交易成本与内部劳动力市场

舍温·罗森

1. 导论

科斯的第一个演讲显示出他对数学令人惊讶地反感。稀奇的是，他是用名字命名定理的少数经济学家之一。实际上，我们可以得到一个简单的事实，罗纳德·科斯有两个定理，一个引理和一个依据某些条件的恒等式。从这一点看，这个科斯定理已完全超出了进一步讨论的范围。第二个定理是一个不寻常的定理，它涉及耐用品垄断者的时间一致的、子博弈完备均衡问题——垄断者是可怜的化身，他被迫或是毁坏一些财产或是还充当一个完全竞争者的角色，因为要现在对未来不可信的行为承担义务是不可能的，除非关于垄断力量的研究处于未开发状态（科斯，1972）。引理现在并不出名，但它本应该为人们所熟知。第一个已知的使一个时际（intertemporal）的任意条件、一个欧拉方程适合实际数据的尝试，是在 1935 年与福勒（Fowler）的一些不平常的合作中阐述的。科斯和福勒对蛛网理论作为生猪生产周期的一种解释的合理性表示出怀疑。养猪恰好是一种非常专业化的经营活动。育种者把仔猪卖给养猪者，当猪长到一定大小后，养猪者把猪在屠宰市场上出售。科斯和福勒推论到，在第一阶段的交易中是容易挣钱的，除非购买仔猪所支付的平均市场价格反映了约九个月后的猪肉价格的预期，20 世纪 30 年代在该周期内（现在是六个月）养猪优于屠宰，而且，他们用英国的数据经验性地证实了假设。这一研究现在立刻被公认为是理性预期假说的一个版本，并被穆斯（Muth）在其关于该主题的重要论文中同样承认。

尽管许多经济学家愿意为在一个定理上贴上自己的名字而出卖自己的灵魂，不然的话会觉得不公平，但我觉得科斯宁愿别人用定律（law）来识别他。[①]这里不是考虑为什么经济学中的定律如此之少的场所，但这些定律由于稀少而引人注目。需求定律现在是一个关于斯卢茨基矩阵（Slutsky matrix）的定理，而大多数与特定名字相联系的定律的境况都不太好。斯蒂格勒定律（Stigler's law）有一段时间被拉弗曲线（Laffer's curve）所取代，洛杉矶的发 76
展摧毁了齐波夫定律（Zipf's law），[②]而接管和日本的竞争对吉伯莱特定律（Gibrat's law）[③]也不友好。瓦尔拉斯（Walras）和恩格尔（Engel）做得好些，不过他们当中只有一人关注经验现象。我希望科斯能根据其对眼下讨论的这一主题重拾的兴趣来表述他的定律。

① 指用科斯的名字来命名定理还是定律。——译者注

② 由齐波夫（G. K. Zipf）提出的关于城市规模的等级—规模的定律，该定律说明，如果一个地区或国家的城市以人口规模顺序来评定等级，则第 n 个城市的规模将近似地为最大城市的规模除以 n。——译者注

③ 吉伯莱特定律是关于厂商规模增长过程的命题，该定律认为，一个厂商的预期增长率与厂商的规模无关。——译者注

许多研究认为，经济学文献引用的平均使用期为4年。对“企业的性质”的引用不仅表明其非凡的生命力，而且也表明其随着时间的推移，极为罕见地越发站得住脚。毫无疑问，这是由于这一著作提出了一些基本问题以及可以赋予它的各种含义。当再次阅读这一著作时，用哈耶克的恰当表述来说，当与通过中央计划而产生的严重而无效的协调干预相比较时，我被那个时代关于价格体系在“自发协调”经济活动中的作用的类似文献所吸引。科斯把看不见的手作为其出发点，探究市场交易作为一种协调机制的界限。如果市场是理想的协调者，那么，我们为什么在企业内部，总是看到非自发的、非市场的协调呢？

科斯认为，企业之所以存在，是因为在企业内部的某些交易比在市场上完成类似的交易的成本要小。企业的界限取决于（企业与市场）边缘处的成本比较。

最终，这些界限由企业间的市场竞争来决定，包括公司控制市场。只要资源自由流向其最高价值的使用上，企业内部的“中央计划”就受到企业内部间竞争的约束。如阿尔奇安所主张的，作出较优决策的企业以较低效率的代价获得了对更多资源的控制。是竞争的中心作用和对更集中的供给与需求问题的关注，可能解释了为什么许多经济理论没有企业的概念也行；例如，一般均衡理论只使用了一个非常抽象的技术概念。

在下文中，我把“企业的性质”这一主题应用到劳动力市场。在现代产业组织中，特定关系的交易包含了交易成本的经验内容。企业专用的人力资本是一个紧密相关的概念。第二节回顾了近期的研究，证明使工人与企业相匹配的成本以及组建一支工人团队的成本是这些投资的主要构成部分。第三节分析了在这些环境下分散的市场机制的性质，并证明有效的配置需要较大数量的特定交易价格。计算与执行的成本和复杂性使市场分散化不切实际。第四节在委托代理理论的背景下继续讨论复杂性主题和价格失衡这一主题。这里强调的是激励而不是选择和配置问题。虽然如此，迄今为止的主要结果遇到了同样的极端复杂性和执行成本的概念上的困难。第五节在企业内部劳动力市场的人事管理政策背景下，阐述了一种结合激励、选择和配置问题的更为广泛的方法。这里，随工作生命周期而改变对工人岗位的挑选和分派，与业绩激励和工人的能力相互作用。第六节是结论。

2. 交易成本与专用资本

77

科斯在“企业的性质”中并没有定义交易成本的经验内容，也没有告诉我们当我们看到它们时如何识别它们。其后，在用企业专用人力与非人力资本识别交易成本方面，取得了许多进展，尤其是贝克尔(Becker)和威廉姆森(1975)。共享的投资成本要求分享以后的收益，并可能由于无效率、机会主义行为而导致事后的合约执行问题。劳动力市场中的若干经验观察与专用人力资本、特别是工人与企业之间的长期依附的思想相一致。一个典型的男性白领工人的最长任职要持续二十五年[霍尔(Hall)]。大多数美国公司的顶级高管人员都是“土生土长的”，在进入高层领导集团之前，在次要的职位上要为企业干三十年或更长[墨菲(Murphy)]。以其他方式理解解雇及工人之间雇用可变性的模式也是困难的。具有较高工资和较高职位以及企业专用技能的工人被解雇的可能性很小。

然而，迄今为止，企业专用人力资本的大小令精确的计量经济学的度量办法感到困惑。由奥尔顿奇(Altonji)和萨科特克(Shakotko)、亚伯拉罕(Abraham)和法伯(Farber)、马歇尔和扎金(Zarkin)以及图佩尔(Topel)对这一问题所做的最新调查认为，大多数观察到的企业专有经验对收入的影响应归于选择。取酬较高的雇员在企业的任期较长，但在初次被雇佣时取酬也较高。这些工人留在企业的时间较长，并表现出较多的企业专有经验，因为他们在那儿的收入开始时就比较高。他们首先应该与其承担的工作相匹配。那些与工作匹配得不太好的工人挣得较少，并离开企业去寻找适合新手生存的地方，因此就表现出较少的企业专有经验。当这些选择效应在统计上是可控制时，人们发现，"真正的"企业专有经验对收入的影响与一般的劳动力市场的经验影响大体相同，即与收入随年龄增长的一般趋势相同。目前匹配—专有效应(match-specific effects)无疑是企业专用资本的一种类型，但却是与从"企业的性质"中产生灵感的文献稍有不同属性的一种。

实物资本资产专用性的度量或许更容易，尤其是当它是关于纵向一体化时。乔斯克近期关于电力公司与煤供应商之间合约关系的研究就是一个恰当的例子。尽管如此，当资产专用性和基于成本的"运输"租金是通过长期合约来规定时，定义企业的边界就模棱两可了。是要把这些分成市场交易、内部到范围扩大的企业家族的交易或是什么吗？克莱因、克劳福德和阿尔奇安分析了许多资产专用性被所有权内在化的例子。我所喜欢的是夏威夷式的方法，即为了避免事后的议价成本和机会主义而购买毗邻的高尔夫球场。然而，在说明为什么耶鲁大学同一家豪华的高尔夫球场纵向一体化时，这种推理不会有太大的作为（或许它意味着在打高尔夫球的人之间制定使用期是一种额外的障碍）。

正如沙维尔（Shavell）所指出的，当资产使用者的行动能实质
地影响资产的转售或转移价值时，资产所有权支配着租金。通过 78
维护和不计后果地使用设备，所有权把利益冲突内在化了，资本品之所以完全被使用它们的企业所拥有，这无疑是最重要的原因。剩下的一些资本租赁的情形可在纳税场合得到理解[斯克尔斯和沃尔福森（Scholes and Wolfson）]，但有不少难以分析。在商业不动产交易中，资本服务的租金是普遍的，并且与企业相比，富有的个体有较大的税收优势可能多少说明了这一点，至少在历史上是这样。然而，这种考虑没有应用到场所与结构分离的所有权中。设想世界贸易中心（World Trade Center）坐落在租用的土地上。由于那些大楼被安全地固定在曼哈顿的地基上，很难想象有什么比这更有资产专用性。这种情况下的资产专用性，甚至比科斯在其第三篇演讲中关于通用汽车与 A. O. 史密斯公司之间合约关系的考察中还多。的确，土地的租赁是非常长期的，可达到九十九年。而且，在租赁到期之前的几年，重新谈判的潜在困难可通过近期香港发生的事情得到很好的说明。这些不仅是租金分拆和纯粹的分配问题，因为建筑物所有者可以采取行动，例如忽视对建筑物的维护，这会直接影响该场所的价值。场所与结构的共同所有权会消除这一问题。但它为什么总是不能被观察到呢？

3. 劳动力市场分散化的限制

由于共享资产所有权而产生的合约性困难，是联合生产条件下设计分散的定价机制的一类更普通问题中的一种重要情形。如果不存在规模经济学、运输成本或联合生产的经济，则很难想象，为什么劳动力市场的完全分散化不能取得有效的配置。在某种意义上，大多数工人将是自己雇用自己。科斯通过引用斯蒂格勒对18世纪英国枪支生产的讨论，提供了一个很好的例子。当枪支在一个熟练的工艺系统中以小规模进行生产时，联合交易中的专业化和劳动分工实际上是完全的。工匠们按职能：枪筒、扳机装置、枪托、瞄准器等等进行专业分工。其他人专门进行组装、从这些专业生产者那里购买投入、生产最终产品并把产品销售给顾客。这些专门的交易大多数通过市场合约来完成，所有的参与者彼此都离得很近，在伯明翰的一个小区域内。阿尔弗雷德·马歇尔在他的外部经济和专门产业地域集中的理论中分析了这种体制。怀特尼(Whitney)想要大规模生产标准化枪支的企图没有成功，但他为实现标准化和可互换零件的努力却永远改变了枪支生产。此后，制造枪支就纵向一体化了，而且先前通过市场组织的许多交易是通过企业内部更多的命令主义方法来协调的。

想象在这种情况下市场应如何组织。一名工人将在组装线上
79 拥有(或租用)一块地方，从以前的所有者那里购买该项权利。其经济价值将在于合约的剩余权力，从邻近的上游卖者那里购买中间产品并把有附加价值的产品卖给邻近的下游买者而挣得的利

润。一个分散的限制于单一区域的签约体系可能非常难以管理，原因在于这种情形的团队方面以及他们所暗含的复杂产权相互联系。由于接近和运输成本较小而不得不从邻近的卖者那里购买产品的下游工人，对该卖者的身份非常感兴趣，因为在每一环节的工作数量和质量都影响到与之相联系的所有其他人的产权价值。

一个极其复杂的合约体系，通常需要在组织中的参与者之间单方支付，在这种情况下就有必要取得效率。需要管理的价格数量确实是非常地大。然而，可利用一种简单的机制：一个人保留所有的剩余权，以合约为基础组合一支适当的工人团队，在企业内把他们分派到最具生产效能的职位上，并监督他们的工作。这些合约条款必须详细说明工作的质量和数量标准，同时还有关于工作时数和雇用规则方面的雇用条件，这些非价格合约尺度是内部化工人间的技术依赖所必需的。合约的财务条款受到劳动力市场中工人的竞争的约束。以这种形式进行集中控制并建立一个工资体系，与设计和控制一个精细的核算体系并计算分散的内部转移定价机制所要求的个体化价格相比，前者可能是一个更简单的取得效率的方式。

为说明所需计算的性质，考虑这样一个组织：联合生产需要与合作者一起花费时间的补偿。设 x_i 代表工人 i 的产出，而 t_{ij} 代表工人 i 与工人 j 一起花费的时间(i 单独花费的时间为 t_{ii})。设有 n 个工人，工人 i 的产出为：

$$x_i = F^i(t_{i1}, t_{i2}, \cdots, t_{in}), \quad i = 1, 2, \cdots, n \tag{1}$$

问题是要找到一个时间分配$\{t_{ij}\}$，使得该组织的总产出$\sum x_i$最大，$\sum x_i$ 有两个约束条件：首先，每个工人的时间分配必须用完全部工作时间。忽略对工作总时数的选择，并对每个工人把工作时间标准化为1，则有n个约束式：

$$1 = t_{i1} + t_{i2} + \cdots + t_{in},\ i = 1,2,\cdots,n \tag{2}$$

另外，工人i期望与工人j一起花费的时间必须等于工人j期望与工人i一起花费的时间，有$(n^2 - n)/2$个约束式：

$$t_{ij} = t_{ji},\ 对\ i \neq j \tag{3}$$

80 有效的时间分配的一阶条件服从下列形式：对t_{ij}，要求：

$$F^i_{\ i}(t_{i1}, t_{i2}, \cdots, t_{in}) \leqslant \lambda_i, i = 1,2,\cdots,n \tag{4}$$

这里，λ_i为对工人i关于约束条件(2)的乘数。当$t_{ii} > 0$时，等式成立，所以λ_i解释的是工人i的时间影子价格。对t_{ij}和t_{ji}，要求：

$$F^i_{\ j}(t_{i1}, t_{i2}, \cdots, t_{in}) \leqslant \lambda_i + \beta_{ij},\ i = 1,2,\cdots,n$$

$$F^j_{\ i}(t_{j1}, t_{j2}, \cdots, t_{jn}) \leqslant \lambda_j + \beta_{ji},\ j = 1,2,\cdots,n \tag{5}$$

当$t_{ij} > 0$时，严格的等式成立。这里，β_{ij}为与约束条件(3)相关的乘数，且$\beta_{ij} = -\beta_{ji}$。由于λ_i是拥有时间的边际产品，故(4)和(5)一起意味着，对i和j来说，如果在一起工作是有效率的($t_{ij} = t_{ji} > 0$)①，那么：

$$\frac{\partial F^i}{\partial t_{ij}} + \frac{\partial F^i}{\partial t_{ji}} = \lambda_i + \lambda_j = \frac{\partial F^i}{\partial t_{ii}} + \frac{\partial F^j}{\partial t_{jj}} \text{②} \tag{6}$$

方程(6)与一个"公共物品"的有效率的联合生产条件相似。等式右边是这对工人联合生产的边际成本，如果他们两个各自花时间而不是在一起生产，产出就预先决定了。等式左边是联合生产的

---

① 原文为$t_{ij} = t_{ji} < 0$，应为$t_{ij} = t_{ji} > 0$。——译者注

② 原文右端为$\frac{\partial F^i}{\partial t_{ij}} + \frac{\partial F^j}{\partial t_{jj}}$，应为$\frac{\partial F^i}{\partial t_{ii}} + \frac{\partial F^j}{\partial t_{jj}}$。——译者注

边际价值，在一起工作的增量产品之和。

条件(4)—(6)具有重要的含义，即实施有效率程序的分散价格体系是非常复杂的。事实上，条件(5)和(6)所指的成对的工人意味着，相对于把他指派给那些工人而言，给定的工人工作时间的边际产品在所有被分派的工人中并不相等。工人 i 与另一个工人 k 一起花费的时间价格为 $\lambda_i+\beta_{ik}$，并且如果工人 j 和工人 k 在某种意义上不是彼此完全相同的，那么 $\beta_{ij}\neq\beta_{ik}$。因此，一个价格体系必须对每一可能的配对所要求的时间使用不同的价格。这一点与网络体系中建立价格问题有关，例如机场的着陆权和其他分配问题［库普曼斯和贝克曼(Koopmans and Beckmann)］。

设 w_{ij} 为工人 i 在单位时间内向工人 j 索要的单位价格，有 $w_{ij}=-w_{ji}$，这样，如果 w_{ij} 是正的，w_{ji} 就是必须支付给 i 的单位价格(或者，如果 w_{ji} 是负的，w_{ji} 就是 j 在单位时间内向 i 索要的价格)。如果以产出作为记账单位，则通过如下方法获得分散化的解：设每个工人都像剩余收入的接收者那样行事，以价格 1.0 把自己的产出卖给企业所有者，并向每个合作者每单位一起花费的时间索要 w_{ij}。工人 i 选择 $\{t_{ij}\}$ 使下式最大化：

$$F^i(t_{1i},t_{2i},\cdots,t_{ni})+\sum_{i\neq j}w_{ij}t_{ij} \qquad (7)$$

约束条件为(2)式。一阶条件为：

$$-\frac{\partial F^i}{\partial t_{ii}}+\frac{\partial F^i}{\partial t_{ij}}+w_{ij}\leqslant 0,i\neq j \qquad (8)$$

只要 $\beta_{ij}=w_{ij}$，即只要找到每一对组合适当的时间价格(可能太大， 81
以至于 i 和 j 无法在一起工作)，就能解出该有效解。因为有 $(n^2-n)/2$ 个独立的时间影子价值，所以实现效率所需要的价格数目随工人人数的平方而增加。如果考虑三方或更高阶的联合生产的情况，其增加的会更多。此外，要计算和实现该有效解，首先需要以技术和团队成员的生产率为基础的完全知识。

如果那些知识是由一个专家所拥有，由专家—管理者相互分派每个工人并监督其行动的一个权威体系，执行起来可能比内部价格体系便宜。价格误差可能比数量误差的代价大［魏茨曼(Weitzman)］。例如，互补性可能很大，以至可以很容易地计算出最优的 t_{ij}，而设定价格 w_{ij} 时的小误差可能会导致个体工人之间时间的严重错误分配。而且，即使很显然交易应该发生时，关于价格达成协议可能也是耗时的，会将时间和精力从生产中转移开来。因为如果精确的价值是私人信息，那么交易者就有动机对交易收益的分配进行争辩。当然，这些极其相同的问题的要素既出现在企业内部的交易中，又出现在企业之间的交易中。不过，直接的团队相互作用远不如企业间的交易重要，并且它们更容易受到契约安排、产出质量监督以及可供选择的供给资源之间的市场竞争的调节。工人们的近距离相互作用及其暗含的交易成本节约限制了外部可选择资源的替代和竞争。外部劳动力市场竞争在总工资和工作条件方面约束了一个企业的内部劳动力市场，但在精确的工人相互作用的微观交易层面上却有一些放松。

这样的体系在我们自己的领域，在教育产业的组织中就可以观察到。在现代教育体系中，价格机制主要用来在学校间配置学生和老师，而且尽管那样，它也并不完全用于这一目的：非价格方面的考虑在这些配置中起着重要作用。它几乎不被用来在学校内为课程和老师分配学生。获得录取并交纳学费使学生有资格在一个广泛的课程范围内进行选课。委员会和其他集体机构决定学术上的要求、课程的先后顺序、班级规模及其他内部配置事项。转移定价很少被使用。

情况并非总是这样。最初的大学是由个体教师—企业家组成的集体，而学费则通过与各个学生的讨价还价来决定[拉施达尔(Rashdall)]。当大学从其原始状态脱离出来时，就采用了双份儿定价方案。学生们支付一次性学费入学，而对他们所挑选课程的特定老师需额外付费。这就是亚当·斯密所提倡的以激励和代理为背景的体系。但就人们所知道的而言，同一所大学的所有老师都索要相同的单位价格，但学生对老师的有效配置却几乎肯定要求不同的老师有不同的价格，同时在每门课程内学生之间也有价格差异。双份儿定价在20世纪已完全被放弃了，并被单份儿薪酬 82
和学费定价所取代，可能是因为现代正规教育在集成和信息方面使得通过排队、先决条件及要求比通过个别地制定价格来实行定量配给具有成本效率[进一步的详细阐述见罗森(1987)]。

4. 分散化与代理

如果把一个复杂的相互作用的组织分散化所需要的价格数目随规模倍增，那么获得效率所需要的监督成本及大小也一定随规模而增加。当信息通过较长的链条时，它就会被扭曲；而当命令的链条变长时，信息渠道就会变得拥挤(威廉姆森，1967)。这是联合生产和规模经济对增加控制成本的平衡，控制成本与非市场交易成本有关，它决定了传统理论中的组织规模。

避免监督成本在现代代理理论文献中占据首要位置。提出的主要问题是:能否找到导致自我实施合约的奖惩制度?要是能的话,那么内部分散化就可能是有效率的,并且企业的规模可能确实非常大。一个基本结果证明,多方定价对促使代理人按委托人的利益行事是必要的。这就是贝克尔和斯蒂格勒所分析的"担保方案"(bonding scheme)。这种思想简单直接,并依赖下面的命题:如果代理人面临着使诚实行为与自我利益相一致的(制度)安排,那么他就诚实行事。显然,这种安排必须既能奖励好的行为,又能惩罚坏的行为(渎职)。

对劳动力市场均衡的考虑规定的是惩罚模式而不是奖励模式。因为如果代理人由于好行为而得到额外的货币奖励,那么拥有这份工作所获得的预期效用就会超过其他选择,且对工作申请者的供给就会超过现有的岗位数。另一方面,如果一个工人"预先"公布"保证金"(bond money),那么如果发生渎职,该保证金就被企业没收,支付一个与合同到期时保证金的本息相等的市场工资溢价就会引发诚实行为。这种"保证金—利息—原理"(bond-interest-principle)方案使工人工作间的预期收益相等,并实现工作市场出清。该观点的一个重要修正,就是允许工人通过投资于企业来公布保证金——在职业生涯早期以低于边际产品的工资工作,并在年纪较大时以超过生产率的工资支付形式得到收益[拉泽尔(Lazear),1979]。带有风险规避的另一个修正[米尔利斯(Mirrlees)]也赞成惩罚模式,因为潜在的货币损失减少的效用大于相等的货币收益增加的效用。

在担保方案中为了产生诚实行为,潜在的惩罚必须随代理人所觉察到的渎职回报的增加而增加。随着企业监督和检测的程度的加深，以及当渎职被发现后损失的保证金大小的增加，对渎职的诱惑在不断减少。因而断定，在担保方案中监督和担保金的大小 83
是逆相关的。但是，监督使用的是实际资源(必须雇用监督人员，并且是从劳动力的其他生产利用方面抽调出来的)，而担保金则不然，随着担保金的无限增加，监督资源可以趋于零。在一定限度内该方案完全是自我实施的。例如，双位停靠(把车停在与人行道平行停靠的车旁，double-parking)这种过错，对违章者实行处罚就会把这种过错的发生率减小到极小的比例，而且警察开罚单也用不了多少的时间。即使除了这个极端例子的时间不一致(难以置信的)性质以外，这些有限的成果主要还是学术兴趣。因为随着担保金额的增加，委托人更有可能发现并不存在的渎职行为。这种第二类错误本身就是另一种渎职的一种表现，因为大额担保金增加了企业发现雇员“有罪”并没收其担保金的倾向。因此，排除监督并不可行，而最优方案必须既包括惩罚又包括监督。

在联合生产中多重代理人渎职的可能性要求所有的参与者相互监督并“双重约束”。尽管在作为担保时关于信誉的作用有些令人感兴趣的作品出现，但这一问题并没有完全地得到分析；代理人报酬已被列入交易联邦主义的分析中，在其中，工会作为工人的代理人同企业打交道。较早的一种方法来自于阿尔弗雷德·马歇尔对佃农耕种的批评，在该方法中奖励是以总收入的份额而不是以净利润的份额来规定的。佃农和地主所受到的激励是不同的，因为在决定对该风险企业提供多少劳动力和努力时，他们都只得到其社会边际产品的一部分。边际私人收益达不到边际社会收益，而且努力远远不够[约翰逊(Johnson),张五常]。

在一个多重分享的安排中,只有在边际份额对每个当事人都一致时:即在均衡时每个人都收到全部的边际产品时[格罗夫斯(Groves)],有效率的社会生产结果才会出现。已经有人研究了实现有效率解的各种机制,包括“打破预算”[霍姆斯特姆(Holmstrom),1982]、双重担保[肯南(Kennan)]、重复博弈中的触发器策略[拉德纳(Radner)],尽管没有经验研究来研究实践中观察到的每个解所出现的频率。由于简单的佃农耕种体制在农业组织中具有重要的历史地位,而且在诸如给律师的胜诉金、集体活动中医生[加诺(Gaynor)]与律师[吉尔森和诺金(Gilson and Mnookin)]之间的奖金分配、皇室安排、给演员和音乐家的报酬等方面,人们能普遍地观察到相似的制度。生存者原理提出,这些方案的效率损失必须要保持在一个可容忍的比例。最简单的假设就是联合监督和偷懒对信誉的不利影响,以及未来的商业交易在解决这些利益冲突中起着重要作用。

委托代理问题的另一方法把分散的产出—奖励系统概括为包括考虑风险共担(霍姆斯特姆,1979)。所提出的问题是要调查代理人隐藏行动的后果。委托人无法观察代理人的行动,但可以观察作为其行动结果的产出。在产出和行动之间不可能存在一一对
84 应关系,否则委托人就能完全推断出代理人的行动,这个问题也就不重要了。所以,产出是随机效应和未观测到的行动的混合物。如果产出大,委托人就无法区分代理人是努力工作还是靠运气。同样,小的产出可能是由于运气不好而不是偷懒。工人是回避风险的,并且喜爱的是确定的收入而不是具有风险的收入,但是可观

测性约束使得要把保险和激励分开是不可能的。支付一个严格线性的计件工资率给了代理人适当的激励以使其付出努力，因为代理人能意识到其努力的全部社会产品，但却以暴露过多的风险为代价。支付一个有保证的工资能提供完全的保险，但不会对工作带来任何激励。

解决方案是在这两种相反力量之间进行折中。最早的论述（斯蒂格里茨）分析了二部价格制解决方案，在该方案中委托人出于保险的原因保证代理人有一个最低补偿，并保证一个收入百分比以便对努力工作提供激励。每一部分支付的比例显然取决于风险程度、努力的产出弹性和风险规避程度。然而，当把问题归纳为允许支付方案的形式是内生决定时，该解决方案就极其复杂了：支付甚至不必处处都增加产出（格罗斯曼和哈特）。

理论所预言的复杂支付方案是一个富有的困惑和“过多价格”的另一表现：我们观察的方案几乎没有参数，例如销售人员的佣金和法律实践中律师的胜诉金。这些问题将意味着完全分散化和简单的线性转移价格并不是因为风险规避的存在，所以存在一种感觉，即风险规避和保险基本原理导致理论误入迷途。人们可以适当地怀疑，风险规避和偏好的精确形式是该问题的如此重要的部分。毕竟，价格体系的一个最大优点就是当效用和生产函数完全是私人信息时它会起作用。如此简单的方案因为有很强的各种偏好就可以观测，会是这样吗？霍姆斯特姆和米尔格罗姆（Milgrom，1987）为了把线性强加到最优方案中，近来把时际套利引入到分析中。这是个有趣的想法，但结果仍取决于关于风险偏好的特殊假设。这一理论在涉及几个代理人之间的联合生产问题方面并没有明显的扩展。而且，分析假设的是委托人具有关于其他人偏好的完全信息，以及在该意义下几乎不能被分散化。

5. 内部劳动力市场

在论证企业内部实行准市场分散化的代价时，我效仿了科斯(1937)、阿尔奇安和德姆塞茨的做法，即强调对绩效监督在理解组织结构中的作用进行分析。组织内部人员的相互作用过于复杂，
85 以至于无法通过价格机制来完全分散化。的确，如果不是这样的话，那么科斯的论点就意味着企业本不应该存在。这一主题与威廉姆森(1975，1985)对教科书协会把企业作为生产函数的批评及其治理结构的思想是一致的。人们观察到的企业生产函数和成本函数是生产技术、人事政策、管理及制度规则和设计之间相互作用的结果。

对长期目标和组织的生存的考虑给这种观点提供了额外的凭证。由于在整个生命周期中存在持续的收益增长，而且由于大多数工作转换都发生在工作生命周期的初期，一个人的生命周期收益的大部分是在一个企业的职业生涯过程中产生的。组织的复杂性来自于人事管理系统的不同时期的各方面。组织动态无法从工人与管理部门的代际交叠中的灵活性中分离出来。所有的组织都需要其成员之间的劳动力分工和专门化，但工作分派随一个人在企业的任期而系统地变化。惯例性的记忆、专门知识、技能及责任总是不断地从老一代转移到年轻一代。

在企业内不同职位间人员的流动及其方向可看成是一个“内

部劳动力市场”。军队中的军官团就提供了一个很好的例子，在军队中所有的参与者都从最低军衔干起，而且，或者是升至拥有权力和命令的较高职位，或者是到军队以外的其他部门工作。大多数组织比这复杂得多，因为横向的进入和退出是在许多点而不是简单地在一点发生。而且，大多数（组织）遵循一种等级（科层）设计，在等级设计中，最终的控制集中在最顶层，并通过水平和垂直联系的各层级扩散到中下层管理部门，直至生产部门。在大的组织中，把最有能力和精力最充沛的人分派到顶层位置是极其重要的，因为顶层决策通过组织过滤，并且对组织生产率的影响比对低层决策的影响大得多。

顶层决策对管理技术中的生产率具有倍增效应，其中，权威受到控制范围的限制，而且监督资源通过长的命令链而得到局部节约。这种倍增效应意味着，更有能力的顶层决策的制定可能对组织产生巨大的影响，并且意味着社会上人员到职位的有效率分派在能力方面是等级制度的（科层结构）。最有能力的人应当控制最多的资源并管理最大的组织。能力欠缺和精力欠充沛的人应分派到大企业的较低层职位或小企业的较高层职位。单就边际生产力这个话题而言，才干和地位的相互作用能为大企业的高层管理者提供极为巨大的薪水（罗森，1982）。与经验发现相一致的是，高管人员的薪水随企业规模［墨菲；科斯迪尤克（Kostiuk）］及获利能力而系统地增加。

在这些情况下，监督、检测及绩效评估呈现出特殊的重要性。86
在组织中，资源必须不断地投入到设计职业轨迹、分级、分类以及把工人分派到合适的岗位这些事情上。在这一过程中，雇员并不是被动的旁观者，因为他们的收入和地位取决于如何对他们分级。这种把设计和激励过程相结合的经济学在关于竞赛的文献中已开始分析（拉泽尔和罗森），在该文献中，企业面对工人们的竞争努力，优化它的检测系统、选拔程序和工资结构，以便影响其得分、提高其分级并取得一个较高等级的职位。当直接的产出度量难以设计时，这种竞争的次序质量是根据内在的检测的排序性质和与同类相比较而得出的。当存在风险规避时，有序的或相对的绩效评价还具有某些最优性特征：它消除了由于度量误差而产生的外在变异，而度量误差对所有参与者来说都是常见的[霍姆斯特姆，1982；格林和斯托奇（Green and Stokey）；纳勒巴夫（Nalebuff）和斯蒂格利茨]。

对竞争者排序并发指令的序列统计决策是代际组织动态学的固有性质，并通过把等级作为组织成员的重要激励因素而产生一个晋升的理论。科层体系等级之间的工资差异提供了绩效激励。在这类竞争中，一流的奖金（工资）具有特殊的意义，因为奖金必须以超过等级比例的速度增加，以便在那些为最高职位而竞争的竞争者之间维持绩效激励（罗森，1986）。在职业生涯的早期阶段，一个人的绩效激励受到一种“期权”价值的驱使，取得成就的可能性不仅在下一个较高职位上，而且在比该职位高的所有可能职位上。随着一个成功的竞争者通过科层制度而取得进步，并爬到有较高等级和权威的位置，剩下来要达到的职位就更少了。期权价值随等级增加而下降，因为没有什么升迁的空间了。最高等级职位间工资差异的增加通过替代期权价值来维持激励，该期权价值在较低等级上鼓励了绩效激励。在这个意义上，高层管理职位间的工资结构既反映了高层管理者的生产率，又反映了较低级别的雇员企图向上爬所引致的生产率。

绩效评价和能力检测中一个固有的问题在文献中日益得到关注。因为分级、评价和提升的决策由较高层委员会和监管者制定，竞争者就有动机通过对主考官施加非生产性“影响”（米尔格罗姆）来增加其得分。例如，在相对绩效评价中，从非生产性活动中可能获得收益，从而使竞争者的等级降级，并使竞争者看起来比其他人要好（拉泽尔，1986）。这些竞争者进行的负面“赌博”激励可应用到任何评估系统[巴克（Baker）；布雷顿和温特劳布（Breton and Wintrobe）]，并有助于解释某些被各个组织为控制负面“赌博”激励所采用的科层制程序。这些科层制成本可看成是企业内部非市场配置的交易成本，并可能从根本上有助于界定企业的边界。

6. 结论 87

我已经论证了，要把一个复杂的、相互作用的具有不可分割性和联合生产的组织分散化，所必需的竞争价格机制是非常复杂的。需要如此多的信息和先知，以致独裁的“计划”机制有可能在企业内部节约交易成本。关于劳动力资源，其配置和签约问题肯定涉及企业专用人力资本。然而，这许多似乎在下面的情况中出现：在企业内部集合一支有凝聚力的劳动力和生产团队，收集并处理关于团队成员才干的信息，把他们分派到组织的合适位置，并在组织的新老成员之间传送生产知识。

激励、检测、职业分派和奖励必须在动态的人事系统内进行分析。在这样的系统内，激励和奖励结构不可能从检测、人事分派和劳动力流动问题中分离出来。把所有这些功能结合在一起，人事政策单独在某些边界上可能是无效率的，尽管把所有目标一起考虑可以合理地取得好的折衷方案。考虑这些系统或人事管理的内部劳动力市场方面，有助于把组织中的某些官僚倾向解释为：控制成员为个人利益而无结果地操纵该系统的企图。很显然，该领域还有许多工作有待于人们去做，但是如果成功了，它就会增进我们对企业的边界与市场的边界的理解。

注　释

我感谢本特·霍姆斯特姆、爱德华·拉泽尔、奥利弗·威廉姆森和审阅人对初稿的评论和批评，并感谢国家科学基金会对本研究的支持。

参考书目

Abraham, Katharine G., and Henry S. Farber. 1987. "Match Quality, Seniority and Earnings," 77 *American Economic Review* 278—97.

Alchian, Armen A. 1950. "Uncertainty, Evolution and Economic Theory," 58 *Journal of Political Economy* 211—21.

——, and Harlod Demsetz. 1972. "Production, Information Costs, and Economic Organization," 62 *American Economic Review* 777—95.

Altonji, Joe, and Robert Shakotko. 1984. "Do Wages Rise with Job Seniority?" Unpublished paper, Columbia University.

Baker, George P. 1987. "Monitoring Costs and Compensation Structure." Unpublished paper, Harvard Business School.

Becker, Gary S. 1964. *The Theory of Human Capital: A Theoretical and* 88
Empirical Analysis. New York: Columbia University Press.

——, and George J. Stigler. 1974. "Law Enforcement, Malfeasance, and Compensation of Enforcers," 3 *Journal of Legal Studies* 1—18.

Breton, Albert, and Ronald Wintrobe. 1986. "The Bureaucracy of Murder Revisited," 94 *Journal of Political Economy* 905—26.

Cheung, Steven N. 1969. *The Theory of Share Tenancy*. Chicago: University of Chicago Press.

Coase, Ronald. 1937. "The Nature of the Firm," 4 *Economica* n. s. 386—405 [chapter 2 of this volume].

——. 1972. "Durability and Monopoly," 15 *Journal of Law and Econcmics* 143—49.

——, and R. H. Fowler. 1935. "Bacon Production and the Pig Cycle in Great Britain," 2 *Economica* 142—67.

Gaynor, Martin, and Mark Pauly. 1987. "Alternative Compensation Arrangements and Productivity Efficiency in Partnerships: Evidence from Medical Group Practice." National Bureau of Economic Research.

Gilson, Ronald J., and Robert H. Mnookin. 1985. "Sharing among the Human Capitalists: An Economic Inquiry into the Corporate Law Firm and How Partners Split Profits," 37 *Stanford Law Review* 313—97.

Green, Jerry, and Nancy Stokey. 1983. "A Comparison of Tournaments and Contracts," 91 *Journal of Political Economy* 349—65.

Grossman, Sanford J., and Oliver Hart. 1983. "An Analysis of the Principal-Agent Problem," 51 *Econometrica* 7—45.

Groves, Theodore. 1973. "Incentives in Teams," 41 *Econometrica* 617—32.

Hall, Robert E. 1982. "The Importance of Lifetime Jobs in the U. S. Economy," 72 *American Economic Review* 716—27.

Holmstrom, Bengt. 1979. "Moral Hazard and Observability," 10 *Bell Journal of Economics* 74—91.

——. 1982. "Moral Hazard in Teams," 13 *Bell Journal of Economics*

324—40.

——,and Paul Milgrom. 1987. “Aggregation and Linearity in the Provision of Intertemporal Incentives,”55 *Econometrica* 303—29.

Johnson, D. Gale. 1950. “Resource Allocation under Share Contract,” 68. *Journal of Political Economy* 111—23.

Joskow, Paul L. 1987. “Contract Duration and Relation-Specific Investments: Empirical Evidence from Coal Markets,”77 *American Economic Review* 168—85.

Kennan, John. 1979. “Bonding and Enforcement of Labor Contracts,” *Economics Letters* 61—66.

Klein, Benjamin, Robert G. Crawford, and Armen A. Alchian. 1981. “Vertical Integration, Appropriate Rents and the Competitive Contracting Process,”89 *Journal of Political Economy* 615—41.

Koopmans, Tjalling, and Martin Beckmann. 1957. “Assignment Problems and the Location of Economic Activities,”25 *Econometrica* 53—76.

Kostiuk, Peter. 1985. “Firm Organization and Compensation of Corporate Executives,”Ph. D. dissertation, University of Chicago, 1985.

Lazear, Edward P. 1986. “Pay Equality and Industrial Politics. ”Unpublished paper, Hoover Institution.

——. 1979. “Why Is There Mandatory Retirement?”87 *Journal of Political Economy* 1261—84.

——, and Sherwin Rosen. 1981. “Rank Order Tournaments as Optimum Labor Contracts,”89 *Journal of Political Economy* 841—64.

Marshall, Alfred. 1930. *Principles of Economics*, 8th ed. London: Macmillan.

89 Marshall, Robert C., and Gary A. Zarkin. 1985. “The Effects of Job Tenure on Wage Offers. ”Unpublished paper, Duke University.

Milgrom, Paul. 1987. “Employment Contracts, Influence Activities and Efficient Organization Design. ”Unpublished paper, University of California, Berkeley.

Mirrlees, James A. 1976. “The Optimum Structure of Incentives and Authori-

ty within an Organization,"7 *Bell Journal of Economics* 105—31.

Murphy, Kevin J. 1984. "Ability, Performance and Compensation: A Theoretical and Empirical Investigation of Managerial Compensation." Ph. D. dissertation, University of Chicago.

Nalebuff, Barry J., and Joseph E. Stiglitz. 1983. "Prizes and Incentives: Toward a General Theory of Compensation and Competition,"14 *Bell Journal of Economics* 21—43.

O'Keeffe, Mary, W. Kip Viscusi, and Richard J. Zeckhauser. 1984. "Economic Contests: Comparative Reward Schemes,"2 *Journal of Labor Economics* 27—56.

Radner, Roy. 1981. "Monitoring Cooperative Agreements in a Repeated Principal-Agent Relationship,"49 *Econometrica* 1127—48.

Rashdall, Hastings. 1895. *The Universities in Europe in the Middle Ages.* Oxford: Oxford University Press.

Rosen, Sherwin. 1982. "Authority, Control and the Distribution of Earnings," 13 *Bell Journal of Economics* 311—23.

——. 1986. "Prizes and Incentives in Elimination Tournaments,"76 *American Economic Review* 701—15.

——. 1987. "Some Economics of Teaching,"5 *Journal of Labor Economics* 561—75.

Scholes, Myron S., and Mark A. Wolfson. 1986. "Taxes and Organization Theory." Unpublished paper, Stanford University.

Shavell, Steven. 1979. "Risk Sharing and Incentives in the Principal and Agent Relationship,"10 *Bell Journal of Economics* 55—73.

Stigler, George J. 1951. "The Division of Labor Is Limited by the Extent of the Market,"59 *Journal of Political Economy* 185—93.

Stiglitz, Joseph E. 1975. "Incentives, Risk and Information: Notes toward a Theory of Hierarchy,"6 *Bell Journal of Economics* 552—79.

Topel, Robert. 1987. "Job Mobility and Earnings Growth: A Reinterpretation of Human Capital Earnigns Functions." In R. E Ehrenberg, ed., *Research*

in Labor Economics. Greenwich, Conn.: JAI Press.

Weitzman, Martin. 1974. "Prices versus Quantities," 41 *Review of Economic Studies* 477—91.

Williamson, Oliver. 1967. "Hierarchical Control and Optimum Firm Size," 75 *Journal of Political Economy* 123—39.

——. 1975. *Markets and Hierarchies: Analysis and Antitrust Implications*. New York: Free Press.

——. 1985. *The Economic Institutions of Capitalism*. New York: Free Press.

7　经济组织的逻辑 90

奥利弗·E. 威廉姆森

经济组织的交易成本逻辑起源于一个重言式，罗纳德·科斯幽默地称之为“一个显然正确的命题”（1988，第19页；本书，第48页）。科斯最初在他1937年那篇经典性论文（1952，第341页）中提出并在本次讨论会上重新阐述的基本观点是：“假如……交易[可以]在企业内部以少于通过市场来进行同样交易所花费的成本来组织，企业……在经济体系中就会[有]起到某种作用。而当在企业内部组织额外交易的成本[超过]通过市场进行同样交易的成本时，企业的规模就……[达到了]极限（1988）。”尽管“显然是正确的”，但这种论点仍然受到异议，即“几乎任何事情都可以通过援引适当规定的交易成本来使之合理化”[费歇尔（Fisher），第322页，注5]。

交易成本经济学在1972年的状况大约还停留在科斯1937年发表“企业的性质”时的水平，[1]这主要归因于这35年来人们没能将这一重要概念运用于具体的分析。在过去15年间，这种平缓的轨迹被指数型增长所取代，其原因在于近来交易成本经济学的研究者们认为，这种方法满足了对各种可驳性蕴涵的检验。令人感兴趣的是，这种致力于运用的努力已产生了大量的经验性文献。

正如我在其他文献中(威廉姆森,1985)所讨论的,以及保罗·乔斯克在本次讨论会的论文中所披露的(第8章),这种经验性文献得到了广泛的证实。

因此,尽管在设计以节约交易成本为核心特征的经济组织的比较逻辑的努力中,上述科斯的观点是关键的第一步,但后续的步骤也是必不可少的。正如下文所述,这些步骤包括:(1)确定那些使各种交易之间具有不同交易成本的微观分析因素;(2)以一种有识别力的方法,把各种交易和各种治理结构联系起来;(3)发现并注重那些可预测地伴随经济组织的关键的时际过程特征。

91 本文第一节阐述交易成本经济学赖以为基础的研究经济组织的微观分析方法,第二节阐述通过实行一种"区别性比较(方法)"来推导出可驳性蕴涵战略。前两节是一般性的,并论及负债与权益的有效使用。第三节阐述和说明过程分析的重要性。最后是结论。

1. 微观分析

交易成本经济学采用了一种比较契约方法来研究经济组织,在这种经济组织中,交易是基本的分析单位,而且各种治理结构的细节和人的因素也在考察之列。将注意力放在微观分析方法上显然是要付代价的,而其合理性有时也受到质疑。因此,戴维·克瑞普斯(David Kreps)和迈克尔·斯潘斯(Michael Spence)曾评述说:"如果有人希望构建诸如企业之类的组织行为模型,那么对作为一种组织的企业进行研究,理应成为人们极感兴趣的议程。严格地说，这种研究并不必要：因为人们可以希望凭直觉推测组织行为的正确的‘简化形式’，而不必考虑组织内的微观力量。”（第374—375页）

因此，克瑞普斯和斯潘斯的研究方法将微观分析的研究归到其他分析方法中，或者，将它变成经济学家所企盼的那样。对于那些丢弃细节研究的人来说，微观分析法的首要风险是该方法可能进行错误的观察，或以掩盖其经济学含义的方式报告正确的观察。[2]由于希望获得幸运甚至会更成问题，因此有人提出，需要经济学家认真地对组织进行研究。

赫伯特·西蒙（Herbert Simon）对自然科学和经济学在微观分析方面的对比是富有启发意义的。他说道（1984，第40页）：

> 在自然科学中，当人们发现测量错误和其他噪声作为研究中的现象具有同样的量级秩序时，其反应不是试图用统计方法从数据中挤出更多的信息，而是要寻找在解决方案的更高层面上观察现象的技术。经济学的相应战略是显而易见的：在微观层面上获取新的数据。

交易成本经济学在概念和经验方面都赞同西蒙的观点。当然，把注意力放在微观分析方法上，使经验研究者的负担更重——因为在图书馆书架上及数据磁盘中的标准统计来源中，很难找到相关的数据。不过，人们进行横向和纵向的权衡后，倾向于更详细的研究——对此，那些已做了基础数据开发工作的人们功不可没。

肯尼思·阿罗（Kenneth Arrow）对新旧制度经济学的对比是

很中肯的。他质疑:“为什么旧制度经济学派失败得如此悲惨,尽管它包含有像索斯坦·凡勃伦(Thorstein Veblen)、康芒斯(J. R. Commons)和米切尔(W. C. Mitchell)这样有能力的分析家?”他
92 大胆地给出了两种答案:其一,问题本身就有难度;其二,更为重要的是,旧制度学派缺乏一种研究战略。相反,“新制度经济学运动……它的组成[并]非主要对传统的经济学问题——即资源配置与利用程度——给出新的答案,而是要回答新的问题,即为什么经济制度以这样的方式而不是以别的方式出现;它融入经济史之中,但是带来了更锐利的毫微经济……[‘毫微’(nano)是微观的一种极端形式]推理比传统方法更有力。”(1987,第734页)

交易成本经济学主张微观分析涉及三个基本方面:(1)行为假设;(2)交易维度化;(3)过程特征。下面将逐一阐述。

1.1 行为假设

正如我在其他论著中已详细讨论的,交易成本经济学采用了两个重要的行为假设。第一是认知的假设:假定人的动因是意欲合理的,但只是有限地做到(西蒙,1961,xxiv),该条件通常被称为有限理性。这一假设将所有完全的缔约活动形式(具有或不具有私有信息)归入不可行集合。那种认为所有复杂的缔约活动的可行形式必然是不完全的论点,有着许多分支研究,这些分支只是现在才开始探索[哈特(Hart)和霍姆斯特姆,1987]。

许多与有限理性有关的混淆均归因于这一错误看法:有限理性意味着非理性或满足最低需求。然而,就因为如此,当有限理性的主体试图有效地竞争时,非理性(或许某种反常情况除外)却是

不可预期的。而且,满足只是有限理性的一个表现。它求助于心理学,并设计出一定的欲望机制。与此相反,不完全缔约活动求助于经济学,并采用截然不同的选择机制。就经济组织的研究来说,满足远不是一种非常奏效的方法[奥曼(Aumamn),第 35 页]。因此,这并非意味着不完全缔约活动也有类似的命运。相反,尽管不完全缔约活动的研究困难重重,并且其成就到目前为止也十分有限,但是有充分的理由认为,这种方法是较为乐观的。

第二个行为假设是:人的动因天生就是机会主义,这是人们为实现目标而寻求自我利益的一个深层次条件。因此,缺乏可信承诺支持的负责行为的许诺并不能确实地免除职责。尽管机会主义是一个准确的行为假设,并令某些人感到讨厌,但是,H. L. A. 哈特的评论有助于说明问题[第 193 页,原来有着重号]:

> 并非所有人……都理解长期利益和善良意愿的力量。所有人都不时受到自己眼前利益的诱惑……。“制裁”……所要求的并不是正常的服从动机,而是作为那些自愿服从的人不受那些不愿服从的人损害的**保证**。

但是,对这两个行为假设——二者单独地,但特别是二者结合 93
起来——使得经济组织的研究大大地简化了。因此,“正因为每个人的知识、远见、技能和时间都是有限的,这时组织就成了实现人类目的的有用工具(西蒙,1957,第 199 页)。”但是,除此之外还有几点。假设的有限理性和机会主义,对经济组织的研究需要考虑这两个因素。因此,人们提出如下规则:组织经济的活动以便在有限理性的基础上实现节约，同时保障有争议的交易免受机会主义之害。表 7.1[3] 概括了这种结合的行为取向的主要合约性和组织性含义。

表 7.1 行为假设的组织性含义

行为假设 / 含义	有限理性	机会主义
对合约理论而言	内容广泛的签约活动是不可行的	作为许诺的合约是天真的
对经济组织而言	支持适应性、连续性决策的模式将使交易容易进行	交易需要自发的或人工保护的支持

因此，尽管行为假设通常被正统的微观理论所忽视，但交易成本经济学认为这些假设极为重要——不仅仅因为它们是可辩驳的含义的来源。的确，表 7.1 所列示的含义是非常普遍的。不过，下面两个论点的每一部分都是可验证的：(1a) 所有复杂的合约都是不完全的，由此，(1b) 支持适应性、连续性决策的模式（作为克服合约不完全性的手段）是可观察到的；(2a) 得不到可信承诺支持的"许诺"将使当事人面临危险，由此，(2b) 实施市场和非市场保障有助于交易。关于合约法与合约实践（包括纵向一体化的运用与不运用）的考察说明（统计）数据是可证实的。

1.2 维度化

交易成本经济学采纳了约翰·R. 康芒斯（1934）的观点：交易是基本的分析单位。[4] 因此，确定关于各种交易差异的关键维度就变得十分重要。为了描述各种交易,交易成本经济学目前所依赖的主要维度有:(1)交易发生的频率;(2)交易所面临的不确定性的程度和类型;(3)资产专用性的条件。尽管所有这些都很重要,但 94
交易成本经济学的许多可驳性蕴涵目前却只依赖于最后一个维度。[5]

资产专用性是指在不牺牲生产价值的条件下,资产可重新用于不同用途和由不同使用者使用的程度。它与沉淀成本概念有关。但是,只有在不完全缔约过程中,资产专用性遍布的组织分支才变得清晰起来。在前交易成本时代,这些并不被人们所承认[威廉姆森,1975,1979;克莱因、克劳福德和阿尔奇安]。[6]

资产专用性条件的主要含义是:尽管对新古典的交易而言,当事人的确定无关紧要[本-波拉斯(Ben-Porath)],但对一个由重要的长期投资所支撑的交易——专用性资产交易来说,当事人的确定就至关重要。实际上,后一种当事人是**互相依赖**的。作为这一条件的结果,合约关系的时际治理极为复杂。

1.3 过程分析

过程问题的观点受到广泛的抵制,而且经济学家对此几乎没有什么研究兴趣[朗劳伊斯(Langlois)]。尽管交易成本经济学在过程研究方面还不先进,但过程的论点仍起着重要的作用。

我将在下面第三节进一步讨论的“基本转换”(fundamental transformation)是有关过程问题观点的一个说明。简单地说,该论点是:大量竞争的条件从一开始就存在并没有得到充分证明。也有必要考察这一条件是否继续作为双边贸易的条件,或者由于专用性投资和不完全缔约的交易的原因，一种双边交易条件在其后是否会演化。合约关系的管理——包括，但决不仅限于纵向一体化——在事后双边垄断可预期地实现的情况下，会受到很大影响。

更一般地，我所指的作为过程结果有三个共同特征：明显具有跨时间性；具有不可预测的结果；结果往往非常微妙。通常，争议中的不可预测的行为是一种不受欢迎的结果，但并非总是这样。

社会学家所说的“功能失调行为”是一个例证。正如罗伯特·默顿（Robert Merton）、阿尔文·古尔德纳（Alvin Gouldner）和其他人所证明的，起作用的组织经常伴随功能失调的结果。这是因为，在组织内部追加的“控制需求”不是具有一个而是具有两个效应：第一个（或有意的）效应是实现了更大的控制；第二个（或不是有意的）效应是受制于这些追加控制的工人其后所采纳的。早先对这种非预期的适应（过程）没有什么规定的机械模式或组织，需要由一种更丰富的组织模式来替代，在这种组织模式中，适当地考虑到了上述两种效应。

经济学家对此信息并非毫不知情。的确，在过去的15年里，
95 代理理论一直在对这一条件做出恰当的反应。如果代理人拥有信息优势，并在实施激励计划时考虑其自己的偏好，那么，激励设计必须注意这些“再配置”效应。如果这是过程分析信息的话，那么它就业已被人们所接受和消化了。

然而，人们一般对次要的结果很敏感，这是一方面；另一方面，人们拥有详细的知识，有些可能是非常微妙的。进而，如果所有复杂的合约都必定是不完全的，那么，经济组织的机械主义设计方法的适用性就相当成问题(格罗斯曼和哈特,1986,第9章)。在不完全的缔约环境中研究微妙的过程特征正是过程分析所做的工作(就像这里所描述的)。人们需要一种经济学和组织理论相结合的观点。[7]

2. 区别性比较

2.1 概要

经济组织服务于许多目的,节约交易成本只是其中之一。尽管一种一般的组织理论会对"所有重要的因素"进行规定,但目前这样一种理论超出了我们的研究范围。如果我们对这些问题有一些初步了解,在解决更简单分支和局部模型方面,我们可以发挥自己的长处。哪些假设已被指定为"主要情况"加以研究?哪些可驳性蕴涵彼此发生联系?

在这方面应提醒注意的是,我并不是说可驳性蕴涵就是问题的全部。然而,我赞成尼古拉斯·乔治斯库-罗根(Nicholas Georgescu-Roegen)的观点:"虽然预测是科学知识的试金石……,但科学的目的一般不是预测,而是缘于知识本身。"(第37页)尤其是在各种观点众说纷纭的领域中,组织经济学即为其中之一,坚持可驳性蕴涵就像必须将麦粒从麦壳中分离出来一样。这正是乔治斯库-罗根所说的试金石功能。

弗兰克·奈特曾经对交易成本经济学的主要情况作过如下论述(第252页,着重号引者所加):

> 通常并适当地，人们都希望自己的行为是经济的，从而使自己的各种活动及其组织有“效率”，而不是浪费。这一事实理应值得极大重视；一个恰当的经济科学的定义……会有助于阐明这一事实。假设把注意力放在增加经济效益和减少浪费这一终极需要上，人们会发现，主要的相关研究肯定与社会政策有关。

实施这一观点的交易成本经济学战略，采取了如下组织规则：用区别对待（主要是节约交易成本）的方法把各种交易（其属性不同）与治理结构（其成本和权限不同）联合起来。为此，除了上面提到的努力揭示不同交易赖以区分的主要维度之外，还进一步需要
96 识别和描述主要的治理结构——企业、市场、混合模式——各类交易都可以容易地归为这几种结构。交易和治理结构的区别性比较是可驳性蕴涵的主要来源，在交易成本经济学的研究进程中，它在概念和经验两方面都发挥着显著作用。确切地阐明这一目的，随后再勾勒出区别性比较这种方法的逻辑，我们就描绘出了许多交易成本经济学已经达到的理论高度。

2.2 现存的应用

这种方法的最初应用以及交易成本经济学中反复提及的范例，就是纵向一体化（威廉姆森，1971，1975，1979；克莱因，克劳福德和阿尔奇安）。[8]一旦弄清了这个问题，区别性比较的基本结构及其解决方法显然就有了普遍的适用性。正如弗里德里希·哈耶克所指出的，“无论何时，只要某一领域需要一种能力，用以辨别这一

领域中的某些特征所遵循的抽象规则，那么，当不同的要素共同引起这些特征的表现时，就可以采用同样的主导方式。”(1967，第52页)

劳工组织的研究表明，它具有许多与中间产品市场研究相似的、而不是截然不同的研究方式[威廉姆森，瓦赫特(Wachter)和哈里斯(Harris)；威廉姆森，1985，第10章]，尽管人们的看法不一。[9]有关对公用事业管制的研究和放松管制可行性的研究同样具有类似于自制还是购买(纵向一体化)决策特点的合约结构(威廉姆森，1976；戈德伯格；乔斯克和施马兰西)。许多曾经被认为具有垄断目的的非标准缔约活动——例如特许和互惠——也可以运用区别比较的方法加以解释(克莱因；威廉姆森，1983)。即使像事业和婚姻这样毫不相干的现象也显示出较强的共性(威廉姆森，1989)。

纵向一体化的交易成本研究经历了几个阶段。最初也是最关键的阶段是一般的语义论证(威廉姆森，1971、1975；克莱因，克劳福德和阿尔奇安)，接下来是给出几何解释(威廉姆森，1981)，然后以更一般化的数学方法进行再次论证(马斯特恩，1982；里奥丹和威廉姆森，1985)。此后，在相对不完全的缔约活动范围内，纵向一体化的交易成本研究更趋于成熟(格罗斯曼和哈特，1986)。

2.3 负债与权益

交易成本经济学推理(更全面的论述见威廉姆森，1988)近期的一个应用涉及公司融资问题。其研究目的是将投资项目(其属性不同)与融资工具(负债与权益被看作是可选择的治理结构)联

系起来。假定一家公司正在考察一系列投资项目，并想了解这些
97 投资项目以不同方式筹集资金是否会有差别。通常的观点是，资本成本与融资工具的选择无关［莫迪利安尼（Modigliani）和米勒（Miller）］。通过论证以下问题，这一基本结论虽然已经得到证实——（1）负债可用来作为判断不同商业前景的信号［罗斯（Ross）］；（2）那些面临新的投资机会、而又不希望稀释权益状况的企业家可以把负债与各种有限的资源一起使用，因而可以避免牺牲激励强度［詹森和麦克林］；（3）负债可以用来作为一种激励策略（格罗斯曼和哈特，1982）——但所有这些都产生于复合的资本框架。交易成本经济学用更微观的分析来考察这些问题，它认为，各种投资项目的资产属性是**不同的**，通过区别对待的方式把投资项目与负债和权益的治理结构能力联系起来，就可以达到效率目标。

假定一家企业希望建造一个一般用途的工厂，它需要各种存货、安装设备、购买模具等等。坐落于人口稠密区的这个一般用途的工厂是一种高度可调配性资产。贷方准备以不动产的“现行利率”（going rate）为它融资，并以证券作为抵押。对于像存货和流动设备（如叉车、卡车等）这类非专用性并很容易被调配或清算的资产而言，这同样适用。然而，假定现在要求贷方为更为高度专用的长期资产提供资金，那么，负债融资同样还是合适的筹资手段吗？

为分析起见，假定将负债看作是一种满足下列规定的治理结构：（1）定期支付固定利息；（2）商业活动能不断满足一定的流动性要求；（3）建立偿债基金，并在贷款到期时偿还本金；（4）当债务人

违约时，债权人对争议资产有优先索取权。如果一切顺利，利息和本金将按期支付。然而，如果出现违约，债权人会发现，有争议资产的调配程度会有不同的追偿。由于优先索取权的价值随资产专用性程度的加深而下将，因此，负债融资的条件将会作反方向调整。

当出现专用性投资以相反的条件进行融资这一情况时，企业可能会通过牺牲专用性投资的某些特性来作出反应，以换取更大的可调配性。但是，是否能发明一种新的治理结构，使资金提供者增加对企业的信任呢？假设融资工具是权益，并假定它具有以下治理特点：(1)它在企业的收益和资产清算方面享有剩余索取资格；(2)它订立的合同在企业存续期间有效；(3)设立董事会，并赋予它如下权利：(a)由持有可转让股份的股东按比例(pro rata)投票选举，(b)有权更换管理人员，(c)决定管理人员报酬，(d)有权依据一定标准及时地进行内部绩效考核，(e)出于特殊的追查之目的，可以委托中介机构进行深入审计，(f)在实施重大投资和经营建议前报告董事会，(g)有关企业管理决策和监督的其他事宜。[10]

对非调配性项目进行投资的资金提供者需要一种治理结构，对这种治理结构的一种**内在反应**随之产生了。为了获得对企业的 98
剩余索取资格，这些资金提供者被授权“控制”董事会。还应注意到，在这种情况下，权益后来才开始起作用。由于权益是一种相对麻烦的治理形式，因而它是融资工具中的**最后一着**。

可见，有关公司融资的交易成本方法要求**有差别地**使用负债和权益这两种融资工具，并以此来判断投资项目的不同属性。负债和权益不仅是可选择的资金来源，也是可选择的治理结构。对于研究各种经济组织的交易成本经济学方法而言，后者才是关键。区别使用不同的融资工具只是基于我先前提出的节约交易成本同一主题的一个变异。

3. 过程问题

整个社会科学界[11]普遍赞同过程十分重要这一主张，唯独经济学例外。经济学家对过程观点持怀疑态度有以下几个原因：第一，也是最重要的，如果在所有“适合公式化的”问题方面有意义行动都可以用事前激励组合来解释，那么，就没有必要求助于过程分析。无疑，用揭示有关激励特征的方式来阐述问题并不容易。不过，这才是真正的挑战。第二，激励组合远比评价过程的相应理论精确和成熟。实际上，“过程是重要的”这一观点难以驳斥（或甚至争辩）的主要原因是对过程机制很少加以说明。第三，过程分析需要许多阿罗提及的非经济学的具体知识。许多经济学家不愿跨出这一步，并希望避免走这一步。（本文第一部分提到的克瑞普斯-斯潘斯的观点颇具代表性）

交易成本经济学坚持认为，经济组织的比较研究需要发现和解释过程特征。从最经济的角度研究过程问题可以在一定程度上弥补我所说的经济学上缺乏聚焦点这一观点。交易成本经济学还认为，过程分析应研究专用性问题。

第 3.1 节考察了我早先所提到的“基本转换”。虽然它在应用方面还不十分成熟，但具有类似重要性的过程推论需要将激励强度与组织形式进行比较。第 3.2 节将分析这一点。第 3.3 节是对接管的激励解释与过程解释进行比较。最后对寡头政治问题的简要讨论。

3.1 基本转换

起初，资产专用性仅仅被视为沉淀成本，其原因在于对签约过程的许多细节没有描述出来。签约过程的时际考察曾用来揭示这个问题。结果表明，适用于纵向一体化的理论同样适用于解释自然垄断中的特许权投标。

3.1.1 激励方法

哈罗德·德姆塞茨通过将分析回溯到揭示激励特性的阶段，99
富有想象力地对自然垄断问题进行了重新阐述。这种重新阐述导致对所谓自然垄断两难困境的戏剧性的重新解释：“技术垄断缺乏好的解决方案。人们只能在三种不幸中选择其一，除此之外别无选择：不受管制的私人垄断、受到国家管制的私人垄断和政府经营管理。”（弗里德曼，第 128 页）

德姆赛茨敏锐地指出，这种表述忽略了为争取市场权利而进行事先拍卖竞争的可能性。弗里德曼所说的三种结果的垄断困境可以通过这样的方式予以解决，即让大量够资格的供给者加入某种非合谋的“为争取市场而进行的竞争”。无疑，赋给企业特许权，它以最低价销售产品，则事后垄断条件就会产生。但是，这不是非此即彼的问题。其目的在于保证自然垄断（规模经济）的收益，而不招致垄断价格，或者以任何一种常规的（三种后果）方式授予垄断权时而出现的管制和官僚主义的扭曲。据称，自然垄断的特许权拍卖会达到人们所期望的结果。

3.1.2 过程方法

交易成本经济学完全同意这种事先拍卖竞争的观点，但它坚持认为，缔约活动研究包括各种事后特征。因此，最初的拍卖仅仅是启动缔约过程。充分的评估既要求履行合约，又要求在合约续存期间基于详细调查来进行事后竞争。

与以前的实践相反，交易成本经济学认为，在开始时就有大宗拍卖的情形并不必然意味着此后也会有大宗拍卖出现。事后竞争是否非常有效率，取决于有争议的商品或劳务能否获得交易中特定的人或有形资产的长期投资的支持。在缺乏专用性投资的情况下，最初获胜的投标者会意识到，相对于未获胜者，他并没有得到什么额外的好处。虽然供给可能持续很长时间，但实际上，这仅仅是因为始终存在由有资格的竞争对手参与的竞争性拍卖。然而，一旦出现对交易中的专用性资产进行大量投资的情况，就很难断定对手也在进行类似的经营活动。在这种情况下，获胜者便可获得未获胜者得不到的好处，也就是说，在合同续存期间，平衡被打破了。因此，刚开始出现的大宗拍卖的情形随后将有效地**转移**到双边供给中的其中一方。

然而，正如乔斯克所坚持的那样，各种论述一般都应该提及合约的专用性。他认为，这种分析方法用于评价有线电视的特许权拍卖效率时，却没有考虑合约的专用性（第 8 章）。

我在其他论述中详细提到过这种比较分析方法的一般运用以
100 及有线电视的专用性问题（威廉姆森，1976；戈德伯格）。基于这一分析我发现，并不是说争取自然垄断特许权的事前竞争从来就不能较好地开展起来，而是说其竞争状况的好坏取决于资产的特性。

大规模的长期投资不是问题的所在，问题在于：(1)大规模的长期投资是否具有可调配性，如果不具有，(2)需要改变并轻松适应市场和技术环境。如果有争议的资产具有高度专用性，起初授予的特许权将经历一个“基本的转换”。这样，在合同续存期间以及需要适应变化时，“无助于事的”特许权拍卖的效率就很成问题。倾向于放松管制的公共政策，从前需要(今后也需要)从区别对待的角度加以考察，在区别对待的方法中，投资的资产专用性属性发挥着关键作用(乔斯克和施马兰西；莱文)。

3.2 激励强度

目前有一种共识，认为资产专用性及其引起的“基本转换”在评价纵向一体化时很能说明问题。但是，它在解决了一个难题的同时，又引发了另一个难题。也就是说，如果纵向一体化有百利而无一弊，为什么不将一切都一体化呢?[12] 更一般地说，为什么不由一家大企业包揽众多小企业能做的所有事情呢？提出这一质疑的一个虽然不同、但却与之相关的方式是“选择性干预”——我所说的选择性干预是指，除非出现错误的组合，否则，每个生产步骤都按事先规定的方式按指令进行，并且以权威代替自治能产生净收益。

假定，除非在某些出现的可能性极少的情况下，比如当从权威的重新组合中可以获得前面所说的净收益时，否则，采购阶段要求存在一个供给阶段(或者相反)，并引导供给(采购)阶段不断地以事先购进的方式来进行。虽然先前的契约错误组合引起了自利的讨价还价，这种讨价还价耽误了调整，而且本身也是有代价的，但是在合并后的期间，各业务部门只接受起决定性作用的科层重组决策。这样，分析过程就代替了谈判过程（马奇和西蒙，第130页）。于是，合并完成后，企业的适应性变得更快而且更好。如果合并后的企业从来不会变糟，而且，往往还会运转得更好，那么，在任何情况下，一体化都是一种卓有成效的组织形式。

关于纵向一体化成本产生的原因，存在着两种截然不同的解释。一种解释是激励的观点，由桑福特·格罗斯曼和奥利弗·哈特提出（1986）。另一种解释是从过程的角度来考察。

3.2.1 激励方法

格罗斯曼和哈特对纵向一体化的研究集中于事前投资扭曲。他们的观点是，纵向一体化的适应性收益往往更多地被它所引起的投资扭曲所抵消。相对而言，市场组织往往仍然是最理想的选择。

101 这篇开创性的论文提出了不完全合约的起点。由于承认复杂合约的不完全性，人们排除了机械主义的设计公式（第9章），因此也就需要新的解决问题的观念（格罗斯曼和哈特，1986；霍姆斯特姆和蒂洛勒，1988，第9章）。

这一观点显然涉及资产专用性概念，并暗含有限理性和机会主义的假定。它还批判性地运用了格罗斯曼和哈特界定所有权时所采用的方法。虽然所有权通常是以资产术语来界定的，而他们却把所有权界定为事后的控制决策权。在此基础上，他们区分了三种所有权:A 和 B 保持相互独立(非一体化)的阶段; A 收购 B; B 收购 A。

假定每一时期内的各个生产阶段都可做出两种决策:事前的投资决策和事后的经营决策。格罗斯曼和哈特进一步假定,不论所有权结构如何,各个阶段的事前投资决策都是“同步且独立”做出的,而且在这三种所有权形式下,每一阶段都要实行高强度的激励,也就是说,每一阶段都有相应的净收入。

以事后决策权这一术语定义所有权的这种两阶段决策理论一经产生,就带来一种直接后果,即各种所有权制度会产生不同的事前投资。由于每一阶段都有相应的净收入,投资将“预先”反映出不同的所有权结构。完全最优(这要求协调做出各种投资决策)是不可能的,问题在于哪一种事后决策权的分配方式最好。

不仅非一体化往往是最理想的选择,而且一旦实行一体化,还会产生究竟是 A 收购 B,还是 B 收购 A 这样的问题。因此,格罗斯曼和哈特的阐述形成了一个有关一体化与非一体化的统一理论。他们将这一理论与早期的“交易成本理论进行比较,认为,交易成本理论没有解释如果一个自利的所有者变成了一个同样自利的雇员,[机会主义]行为将会如何变化”(格罗斯曼和哈特,1986 年,第 692 页,着重号引者所加)。他们还发现,一体化并不像他们的理论所阐述的那样,“产生任何新的、不同的、双方当事人显而易见的东西。即使子公司是独立的公司,雇主仍然可以对他的子公司进行审计。”(1986,第 695 页)而且,正如哈特在他提交给本次讨论会的论文中所提出的(第 9 章),他们的理论是对称性的理论,不会求助于(而且,事实上否认一体化的产生)任何额外的官僚主义成本。

3.2.2 过程方法

过程方法同样要研究以有限理性、机会主义和资产专用性为特征的不完全签约过程。而且假定,为了贯彻选择性干预的精神,用纵向一体化来代替市场采购中的高强度激励。于是,尽管如下文所讨论的,在缓解高强度激励制度下实施一体化所产生的不足方面,高强度激励实际上并未发挥作用,但这只是最初所做的假定。

然而,所有权应以不同于格罗斯曼和哈特的方式来界定。
102 一体化将两个阶段的有形资产投入到并购者的联合所有权下,并赋予并购者可以用来实施干预的事后决策权(因而,当出现任何预期的事后组合错误时,就能实施一个适应性、连续性的决策计划)。

有关纵向一体化细节的研究涉及很多方面(威廉姆森,1985,第6章)。我们发现,在一体化企业的两个阶段中保留高强度激励将会导致三种扭曲:(1)并购完成后,资产将消失;(2)并购过程中,对账户的增益控制、操纵转移价格和经常开支的分摊以及类似的将净收入转移给其支持方;(3)并购过程中,从战略上利用对事后决策权的控制。

进一步讲,认为"许诺"能避免这种行为是缺乏根据的。因此,有必要考虑下面这个"修正的奥德修斯问题"(Odysseus

Problem)。这个问题评价的是，是否如人们普遍相信的那样，“自我约束是解决意志薄弱问题的特别方法”（埃尔斯特，1979，第37页）。

让我们回忆一下这个故事：由于奥德修斯事先知道西任斯（Sirens）的呼吁是难以抗御的，他命令部下在船驶入西任斯的领域时将他绑在桅杆上。再假定奥德修斯要求船员在他请求松绑时“将他绑得更紧”。但是，假设现在有一个例外：如果船遭到了攻击或出现了其他十分危险的情况，就应该在他下令松绑前解开绑绳，以便让他指挥船员采取适当的行动。

显然，这个问题的困难在于，作为例外的情况不是没有问题的。无疑，如果奥德修斯做手势说：“解开我身上的绳子，我必须到西任斯那里去”，船员会断然拒绝。但是，如果奥德修斯的航海知识和对危险的觉察是无人能及的，他打手势说：“我觉察到极大的危险，请稍稍松开我身上的绳子，让我可以指挥你们采取补救行动。”那么，船员什么时候应该相信奥德修斯的话，什么时候不应该相信他的话呢？[13]

当买者和被一体化了的供给部门履行协议时也存在类似的问题。按照协议，买者“许诺”在一般情况下不进行干预，除非有合理的理由。如果供给部门有权得到净收入流，而该净收入的价值可以通过主张选择性干预加以改变或剥夺，而且，如果无法拿出明确合理的理由，那么，供给部门就会面临危险。

从各种组织形式的比较制度研究中，我们可以得出许多细节。如果推论出的（明显的或隐含的）自我约束的例外常常背离了"欲想得到的"结果，那么，实行自我约束可能是愚蠢的。而且，就个人而言，如果试图对组织内部施加限制，他就需要掌握强有力的依据。

这里还有一个附加含义：在利用法庭制度来克服埃尔斯特所说的意志弱点时，内部组织的困难不少。让我们重温一下托马斯·霍布斯（Thomas Hobbes）1651 年在《利维坦》（*The Leviathan*）中对宣誓和许诺的分析。霍布斯发现，"语句的力量
103 ……［是］如此微弱，以至于它不足以确保人们履行契约"（1928，第 92 页）。他进一步分析认为，"需要有一种强制力"来保证履约（1928，第 94 页）。政府（一种法庭制度）就是为了保证个人和内部组织履行协议而设立的。

尽管我曾说过，人们对法庭制度的依赖常常是被夸大了（威廉姆森，1985，第 7 章），我在这里要强调的是：(1)作为最终的诉讼手段，法庭是很重要的；(2)在保证个人和内部组织之间协议的履行方面，法院并不是万能的（无论从哪个角度来看）。结果是，为了市场无法击败的所有活动而在企业内部复制市场的努力（称之为潜在的情况）和仅当净收益可以计划时才进行选择性干预（称之为积极的情况）这两种行为都是错误的。为支持积极情况下的干预而增加的自由程度将超过人们的预期，也就是说，在复制市场的潜在情况下，增加的自由幅度将会扩散，并将扰乱各种决策。因此，取得内部化的收益（当合约脱离组合时，在积极的情况下就有更大的适应性）就要付出一定的代价（当市场的高强度激励进入企业时，潜在情况中的操作决策就会被扭曲）。

因此，当在企业内部实行高强度激励时，内部组织产生的这种追加成本将使选择性干预无法实施。但还要说明的是，与格罗斯曼和哈特的观点不同，内部组织常常能够比市场实行更有效的控制（威廉姆森，1985，第154—155页）。所以，将低强度的内部激励与追加的控制手段结合起来使用会更具吸引力。无疑，这也会产生官僚主义成本（威廉姆森，1985，第6章）。但是，企业内部使用高强度激励所导致的各种扭曲也将得到缓解。从市场的高强度激励转为企业内部低强度激励与追加控制手段相结合，验证了我先前提出的微观分析观点：激励强度与组织形式要相适应。

由此推断，基本的交换条件存在于相对官僚主义成本（在这种情况中，市场有优势）和相对适应能力（在这种情况中，根据双边贸易，内部组织有优势）之间。当资产专用性程度加深时，这种交换条件便从纯粹否定转向肯定。[14] 还应注意的是，在过程分析方法中，相关的比较制度选择是双向的，即市场和科层，因为在低强度激励制度中，谁要求市场或科层都无关紧要。[15]

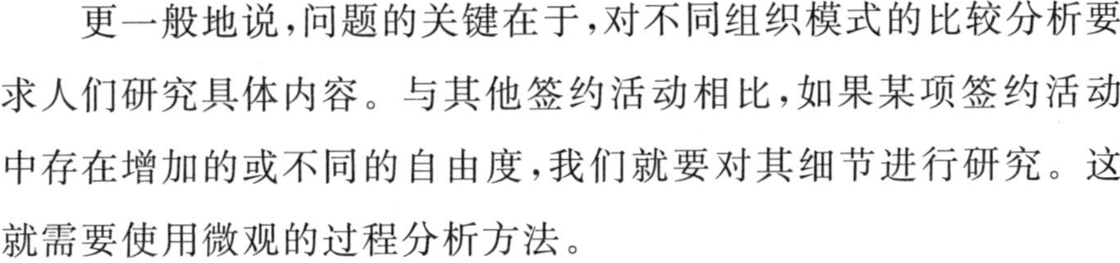

更一般地说，问题的关键在于，对不同组织模式的比较分析要求人们研究具体内容。与其他签约活动相比，如果某项签约活动中存在增加的或不同的自由度，我们就要对其细节进行研究。这就需要使用微观的过程分析方法。 104

3.2.3 比较

在相互依赖的条件下，纵向一体化的激励和过程方法可以作如下区分：

	一体化所需	
	激励	*过程*
所有权	只有事后决策权	资产和事后决策权
激励	高强度	高强度让位于低强度
控制	不因一体化而改变	因一体化而扩展
官僚主义成本	不因一体化而改变	因一体化而增大
适应成本[16]	不因一体化而改变	因一体化而减少
谁收购谁	有关系	可以忽略

虽然制造业[17]中的纵向一体化看似与过程分析方法相吻合，但其表现却截然不同。更重要的是，这两种方法有不同的含义，可以通过考察数据来评价。

3.3　接管

对法律和经济学而言，接管造成了不少实际难题。如果假定经理一味地追求利润最大化，这显然是不正常的。——或者因为他们是忠实的管理者，或者是因为现代看不见的手观点[冯·韦茨赛克(Von Weizsacker)；法马(Fama)]。然而，管理者的无支持誓言缺乏可信性，而现代看不见的手观点的作用机制也是含糊不清的。在对各种机制详细分析之前，探讨经营自主权存在的不平凡程度是明智的。

现代公司的经营自主权方法假定，经理(适当地)有效控制着企业，并为自身利益而热心经营着企业[鲍莫尔(Baumol)，马里斯，1964；威廉姆森，1964；阿尔奇安，1965]。有意思的是，经营自主权的存在对公司控制有两种截然不同的解释。

对合并和接管持怀疑态度的人把这些事件看作是通过提出接管的企业（投标者或袭击者）来表现自主经营权。接管企业的经理踌躇满志，而接管正是他表达这些目的的一种方式。[18]相反，那些更善意地看待接管的人则更关注目标企业的经营自主权。喜欢过多经营自主权的企业将被其他偏好增加利润、减少成本等新古典主义目标的企业或集团所接管。因此，通过减少过多的自主权，价值增加的目标就得以实现。

我在最早期的著作中强调经营自主权会导致各种扭曲（威廉 105
姆森，1964），而我现在确信，更有效的研究策略是从经营自主权的各种前提出发，然后研究哪些方法能够或者已经被设计为控制过多的自主权。关于后一个问题的基本观点是十分普遍的外部性研究：即所有不能达到最高价值利用的资源配置，都要求加以矫正。[19]

通过接管减少经营自主权是这一推理的一个应用。但这是一种双重现象，而且这一长期存在的困惑将继续存在。为什么接管出现在 20 世纪 60 年代而不是更早呢？

一种可能是接管的出现仅仅是偶然事件，另一种可能是接管的出现是对相对价格变化的一种反应。

3.3.1 激励的观点

显然，管制是引起相对价格变化的一种必然产物。而接管据称是对追加的雇佣代理竞争成本的一种反应，雇佣代理竞争是由

1955年和1964年新证券管制所引起的[贾雷尔(Jarrell)和布拉德利(Bradley),第371页]。但是,当这个假设能解释为什么要求助于以前未使用过的手段来挑战在职者的管理时,却明显不能解释为什么这种以前不引人注意的手段会产生如此深远的影响。毕竟,代理竞争原来从未广泛地使用过,并且也很少成功。为什么由管制引起的接管会与大量的在较大程度上成功地争夺公司控制权有关?[20]

3.3.2 过程分析

在此,提出一个对接管的历史性解释,它是以组织创新为特征的。这个解释分三个部分。首先,简要描述我所依赖的组织创新(跨部门制)。其次,提出"完全功能主义"的要求,并参照这些要求解释M型创新。然后简要讨论M型和竞争性接管假说之间的差异。

3.3.2a 组织创新

交易成本经济学研究的是,不同经济组织形式在有限理性基础上的节约能力,以及如何同时保证争议中的交易免受机会主义的危害。我所解释的跨部门组织形式最初兴起于20世纪20年代,这种组织形式设立的宗旨及其直接影响是,当功能性企业在规模和种类方面发展壮大时,减轻由于企业扩张而产生的对有限理性造成的压力。阿尔弗雷德·钱德勒对大型集权式(U型)企业缺陷的总结是十分贴切的,而跨部门(M型)企业恰恰弥补了这种缺陷(1962,第382—383页):

> 对于集权式、功能性的分部门经营的公司而言，其固有缺陷……只有当高级管理人员的负担已经重到使他们无法有效行使管理企业的职责时，才会变得很重要。当企业的经营、协调、评价和政策制定问题变得过于复杂，以至于少 106
> 数高层管理人员无法处理长期的企业经营与短期的日常管理活动时，这种情况就会发生。

但是，还存在（至少是部分存在）无法预测的结果。除了可以减少大型复杂的U型企业内部沟通的过高成本外，M型结构还有助于（与它所替代的U型结构相比较而言）减弱对次要目标的追求（如减少机会主义）。这是因为M型结构“显然能使企业的管理人员从更琐碎的日常管理活动中解脱出来，他们掌握着整个企业的命运，应给予他们更多的时间、信息，甚至心理参与，以对企业进行长期的规划和评价”。（钱德勒，1962，第382页）这样，战略性的资源配置标准就取代了以前困扰总公司的功能性标准或经营标准。

3.3.2b　完全的功能主义

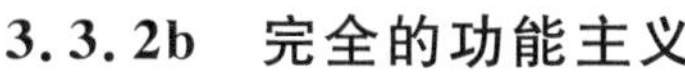

埃尔斯特认为，“社会学中有效的功能性解释”应采取如下形式（1983，第57页）：

> 一种制度或行为方式X用它对集团Z的功能Y来解释，当且仅当：
>
> 1. Y是X的结果；

2. Y 对 Z 是有利的；

3. Y 是由产生 X 的行动者非故意达成的；

4. Y——或者至少 X 与 Y 之间的因果关系——没有得到 Z 中行动者的承认；

5. Y 采取通过 Z 的因果性反馈回路的方法保留 X。

埃尔斯特认为，在社会科学中，完全的功能主义解释是很少令人满意的。而且，功能主义主要是用来解释生物学的。这是因为，在生物学中，“自然选择理论提出一个前提，即任何利益再生能力都可由这些利益本身来解释。在社会科学中，则没有这种相对普遍的理论，实际机制必须根据每一种特殊情况加以说明。”（埃尔斯特，1983，第 20 页）由于这种可能性很小，埃尔斯特认为，社会科学家应抛弃功能主义的解释，而支持“目的性的解释，它不同于功能主义的解释，因为前者可以指导遥远的未来，而后者是典型的短视观点和机会主义”。（1983，第 20 页）

要把功能主义的解释运用于社会科学，就应该承认，“仅当各种规则是以接管的方式推广，而不是以模仿的方式推广时，条件（4）才成立。”而且，“由于条件（5）中的反馈回路标准是假定的，而不是经过证明的，因此，用功能主义解释的许多事件是不能成立的。”（埃尔斯特，1983，第 58 页）与生物学家不同，社会学家必须说明在每一种情况下反馈是如何运行的（埃尔斯特，1983，第 61 页）。

就上述组织创新而言，假定 X 是 M 型结构，它的出现主要是
107 由于它具有有限理性的缘故。未能预测的结果（在这里是一种利
益）Y 是：管理人员的作用被重新界定了，以便有利于战略性的资

源配置。于是,企业的总部被视为内部资本市场。在内部资本市场上,管理业务范围的一般能力不仅适用于现有的业务,而且也适用于各种潜在的业务。这样,授权利润中心增加业务范围也就变得可行了。因此,通过接管适应能力差的企业(Z)来推广跨部门制,完全的功能主义就得以实现,这就是再生性联系,在社会科学的功能性论证中,它通常已经消失(埃尔斯特,1983,第58页)。

事实上,还应提到一种推广M型的附加过程:有丝分裂(mitosis)。在大型、多样化的M型结构中,我们发现,与各种新的举措或收购有关的收益并不会无限制地继续下去。因此,被收购的部门或被多样化的部门可能会消失。母公司会在一定范围内收回子公司的全部股本,或者将它变成独立的跨部门单位,但是,细胞分裂式的推广依然存在。我们可以将这种准生物学的过程称为再生性联系,它有助于成功地进行功能性解释。

3.3.2c 数据

关于接管的M型解释满足了完全功能主义的要求这一点是确切无疑的。然而,为什么早在20世纪20年代M型的创新就出现了,而接管却到20世纪60年代才出现呢?

部分原因是M型的模仿过程发生得很慢。而且,第二次世界大战的爆发也推迟了预期的组织重组(钱德勒,1962)。但是,M型的推广不仅需要模仿,还要求发展M型的联合多样化,并随后运用于兼并——起初采取自愿的方式,随后采取非自愿的(接管)形式(威廉姆森,1975,第9章)。可见,20世纪50年代所采取的联合大企业的形式是组织演变的最后一步——创新、模仿、联合——它是20世纪60年代接管形式的前奏。

然而，剩下的就只是事后的合理化问题了。这种解释接管的理论如何同其他解释这些事件的近乎合理的理论相区别呢？尤其是，当接管与解释接管的其他理论所不能预测的组织理性相结合后，接管会表现出哪些特性呢？

首先，企图实行接管的企业绝大多数是已经采取 M 型结构的企业。第二，在管理被接管的资产的分散业务方面，由 M 型企业接管要比由非 M 型企业（即 20 世纪 60 年代的所谓不断联合化企业）接管成功得多。因此，不同的成功率是可以预测的。第三，M 型企业会比 U 型企业更多的参与自愿剥夺。最后，M 型企业将依据价值增加标准进行剥夺——它往往会剥夺“国王的宝石”业务——而 U 型企业仅仅剥夺其他企业中有问题的部门。

108 这并不是说，一旦出现了 M 型，经营自主权就会消失。M 型的直接影响和次要影响都是减少激励。

3.4 寡头垄断

罗伯特·米歇尔（Robert Michel）关于寡头政治铁律（iron law of oligarchy）的论述是该命题的一个典型范例，即组织本身是有生命的，或者更广义地说，具有过程性：“正是组织产生了被选举者对选举者、受命者对命令者、代表者对被代表者的支配。一说到组织就是说到寡头。”（米歇尔，1962，第 365 页）但是，这一情形下比较制度的意义何在呢？

3.4.1 激励评价

寡头垄断是一种可以预测到的过程结果这一命题的可能性，

在有关激励问题的文献中都没有涉及。如果寡头垄断以同等程度影响所有的组织形式，那么，这种忽略就无关紧要。在这种情况下，只要区别年限较长与较短的企业就可以了。但是可以想象，问题并非如此简单。

3.4.2 过程分析

过程分析也忽视了寡头垄断。然而，寡头垄断的演变正是过程分析可以而且应该研究的问题。哪些因素引起寡头垄断？怎样推迟或改变寡头垄断的发展？什么是制度比较的分析细节？对这些问题的阐述正是微观分析的任务。

需要注意的是，"较大型的、复杂的企业要比较小的、简单的企业更倾向于寡头垄断"这一命题本身如果像它表面看上去的那样合理的话，那么，做出纵向一体化的决定就应该允许与一体化和非一体化的供给形式相联系的寡头垄断有着不同的成本。而且，自愿剥夺往往也可以作为一种减轻寡头垄断结果的手段。

4. 结论

我在前面阐述了可以将交易成本经济学具体分为三个步骤。第一步是微观分析方法的比较契约分析。它又包括：(1)以交易作为基本的分析单位；(2)确定评价契约的有关行为假定；(3)指出并说明区别各种交易的关键维度。在第二步中，我们需要共同努力来发展建立在区别对待逻辑基础之上的可驳性蕴涵。这一努力的目的，就是要根据每种交易的不同来评价不同治理形式的相对效率——市场、混合制和科层制。这涉及以下两方面:(1)如何作好每一项工作中的适应性、连续性的决策规划;(2)什么是相关成本?第三步是研究各种模式中的时际过程差异,这是确定相关替代的一种一体化行为。

109 虽然过程研究一直是奥地利学派经济学家[兰劳伊斯(Langlois)]、演进经济学家(纳尔逊和温特)以及社会学家[格兰诺维特(Granovetter)]的兴趣所在,但是这种研究通常是极为抽象的。交易成本经济学认为,应在各种特定的契约关系中研究组织的过程特征。这就需要进行更多、更细小的微观分析。

交易成本经济学认为,过程的影响比目前大多数经济学家(和经济模型)所承认的要微妙和广泛得多。因此,尽管经济模型总是可以被修改或扩展,以便容纳所有的治理形式,但是,我们首先应该了解这些治理形式是什么。模棱两可地说过程重要是毫无益处的。我们所需要的是确定和解释过程的各种细节。当然,使用比较的、微观分析式的、节约交易成本的方法并不是阐述这些问题的唯一方法。有一点对我们很有启发:即时际契约问题是交易成本经济学很容易联系的问题。正是这种研究方法有助于揭开那些长期悬而未决、并将继续困扰人们的难题。

注 释

1 科斯称他1937年的论文在1937—1972年间"引用得多、运用得少"(科斯,1972,第63页)。

2 威廉·麦克内尔(William McNeil)对中国历史的评论是很恰当的。他认为,要理解中古时代中国的市场和命令极为困难,这并不是因为缺乏对这段历史的研究，而是因为“中国的历史学家还没有通过运用**与他们考虑的问题相关**的无数记录来工作”(1982，第 25 页。着重号为引者所加)。对美国商业史的研究要得益于阿尔弗雷德·钱德勒富有洞察力的研究(1962，1977)，但钱德勒是一个例外。在组织理论领域，切斯特·巴纳德(1938)的理论也大致如此。大多数商业史学家、组织理论专家、社会学家及类似的其他专家并没有从节约交易成本(甚或是准节约)的角度来考虑组织的微观分析方法。他们谈论得更多的是权力。

3 我曾在别处说过(威廉姆森，1985，第 30—32 页，第 66—67 页)，如果容易做到既没有有限理性又没有机会主义，那么合约问题就不复存在了。本表中虚线是为了提醒人们注意：合约的含义和组织的反应都是对有限理性和机会主义的组合条件的反应。

4 请注意，西蒙曾提出“决策条件”构成了基本的分析单位(1946，1957，第 201 页)。这种高度的微观分析框架对交易成本产生的影响尚未被揭示。我猜想，对于进行这里所讨论的“中等水平”的分析而言，决策条件**过于**微观化了。分析单位的选择确实很重要。

5 尽管资产专用性可能并常常被滥用，但它从一开始就在交易成本经济学的不断研究中发挥着关键作用(威廉姆森，1971，1975，1979，1985；克莱因，克劳福德和阿尔奇安；蒂斯，1981；斯图奇；阿尔奇安，1984；蒙特沃德和蒂斯；马斯特恩，1984；帕累，1985；克罗克和马斯特恩；乔斯克，1985， 110
1987，这一篇的第 8 章；乔斯克和施马兰西；安德森和施密特莱因；施皮勒；格罗斯曼和哈特，1986；布吉格雷；威克利姆)。有意思的是，科斯在这次讨论会上的第三次发言中(第 5 章)指出，当他在 20 世纪 30 年代研究美国汽车工业时，曾考虑过，但后来又反对资产专用性可能起到关键的契约性作用。尽管他摒弃了资产专用性这一概念，但他没有提出其他评价契约相对效用的关键的契约维度(或一套维度)。如托马斯·库恩所说，这是用一个概念去反对另一个概念。

科斯显然反对将资产专用性作为关键维度，因为他认为，A. O. 史密斯公司按照合同向主要的汽车制造厂提供车身。因此，通用汽车公司为寻求资产专用性而吞并费希尔·博迪公司的事实(克莱因，克劳福德和阿尔奇安：第 308—310 页)是个别现象。

不过，我猜想，这两种交易之间确实存在差异，为此需要更多的微观分析细节。托马斯·帕累对交通运输交易的研究(1981)是十分恰当的。

由此，帕累研究了专用于汽车零件装运的“高立方”铁路列车。这种列车虽然要比标准的箱式列车大和昂贵，但是它可以在汽车制造商之间转移而不牺牲价值。他还研究了用于保护运输中汽车零件的齿轨列车。这种列车不仅专用于汽车工业，而且在汽车制造厂之间不能重新调配。尽管运输者最初同时拥有高立方列车和齿轨列车，然而由于后者问题较多，因而，现在齿轨列车主要由运货者拥有。

即使在一个集中的市场上，产业专用性也需要与企业专用性相区别。同克莱因(第 13 章)一样，我认为，在企业专用性资产方面，汽车车架制造厂(A. O. 史密斯公司)要比汽车车身板制造厂(费希尔·博迪公司)的投资少一些，尤其是当后者靠近通用汽车公司装配厂时。虽然科斯似乎假定在资产专用性方面，车架和车身板制造厂的投资并无差别——但在分析不同组织对相同的资产专用性做出的不同反应时，科斯则认为，这种不同反应的解释可另当别论——克莱因却不这样认为。

还应注意，交易成本经济学认为当资产专用性程度加深时，就会出现追加的契约保障，纵向一体化是作为最后手段的组织方式。混合的契约形式——针对这种形式，私人调整的保障也已出现——常常能够有效地处理中等程度的资产专用性(威廉姆森，1985；乔斯克，1987)。科斯没有提到 A. O. 史密斯公司的合同可能是一种混合的形式。

因此，虽然包括我的著作(1975)在内的较早的文献提出了二元企业或市场框架，但是以后的著作提出需要明确规定中间的(混合)缔约范畴(麦克内尔；威廉姆森，1979，1985；克莱因，1980；帕累 1981，1985；乔斯克，1987)。

6　1971 年，当我发表“生产的纵向一体化：市场失灵的考察”时，曾试图突破科斯的重言式，提出一种以交易成本差异为特征的经济组织的抽象理论。在这篇论文中，我明确提出要研究特殊的交易关系(这些关系来源于资产专用性)。阿尔曼·阿尔奇安和哈罗德·德姆塞茨(1972)提出一个不同的假定：企业代替市场，以更有效地对付技术不可分离的状况。

111　7　有人可能会提出这样的问题：我们怎样训练学生把经济学和组织观点结合起来加以运用？我推测，商业管理领域的经验和训练即使不是根本性的也是十分重要的。科斯自己不寻常的教育训练就是一个很好的例子。

8　本杰明·克莱因(第 3 章，注 3)指出了他们的论述与我的论述之间的一个重要区别。这样，虽然克莱因、克劳福德和阿尔奇安完全依赖于潜在可占有租金的存在这样一种静态方法，而我却始终强调企业和市场在贯彻适应性的、连续性决策计划方面的不同能力（权限）。契约的不完全和不确定导致契约性的错误，适应成本随资产专用性的变化而变化。资产专用性程度低，市场就具有优势；资产专用性程度提高，优势就转向内部组织。过程分析在解释这一情形时是必不可少的。

9　马丁·威茨曼（Martin Weitzman）认为，劳动力市场很特殊，并具有过于刚性的缺点。相反，我认为，劳动力和中间产品市场有着显著的共性，并且，它们各自体现出的刚性常常有利于增值的契约目的（威廉姆森，1986）。

10　参阅尤金·法玛（Eugene Fama）和迈克尔·詹森（1983）。

11　最近有关提倡或阐释过程分析的研究见 Mark Granovetter（社会学家）；Robert Axelrod（政治学家）；Mary Douglas（人类学家）。

12　科斯对此问题作了如下分析："为什么企业家不组织更少或更多的交易呢？"而且，"为什么所有的生产不由一个大企业组织呢？"（第 2 章，第 21 页）

13　对于奥德修斯来说，有一种可能性是把他的判断委托给一个他信赖的部下（很可能是一个委员会）。但是新的困难又出现了。首先，在被捆绑时，奥德修斯被剥夺了权力。第二，存在一种忧虑，即被委以责任的人可能不从奥德修斯的利益出发，而从他自己的利益出发。第三，如果为防止单独的个体背叛而授权一个委员会做决策，那么做出共同的判断就要耽误些时间。因此，更好的决策也许可以达到，但是如果做出得太晚又有什么用呢？

14　因此，纵向一体化的交易成本学说认为：(1)虽然市场有利于高强度激励，但在相互间的依赖程度高时，这种激励不利于适应性；(2)通过削弱激励和控制将市场中的交易转移到企业内来进行，将导致双边贸易中的适应性增加；(3)当对双边适应性（即资产专用性和不确定性很大）的需求程度很高时，这些交易就需要一体化，但是，市场组织在其他场合依然有用（减少内部组织的官僚主义扭曲）。

15　这并不是说一体化显现出的好处对双方当事人来说都是一样的。然而，假定在格罗斯曼和哈特的体制中，A 的决策比 B 的决策"重要得多"。A 对 B 的要求会导致纯收益，他们的模式说明，（B 对 A 的）"错误"要求可能比两者保持独立更糟糕。

交易成本经济学认为，在一体化状态中，由于低强度激励代替了高强度激励，谁并购了谁的问题就相对不重要了。因此，如果 A 拥有有限的
112 资源，而 B 的资源很多，而且，资本市场难以被特殊的收入所左右，那么，B 对 A 的并购将随着同样的纯收益的实现而出现。

16 因为格罗斯曼和哈特“不想涉及契约再谈判的细节”(1986，第 702 页)，他们假定在一切所有权条件下，再谈判都是无成本的。相反，我认为，高强度激励不仅会在纵向一体化中产生操作性扭曲，而且在一切所有权结构中会阻碍事后适应。纵向一体化减少了适应成本，因为在过程分析过程中高强度的(市场)激励将被低强度的(内在)激励所代替。

17 制造业是格罗斯曼、哈特和我的研究范围。最近，致力于保留高强度激励的一个例证是通用汽车公司兼并双边漆包公司。这一兼并引起了长期的争论，现已得到纠正。其原因之一是双边漆包公司并不满意通用汽车公司提出的转让价格。

18 这是罗宾·马里斯(Robin Marris)、丹尼斯·缪勒(Dennis Mueller，1980)和约翰·科菲(John Coffee)的研究方向。

19 战略目标与效率目标之间的冲突往往使这难以进行，尽管战略目标本身也需要调整。战略扭曲消除后，会产生哪些因素来阻碍价值增值的实现呢？

20 最近有人提出解释时间选择的不同观点：有目的的接管有其技术原因。所需要的技术性前提条件是“可同时进行数百万股股票的交易”，因而接管要等到 20 世纪 60 年代计算机的发展起来以后才出现(Labaton，第 8 章)。

参考书目

Alchian, Armen. 1965. “The Basis of Some Recent Advances in the Theory of Management of the Firm,” 14 *Journal of Industrial Economics* 30—41.

——. 1984. “Specificity, Specialization, and Coalitions,” 140 *Journal of Economic Theory and Institutions* 34—49.

——, and Harold Demsetz. 1972. “Production, Information Costs, and Economic Organization,” 62 *American Economic Review* 777—95.

Anderson, Erin, and David Schmittlein. 1984. "Integration of the Sales Force: An Empirical Examination," 15 *Rand Journal of Economics* 389—95.

Aoki, Masahiko. 1984. *The Cooperative Game Theory of the Firm*, Lonodn: Oxford University Press.

Arrow, Kenneth J. 1969. "The Organization of Economic Activity: Issues Pertinent to the Choice of Market versus Nonmarket Allocation." In *The Analysis and Evaluation of Public Expenditure: The PPB System*. Vol. I. U. S. Joint Economic Committee, 91th Choice of Market versus Nonmark *Public Expenditure: The PPB Syst* Congress, 1st Session. Washington, D. C.: U. S. Government Printing Office.

——. 1987. "Reflections on the Essays." In George Feiwel, ed., *Arrow and the Foundations of the Theory of Economic Policy*. New York: New York University Press.

Aumann, Robert. 1985. "What Is Game Theory Trying to Accomplish?" In K. Arrow and S. Honkapohja, eds., *Frontiers of Economics*. Oxford, England: Basil Blackwell.

Axelrod, Robert. 1984. *The Evolution of Cooperation*. New York: Basic Books.

Barnard, Chester. 1938. *The Functions of the Executive*. Cambridge: Harvard University Press.

Baumol, William. 1959. *Business Behavior, Value and Growth*. New York: 113
Macmillan.

——, John Panzer, and Robert Willis. 1982. *Contestable Markets and the Theory of Industry Structure*. New York: Harcourt Brace Jovanovich.

Ben-Porath, Yoram. 1980. "The F-Connection: Families, Friends and Firms and the Organization of Exchange," 6 *Population and Development Review* 1—30.

Bjuggren, Per-Olof. 1987. "Vertical Integration in the Swedish Pulp and Paper Industry," 1 *Skandinaviska Euskida Banken Quarterly Review* 23—31.

Chandler, Alfred, Jr. 1962. *Strategy and Structure*. Cambridge: MIT Press;

New York: Doubleday, 1966.

——. 1977. *The Visible Hand: The Managerial Revolution in American Business*. Cambridge: Harvard University Press.

Coase, Ronald. 1937. "The Nature of the Firm," 4 *Economica* n. s. 386—405 [chapter 2 of this volume].

——. 1960. "The Problem of Social Cost," 3 *Journal of Law and Economics* 1—44.

——. 1964. "The Regulated Industries: Discussion," 54 *American Economic Review* 194—97.

——. 1972. "Industrial Organization: A Proposal for Research." In V. R. Fuchs, ed., *Policy Issues and Research Opportunities in Industrial Organization*. New York: National Bureau of Economic Research.

——. 1984. "The New Institutional Economics," 140 *Journal of Institutional and Theoretical Economics* 229—31.

——. 1988. "The Nature of the Firm: Origin, Meaning, Influence," 4 *Journal of Law, Economics, and Organization* 3—47 [chapters 3—5 of this volume].

Coffee, John. 1988. "Shareholders versus Managers." In J. Coffee, S. Rose-Ackerman, and L. Lowenstein, eds., *Knights, Raiders, and Targets*. New York: Columbia University Press.

Commons, John R. 1934. *Institutional Economics*. Madison: University of Wisconsin Press.

Crocker, Keith, and Scott Masten. 1986. "Mitigating Contractual Hazards: Unilateral Options and Contract Length." Unpublished manuscript.

Demsetz, Harold. 1978. "Why Regulate Utilities?" 11 *Journal of Law and Economics* 55—56.

Douglas, Mary. 1986. *How Institutions Think*. Syracuse: Syracuse University Press.

Elster, John. 1979. *Ulysses and the Sirens*. Cambridge: Cambridge University Press.

——. 1983. *Explaining Technical Change*. Cambridge: Cambridge Universtiy Press.

Fama, Eugene. 1980. "Agency Problems and the Theory of the Firm," 88 *Journal of Political Economy* 288—307.

——, and Michael Jensen. 1983. "Separation of Ownership and Control," 26 *Journal of Law and Economics* 301—26.

Fischer, Stanley. 1977. "Long-Term Contracting, Sticky Prices, and Monetary Policy: Comment," 3 *Journal of Monetary Economics* 317—24.

Friedman, Milton. 1962. *Capitalism and Freedom*. Chicago: University of Chicago Press.

Georgescu-Roegen, Nicholas. 1971. *The Entropy Law and Economic Process*. Cambridge: Harvard University Press.

Goldberg, Victor. 1976. "Regulation and Administered Contracts," 7 *Bell Journla of Economics* 426—52.

Gouldner, Alvin. 1954. *Industrial Democracy*. Glencoe, Ill.: The Free Press.

Granovetter, Mark. 1985. "Economic Action and Social Structure: The Problem of Embeddedness," 91 *American Journal of Sociology* 481—510.

Grossman, Sanford. 1981. "An Introduction to the Theory of Rational Expectations under Asymmetric Information," 48 *Review of Economic Studies* 541—59.

——, and Oliver Hart. 1982. "Corporate Financial Structure and Managerial 114
Incentives." In J. McCall, ed., *The Economics of Information and Uncertainty*. Chicago: University of Chicago Press.

——. 1986. "The Costs and Benefits of Ownership: A Theory of Vertical and Lateral Integration," 94 *Journal of Political Economy* 691—719.

Hart, H. L. A. 1961. *The Concept of Law*. Oxford: Oxford University Press.

Hart, Oliver. 1988. "Incomplete Contracts and the Theory of the Firm," 4 *Journal of Law, Economics, and Organization*.

——, and Bengt Holmstrom. 1987. "The Theory of Contracts." In T. Bewley, ed., *Advances in Economic Theory*. Cambridge: Cambridge University

Press.

Hayek, Friedrich. 1945. "The Use of Knowledge in Society," 35 *American Economic Review* 519—30.

——. 1967. *Studies in Philosophy, Politics, and Economics*. London: Routledge & Kegan Paul.

Hobbes, Thomas. [1651] 1928. *Leviathan, or the Matter, Forme, and Power of Commonwealth Ecclesiastical and Civil*. Oxford: Basil Blackwell.

Holmstrom, Bengt. 1982. "Managerial Incentive Problems—A Dynamic Perspective." In B. Wahlroos, ed., *Essays in Economics and Management in Honor of Lars Wahlbeck*. Helsinki: Swedish School of Economics.

——, and Jean Tirole. 1988. "The Theory of the Firm." In Richard Schmalensee and Robert Willig, eds., *Handbook of Industrial Organization*. Amsterdam: North-Holland.

Jarrell, Gregory, and Michael Bradley. 1980. "The Economic Effect of Federal and State Regulation of Cash Tender Offers," 23 *Journal of Law and Economics* 371—94.

Jensen, Michael, and William Meckling. 1976. "Theory of the Firm: Managerial Behavior, Agency Costs, and Capital Structure," 3 *Journal of Financial Economics* 305—60.

Joskow, Paul. 1985. "Vertical Integration and Long-Trem Contracts," 1 *Journal of Law, Economics, and Organization* 33—80.

——. 1987. "Contract Duration and Relationship-Specific Investments," 77 *American Economic Review* 168—85.

——. 1988. "Asset Specificity and the Structure of Vertical Relationships: Empirical Evidence," 4 *Journal of Law, Economics, and Organization* 95—117 [chapter 8 of this volume].

——, and Richard Schmalensee. 1983. *Markets for Power*. Cambridge: MIT Press.

Klein, Benjamin. 1980. "Transaction Cost Determinants of 'Unfair' Contractual Arrangements," 70 *American Economic Review* 356—62.

——. 1988. "Vertical Integration as Organizational Ownership,"4 *Journal of Law, Economics, and Organization* 199—213 [chapter 13 of this volume].

——, Robert Crawford, and Armen Alchian. 1978. "Vertical Integration, Appropriable Rents, and the Competitive Contracting Process,"21 *Journal of Law and Economics* 297—326.

Knight, Frank. 1941. "Anthropology and Economics,"53 *Journal of Political Economy* 247—68.

Koopmans, Tjalig. 1957. *Three Essays on the State of Economic Science*. New York: McGraw-Hill.

Kreps, David, and Michael Spence. 1985. "Modelling the Role of History in Industrial Organization and Competition. "In George Feiwel, ed., *Issues in Contemporary Microeconomics and Welfare*. London: Macmillan.

Kuhn, Thomas. 1970. *The Stucture of Scientific Revolutions*. Chicago: University of Chicago Press.

Labaton, Stephen. 1987. "For the State, a Statrring Role in the Takeover Game,"*New York Times* (May 3): F—8

Langlois, Richard. 1986. *Economics as a Process*. Cambridge: Cambridge University Press. 115

Levine, Michael. 1987. "Airline Competition in Deregulated Markets: Theory, Firm Strategy, and Public Policy," 4 *Yale Journal on Regulation* 393—494.

Macneil, Ian. 1978. "Contracts: Adjustments of Long-term Economic Relations under Classical, Neoclassical and Relational Contract Law ,"47 *Northwestern University Law Review* 697—816.

McNeill, William. 1982. *The Pursuit of Power*. Chicago: University of Chicago Press.

March, James, and Herbert Simon. 1958. *Organizations*. New York: John Wiley.

Marris, Robin. 1964. *The Economic Theory of Managerial Capitalism*. New

York:Free Press.

——,and Dennis Mueller. 1980. "The Corporation and Competition," 18 *Journal of Economic Literature* 32—63.

Masten,Scott. 1982. *Transaction Costs, Institutional Choice, and the Theory of the Firm*. Unpublished Ph. D. dissertation, University of Pennsylvania.

——. 1984. "The Organization of Production: Evidence from the Aerospace Industry,"27 *Journal of Law and Economics* 403—18.

——,and Keith Crocker. 1985. "Efficient Adaptation in Long-Term Contracts: Take-or-Play Provisions for Natural Gas,"75 *American Economic Review* 1083—97.

Merton,Robert. 1936. "The Unanticipated Consequences of Purposive Social Action,"1 *American Sociological Review* 894—904.

Michels,Robert. 1962. *Political Parties*. Glencoe,Ill.:Free Press.

Modigliani,Franco,and Merton Miller. 1958. "The Cost of Capital, Corporation Finance, and the Theory of Investment,"48 *American Economic Review* 261—97.

Monteverde,Kirk,and David Teece. 1982. "Supplier Switching Costs and Vertical Integration in the Automobile Industry," 13 *Bell Journal of Economics* 206—13.

Nelson,Richard,and Sidney Winter. 1982. *An Evolutionary Theory of Economic Change*. Cambridge: Harvard University Press.

Palay,Thomas. 1981. "The Governance of Rail-Freight Contracts: A Comparative Institutional Approach. "Unpublished Ph. D. dissertation, University of Pennsylvania.

——. 1985. "The Avoidance of Regulatory Constraints: The Use of Informal Contracts,"1 *Journal of Law, Economics, and Organization* 155—75.

Radner,Roy. 1987. "The Internal Economy of Large Firms," 46 *Economic Journal-Conference Papers* 1—22.

Riordan,Michael, and Oliver Williamson. 1985. "Asset Specificity and Economic Organization," 3 *International Journal of Industrial Organization* 365—78.

Ross, Stephen. 1977. "The Determination of Financial Structure: The Incentive Signaling Approach," 8 *Bell Journal of Economics* 23—40.

Simon, Herbert. 1946. "The Proverbs of Administration," 6 *Public Administration Review* 53—67.

——. 1957. *Models of Man*. New York: John Wiley and Sons.

——. [1947]1961. *Administrative Behavior*, 2nd ed. New York: Macmillan.

——. 1984. "On the Behavioral and Rational Foundations of Economic Dynamics," 5 *Journal of Economic Behavior and Organization* 35—56.

Spiller, Pablo. 1985. "On Vertical Mergers," 1 *Journal of Law, Economics, and Organization* 285—312.

Stuckey, John. 1983. *Vertical Integration and Joint Ventures in the Alumi-* 116
num Industry. Cambridge: Harvard University Press.

Teece, David. 1981. "Internal Organization and Economic Performance: An Empirical Analysis of the Profitability of Principal Firms," 30 *Journal of Industrial Economics* 173—200.

——. 1986. "Profiting from Technological Innovation," 15 *Research Policy* 285—305.

Weaklium, David. 1987. "Explaining the Outcome of Collective Bargaining: Transaction Cost and Power Approaches." Unpublished manuscript. Madison, Wisconsin.

Weitzman, Martin. 1984. *The Share Economy*. Cambridge: Harvard University Press.

Weizsacker, C. C. von. 1984. "The Costs of Substitution," 52 *Econometrica* 1085—116.

Williamson, Oliver. 1964. *The Economics of Discretionary Behavior: Managerial Objectives in a Theory of the Firm*. Englewood Cliffs, N. J.: Prentice-Hall.

——. 1971. "The Vertical Integration of Production: Market Failure Consider-

ation,"61 *American Economic Review*112—23.

——. 1975. *Markets and Hierarchies: Analysis and Antitrust Implications*. New York: Free Press.

——. 1976. "Franchise Bidding for Natural Monopoly—in General and with Respect ot CATV,"7 *Bell Journal of Economics* 73—104.

——. 1979. "Transaction-Cost Economics: The Governance of Contractual Relations,"22 *Journal of Law and Economics* 3—61.

——. 1981. "The Economics of Organization: The Transaction Cost Approach,"87 *American Journal of Sociology* 548—77.

——. 1983. "Organizational Innovation: The Transaction Cost Approach."In J. Ronen, ed., *Entrepreneurship*. Lexington, Mass.: Heath Lexington.

——. 1985. *The Economic Institutions of Capitalism*. New York: Free Press.

——. 1986. "A Microanalytic Assessment of 'The Share Economy,'"95 *Yale Law Journal* 627—37.

——. 1988. "Corporate Governance and Corporate Finance,"43 *Journal of Finance* 567—91.

——. 1989. "Transaction Cost Economics."In Richard Schmalensee and Robert Willig, eds., *Handbook of Industrial Organization*. Amsterdam: North Holland 136—84.

——, Michael Wachter, and Jeffrey Harris. 1975. "Understanding the Employment Relation: The Analysis of Idiosyncratic Exchange," 6 *Bell Journal of Economics* 250—80.

8 资产专用性与纵向关系结构：经验证据 117

保罗·L.乔斯克

此刻集会庆祝“企业的性质”发表50周年恰逢其时，近年来针对科斯教授这篇1937年论文中所提出问题的理论和经验研究层出不穷。现在正是我们审视该领域进展水平、发展过程及未来方向的良好时机。

在本论文中要求我做两件事。第一，讨论那些对我与企业性质问题相关的思考和研究产生重大影响的理论研究。我将借此机会回顾我个人的学术启蒙过程，以便对我认为最重要的概念上的发展进行历史考察。第二，评价近年来由这些理论研究所激发的经验研究。由于近来我在该领域的研究兴趣主要集中于与纵向关系结构，特别是资产专用性、交易成本和不完全合约相关的问题，所以本文中我主要关注此类文献。

1. 交易成本、不完全合约和资产专用性

我初次读到这篇正被我们庆祝周年的论文[①]是在耶鲁研究生

① 指科斯1937年发表的“企业的性质”一文。——译者注

院的第一年。1968 年秋到耶鲁后，我选了产业组织学作为免费选修课(140a)。任课教师是理查德·纳尔逊(Richard Nelson)，当时他刚从兰德公司重返耶鲁。记得第一次上课，我们几个学生很早就到了。理查德·纳尔逊也提前到课。我们以新生惯有的紧张方式与理查德聊天，很快就知道了我们的这位教授此前从未教过产业组织学课程。我们很幸运，这门课侧重讲授的是企业及其相关组织的结构和行为，而不是集中率、利润率、规模经济的度量以
118 及这些变量对另外一个变量的产业间回归。这是一门令人兴奋的课程。

科斯教授在较近时期的一篇论文中(1972)讨论了当时的产业组织学研究状况。尽管他对当时该领域研究现状的描述和批评恰好也反映了我个人的观点，但理查德·纳尔逊的课绝非如此。当时我们读了科斯、阿尔奇安、西蒙、赛尔特(Cyert)和马奇(March)、马斯切克(Marschak)和拉德纳(Radner)、钱德勒、威廉姆森、温特、阿罗、唐斯(Downs)、奈斯坎南(Niskanen)以及其他人的论文。纳尔森向我们介绍的产业组织学研究对象包括制造与非制造企业、赢利与非营利性企业、政治官僚机构和其他政治组织。他要求我们探索有关企业与市场间边界、企业内部组织、获取和处理及沟通信息的成本、企业内部信息流动及决策、组织目标和组织行为等方面的问题。我非常确定当时我们从未学过什么是集中率或是为什么它会引起人们的兴趣这类东西。

我对企业和其他组织性质的兴趣可直接追溯到这门在耶鲁的经济学课程(140a)。在该课上接触的企业与组织结构及行为的文献，再加上促使我求学耶鲁的对经验应用和公共政策的兴趣，在很

大程度上明确了我感兴趣的研究课题类型及研究方法。

当时,我还没有注意到“交易成本”在理解企业与市场边界、企业结构、位于生产链条不同层面企业间合约关系性质中的核心重要性。1972年,作为新毕业的经济学博士,我仍深受赫伯特·西蒙及其学生提出的心理学和社会学观点的影响。事实上,公平地说,我置疑用交易成本的模糊观念去解释那些并不纯粹适合完全竞争模型的经济制度。我没找到一个能够仔细识别出相关交易成本究竟是什么的清晰一致的理论体系,说明为什么在某些情况下交易成本是重要的,在另一些情况下又无关紧要,以及应如何预期制度安排对交易成本的影响。我担心的是,人们总会创造出对交易成本的某种说明,这种说明几乎能合理化所有问题,[1]而合理化所有问题可能导致我们解释不了任何事情。

我开始在麻省理工学院任教时,当时奥利弗·威廉姆森从事的研究极大地激发了我对交易成本的兴趣。1972年,我到麻省理工学院后,威廉姆森拿给我后来在1975年出版的《市场与科层》手稿的草稿。我记得阅读那些草稿很难。我读到的是全新的经济学语言和以新方式使用的旧式语言,如信息阻塞、机会主义、小数目讨价还价、有限理性等。[2]然而,我仍能感到他的确指出了一些重要的东西,我也努力去理解它们。我认为不确定性、逆向选择问题、道德风险问题、签订和监督及执行合约的成本、与沉淀投资相关之 119
利益分配的连续讨价还价等在一定程度上都具有重要意义。但我并不认为我理解了这些问题是如何联系在一起的,也不理解这些因素如何系统地与制度安排的差异相联系。

我从《市场与科层》中获取的最重要东西是“比较制度”观念,

即从总体上认识到存在着广泛的可用于调节经济当事人之间交易的制度安排。特定的制度安排的出现适应了各种交易的考虑，以便使进行交易的总成本最小。企业与市场的边界只粗略划分了这两种配置资源的基本制度机制。这种划分仅是研究的起点，并非终点。企业可采用多种不同的组织结构。市场交易也可采用从简单现货市场交易到复杂的长期合约的多种不同方式。选中的特定制度安排代表了使达成利益交换的总成本最小的治理结构。

《市场与科层》对反垄断政策也有重要启示，而围绕反垄断政策，演化出许多当代产业组织。许多无法被传统经济理论解释为完全竞争模型自然产物的制度安排，包括纵向一体化、合约纵向约束、合资企业和某些其他横向协议，一度在产业组织学的贝恩-梅森流派(Bain-Mason branch)中受到质疑，并常常被假定为垄断力或努力获取垄断力的结果。这种观点曾为反垄断政策提供了理论基础，而这一理论基础目前已不太好用，很大程度已被修改。[3]

你会在科斯 1937 年的论文和 1972 年的论文中发现相同的主题。当然，产业组织学芝加哥学派对反垄断政策有极为不同的看法。但在我看来，正是《市场与科层》为这种看法提供了必要的结构。该书奠定了制度选择和设计理论的基础，在此基础上，有望发现交易特点与制度安排的明确因果关系，同时开始向我们提供了一个可以作为经验检验依据的理论框架。然而，公平地说，我是在 1975 年发现自己对科斯和威廉姆森两人的观点产生兴趣，但当时仍不知如何应用这些观点，也没有运用这些观点做些什么的兴趣。

1975 年后的几篇论文帮我加深了对交易成本框架及其如何用于解释旨在使交易成本最小的制度安排选择和结构的理解。第一篇是威廉姆森(1976)关于垄断特许的特许投标论文。文中包括一项对加利福尼亚奥克兰(Oakland)有线电视特许经营的特许发放过程的案例研究。该文在某种意义上是对德姆塞茨(1968)提出的用特许投标解决自然垄断问题的回应。威廉姆森运用交易成本 120
框架提供了对垄断特许投标的另一种分析，[4]他令人信服地指出，在以不确定性、投入价格变动、技术变迁、多种产品、针对特定买方/卖方关系的持续专用投资为特征的真实经济世界中，供应商与市政当局的多种不同合同会产生大量制订、监督和执行成本，而这些合同是特许权投标制的产物。威廉姆森根据产品的特点——即提供多种服务的有线电视——得出结论，该特许投标过程产生的成本最小的治理结构将会是一个不完全的长期合约，该合约与公用事业管制有许多相似之处，具有适应性特征。

通过交易成本透视分析特许投标并非一定意味着特许投标不如全国规制委员会的特许垄断，无论在整体上还是只针对 1970 年有线电视行业的特许垄断管制，而是意味着这两种控制方式可能并不像人们最初认为的那样存在很大差异。[5]威廉姆森(1976，第 74 页)指出，由于这种交易的特点，这两种组织方式都一定会面临大量指令和控制问题；相对于某些抽象的理想状态而言，这两种组织方式都是不完全的，两者的差别“主要是程度上的，而非种类上的”。论文的比较制度观显而易见。在一个不完美的世界中我们最好做些什么？理论可用于引导分析，但公共政策问题的答案本质上是经验性的，而不能“由理论”来解决。

维克托·戈德伯格(Victor Goldberg)(1976)的论文进一步发展了威廉姆森论文所暗含的关系型缔约范式(relational contracting paradigm)，并将其更广泛地用于对公用事业管制的经济分析。[6]戈德伯格的主要观点是，对管制的成本和收益的传统经济分析隐含地假定取代管制的就是一个完全竞争市场或者是一个无摩擦的、无交易成本的特许投标体制。由于管制肯定有缺点，这种比较必然使行政管制形象不佳。但像威廉姆森一样，戈德伯格令人信服地指出做这种比较是错误的。“与管制相关的许多问题根源在于被管制的对象，而非管制本身。”(戈德伯格，1976，第426页)公用事业管制是一种行政合约，必须将其与能实际取代目前管制的合约安排相比较。威廉姆森和戈德伯格清楚地指出在完整理解买卖双方试图达成的合约特点的基础上，我们必须开始对制度选择的分析，无论这种分析是规范的还是实证的。这样，我们就能识别出为提供有效交易关系所必须面对的问题，并且能够比较各种可选择制度安排有效地处理这些问题的能力。所以，在评价传统的公用事业管制时，给定被管制服务特点及与这些特点相关的必须面对的交易问题，我们必须全面清晰地解释那些我们期望将取代公用事业管制的制度的性质及其预期绩效。

威廉姆森和戈德伯格的论文对我理解区分特定买方与卖方关
121 系的经济特点的重要性以及交易成本在决定交易的成本最小化治理结构中的作用产生了很大影响。我的思路通常由具体实例激发，而威廉姆森就提供了这样的实例。另外，我总体的学术兴趣集中在管制问题，这意味着这些论文已经用交易成本观关注了我重点研究的问题。持久的关系专用投资(durable relationship-specific investments)、未来需求和成本实现的不确定性，以及因签订与监督及执行涵盖所有或有索取权合约(full contingent claims

contracts)的成本所导致的合约不完全性,这些一并开始成为解释制度选择和设计理论方法的关键因素。

另外两篇论文帮我明确了这些想法。克莱因、克劳福德和阿尔奇安(1978)的论文当然极大地影响了我,使我理清了对由科斯提出、威廉姆森推进的问题的思路。他们非常明确地关注了关系专用资产投资的重要性,并视不完全合约为导致简单现货交易受交易困难烦扰的关键因素。克莱因、克劳福德和阿尔奇安指出,更复杂的长期合约可能是替代现货市场的一个富于吸引力的方案,但这种不完全长期合约也会发生履约问题。他们认为,如果交易被内部化,专用投资引起的协调问题可能会减弱。因此,他们假设买方或卖方的专用投资越显著,内部组织(纵向一体化)越有可能成为被选择的治理结构。该文观点明确,并以几个有趣的实例为佐证,其中通用汽车和费雪车身公司之间的关系是我认为最有意思的。[7]

同期威廉姆森(1979)的论文比其早期的著作和论文更多地关注了资产专用性的重要性和异质投资(idiosyncratic investments)。[8]该文还较多地关注了企业间的纵向关系结构、组织内部结构的独立、内部劳动力市场等。该文清晰地构建了交易的三个维度——即资产专用性程度、不确定性的重要性[9]和交易频率——与供应链不同层次间使交易成本最小的治理结构之间的联系。论文以对一些制度安排性质的具体预测为结论,认为这些制度安排很可能以交易的这三个变量不同组合的形式出现。例如,当投资更加专用于买方和卖方关系时,威廉姆森预计成本最小化的制度选择将从简单的匿名(现货)市场合约(古典合同法)移动到较为复杂的包含保护条款的长期合约安排（新古典合同法），最终变为内部组织。他在后来的论文中（威廉姆森，1983）更完整地定义了交易或关系专用投资。

截至1980年，上述研究已经带领我们从对交易成本在解释企
122 业与市场间选择和与企业内部组织相关问题的重要作用的一般理解，进展到形成一个阐释基于资产专用性、不确定性、产品复杂性和重复购买活动约束差异的纵向关系结构的相当具体的理论。[10]资产专用性意味着缔约方在合约执行阶段必然面临敲竹杠或机会主义问题。当不确定性复杂性增多时（即存在更多突发事件时），签订、监督和执行涵盖所有或有索取权合约的成本就更高。不完全长期合约对连续现货市场交易而言，虽然是一种潜在的有吸引力的可选择方案，但这种合约必然是不完善的治理机制。将所有突发事件写入合约是成本最高的，对潜在事后敲竹杠的事前激励效应越强，长期合约越有可能是不完善的。内部组织会有成本，但当不完全长期合约的成本增加时，内部控制可能变得更有吸引力。这说明，如果我们能找到一种度量选择不同治理结构的差异的方法，并将这些选择与资产专用性、不确定性和复杂性程度相关的度量相匹配，就能逐步对这一理论进行经验检验。

我并不认为到1980年时纵向关系结构决定因素的理论已经完整形成了。这一理论并没有坚实的数学基础，而且在我看来，当时并不为那些自称理论家的人认真看待[11]“这一理论与发展中的主要基于信息不对称和风险回避假设的代理理论的关系尚不明朗（目前仍是如此）”。[12]我更关心的是，当时我并不清楚究竟为什么应预期内部组织会比不完善市场交易产生更优结果。另外，当时

人们不明确地依赖主人—仆人关系的力量去解决相互独立企业通过市场交易时产生的纠纷。此后，上述许多问题得到深度探索，原因在于理论家们已经开始认识到科斯、威廉姆森、戈德伯格、克莱因和其他学者的理论的重要性，并将注意力转向发展一个更完整的理论结构。[13]无论如何，到 1980 年前后，情况已经有了相当大的进展，为更系统地超越个别案例的经验研究奠定了基础，而这些经验研究旨在检验该理论框架所阐明的因果关系。

2. 电力产业的纵向一体化

在讨论近来经验研究成果及我个人在该领域的工作之前，我想略微转移一下话题，谈谈我如何将这类研究中之所学初次应用于解释具体问题。大约从 1978 年开始，曾一度多年受到广泛的价格和进入管制的几个经济部门被完全或部分放松管制。这些部门
包括航运、卡车运输、铁路、电信、有线电视等。里根总统执政后，123
向其他产业和经济活动领域扩展放松管制运动的压力增大了。1981 年年底、1982 年年初的某个时候，美国能源部（Department of Energy）让我和理查德·施马兰西研究电力产业放松管制的前景和问题。这一研究后来形成一部专著——《市场力量：电业放松管制的一个分析》（*Markets for Power: An Analysis of Electric Utility Deregulation*）（乔斯克和施马兰西，1983）。

我不会详述我们对当时人们讨论的许多重组和放松管制建议的分析，但我确实要强调我们从当时趋于成熟的交易成本的研究中所学到的东西。对电业重组和部分放松管制的传统分析

隐含假定纵向一体化毫无益处。事实上，它隐含地认为纵向一体化、长期需要合约及类似机制是垄断行业的罪恶工具。威廉姆森（1976）和戈德伯格（1976）发现的用于比较可选择控制机制的非常重要的“无关的复杂因素”被忽视了。这些书用不同的名字称呼某些职能（如发电、传输、配送），所以只是简单地假设这些职能可以无成本地分成独立的企业，而且可以依赖“市场”有效地调节企业之间的交换关系。因为存在众多发电厂，所以“理论上”最终会形成一个依赖简单现货市场交易的竞争性发电市场。

施马兰西和我注意到，发电、传输和配送技术的性质，以及一体化的交流子发电系统的物理运行特点说明，传统理论忽视的“无关的复杂因素”可能有一定的潜在重要性。对个别地域、传输节点、燃料供应和运输机会的持久专用投资是惯例。发电规划和传输规划紧密相关，既相互替代又彼此互补。电力流动遵循物理法则而不是合同条款，速度也很快。这一系统的有效、可靠运营极端复杂。按照威廉姆森和戈德伯格的思路，我们认识到这些现实对电力供给部门的结构和在没有纵向一体化情况下将会出现的各种治理结构具有重要启示。接下来我们讨论了在不同程度的政府托管的纵向非一体化条件下以及不同发电技术性质假设下可能出现的各种合约关系。

我们的分析并非旨在说明重组和放松管制一定是不好的想法。实际上，我们的结论是对电力供应某些方面的重组和放松管制可能是很好的主意。当时我们要证明的是，用于比较现存体制的模型是不现实的，强行使用不会有效。电力产业的许多问题是
124 与电力供应特点内在的相关问题，不只是公用事业管制的影响，任

何取代现有制度的制度都不得不面对这些问题。所以,我们指出,在分析针对电力产业竞争和管制的可选择公共政策时,应认真结合与有效电力生产相关的重要交易特点。

我认为我们成功地将对重组、放松管制和竞争的讨论带入一个较高的层次。目前电力行业正在进行渐进重组,较多依赖竞争的只是在那些我们认为最适于竞争的领域(乔斯克,1986)。长期合约的作用和纵向一体化的收益与成本已经变为相关争论的中心。

3. 资产专用性、纵向一体化和长期合约:经验证据

如果当时能有更多(任何!)经验证据用于支持我们发觉如此富于直觉吸引力和如此符合电力产业历史演化的交易成本观点,我想施马兰西和我一定会为我们的分析备加欣喜。大约在该书完稿之际,终于出现了更多利用交易成本观点针对纵向一体化和长期合约的经验分析和支持。我将讨论近年来的这些经验研究成果,首先讨论那些关注纵向一体化的研究,然后讨论那些考察买方和卖方之间"非标准"合约关系的经验研究。

3.1 纵向一体化

如前所述,1980年前后,对交易成本在决定企业性质和企业间"非标准"市场关系结构方面作用的理论研究已经相当完备。从科斯(1937、1972)和威廉姆森(1975)提出针对企业和市场结构的

广泛问题开始，学术界的讨论就开始侧重纵向一体化（内部组织）的决定因素，以及生产过程的不同层面企业间合约关系的性质。[14]显著的资产专用性已经成为解释各种偏离简单现货市场交易治理机制的关键因素。实际上，理论研究已经发展到一定的水平，我们已经建立了一个可以指导经验检验的理论。

进行有意义的经验研究必须满足以下几个条件。首先，我们需要一个提供一组因变量和一组自变量之间清晰的结构化关系的理论。其次，我们要能够对关键自变量和因变量的变化进行经验度量。最后，我们最好能有一个或更多的可选择的、有明显区别的、用以解释我们所关注的自变量变化的理论，以便我们比较这些理论。[15]

125 这些文献提出的理论应体现如下要点：当专用投资占达成一个有效纵向供给安排成本的相当比重时，依赖简单匿名现货市场交易可能不是一个令人满意的能诱导缔约方进行专用投资以建立最小成本供给关系的治理机制。匿名现货市场失败的原因在于关系专用投资的沉淀将一种事前的大数目讨价还价情况转化为一种事后的小数目议价情况，而在此情况下，交易的一方或双方都有机会抽取专用投资导致的准租金流的一部分。为诱使双方事前进行最优化投资，必须找到某些方法，制约事后敲竹杠以及如果双方事后依赖对交易条款的重复议价产生的争议。原则上说能够做到这一点，如果双方能够无成本地达成有关专用投资、交货数量、合约关系履行过程中出现各种突发事件时同意支付的价格的合约时，[16]但他们可能只是不完善地做到这些，这是由于制订、监督和执行合约需要成本，因为很可能存在信息不对称。另外，长期合约本身就可能产生成本和履行问题。内部组织或纵向一体化被视为一种克服不完备长期合约相关问题的方法，尽管纵向一体化可能也面临其自身的成本问题。对治理结构的最终选择需要权衡这些可选择治理机制的成本和收益。

该理论说明，可把基本因变量视为一个有限的因变量，它代表交易方将选择的组织模式：纵向一体化、长期合约或现货市场交易。这三类模式在各自内部还可进行细分。其他条件相同情况下，当专用投资导致的准租金变得更显著以及与事前承诺相关的收益增加时，我们预期双方将更频繁地选择纵向一体化或长期合约。所以，对资产专用性的度量成为在任何经验分析中都应考虑的必要的自变量。纵向一体化和长期合约可能会产生一些不同的、在简单现货市场中不存在的交易和组织成本。制订、监督和执行一个能有效应对市场条件变化的长期合约的困难可能产生成本，这些成本改变平衡，使其转向纵向一体化。内部组织成本、规模经济、经验等可能又将平衡带回合同或现货市场交易。最好我们还应包括度量这些成本的自变量。[17]

设定这一结构框架后，剩下的任务就是度量对各种可选择纵
向结构（因变量）的选择，度量在资产专用性显著性上的差异，以及 126
度量替代简单现货市场交易的各种方案的交易成本。完成这些度量任务绝非易事。至少在原则上，我们应能确定特定种类的交易是否包括内部生产、长期合约或简单现货市场交易。我们能从原则上区分诸如事前承诺的范围、使用金融抵押（威廉姆森，1983）和其他各种保护措施等长期合约之间的重要差异。在实践中，极难获取这类很分散的企业和具体投入数据。采用一直以来产业组

织学的经验研究的典型做法，即依靠产业层次的数据和产业间对比（施马兰西，1987）不太可能完全令人满意。

即使我们能够找到对纵向关系结构差异令人满意的度量方法，还必须至少找到某种度量资产专用性的显著性的方法。这个任务难度更大。我们如何知道某一特定投资是否具有我们感兴趣的专用性特征？我们如何度量如果依赖重复议价事后履约问题的显著性？我们如何度量代理人生产决策的性质和成本，如果放弃依靠非标准安排去最小化事后履约问题的机会？我们当然不指望能在一本产业统计的书中找到这些现成的数据。我们能指望的最好情况，就是能找到有关资产专用性显著性差异的更定性的信息。

威廉姆森（1983）对四种不同关系专用投资的讨论非常有助于识别和度量资产专用性的显著性差异。简而言之，这四种关系专用投资是：

A. 场地专用性：买者和卖者彼此处于一种“紧挨着”的关系（cheek-by-jowl relationship），这种安排反映出为使库存和运输成本最小的事前决策。场地一旦设定，放置其中的资产就高度固定。

B. 实物资产专用性：交易一方或双方对设备和机床进行投资，而这些设备和机床的设计特点专用于该交易，在其他用途中价值较低。

C. 人力资产专用性：对于中学过程中产生的人力资本专用关系进行投资。

D. 专用资产（dedicated assets）：供应商只是为了向某个特定客户出售绝大部分的产品，否则就不会进行的投资。若合同提前终止，供应商将面临严重的生产能力过剩问题。

以此框架为基础,我现在转向对经验证据的讨论。[18]

蒙特沃德和蒂斯(Monteverde and Teece)(1989)的论文(以下用 M-T 表示)第一次系统地对资产专用性在决定纵向一体化结构中的作用进行了经验检验。他们关注了福特汽车公司和通用汽车公司在内部生产(纵向一体化)和市场采购汽车部件之间的选择。他们研究了一份包括 133 个汽车部件的清单,确定每个部件 127
是在内部制造还是通过市场购买。[19]利用这种方法,他们用一个两分因变量①度量了选择纵向一体化或市场采购的差异,如果某部件在内部制造,该因变量赋值为 1,否则赋值为零。他们只关注在纵向一体化和市场采购两者之中的选择,并不考虑介于两者之间的合约形式。

M-T 的论文重点是将应用工程劳动投入(applications engineering effort)作为对资产专用性的一种量度。这种度量看来属于威廉姆森(1983)的"人力资产专用性"。他们这样陈述其假说:"开发某一特定汽车部件所需应用工程劳动强度越大,预期可专用的准租金就会越高,进而该部件的生产越有可能变为纵向一体化"(蒙特沃德和蒂斯,1982,第 207 页)。为度量应用工程劳动投入的差异,他们在一位汽车设计工程师的帮助下,开发了一个工程人工劳动投入显著性指数。研究的期望值是应用工程劳动投入越显著,纵向一体化越普遍。他们还使用了一个虚拟变量,以识别部件是"专用"于某个特定企业还是"通用"于所有汽车企业。M-T 希

① 英文为 dichotomous dependent variable,即通常所说的属性变量、虚拟变量等。——译者注

望发现“专用”部件有更高的被纵向整合的可能性。最后,他们使用另一虚拟变量以区别福特汽车公司和通用汽车公司的观察值。该变量代表福特汽车公司与通用汽车公司的异质性差别,也可充当一个不完全的代理人,代表作为纵向一体化潜在成本的规模经济的作用。如果是后一种情况,在其他条件相等时,他们预期通用汽车公司比福特汽车公司的一体化程度高。[20]

对此人们自然会问:对自制还是购买决策差别的另一种解释会是什么?该文并未提供其他的理论。另外,同时比较许多模型在方法上颇有难度。相反,在这类研究或一般的经济学研究中非常普遍的做法是只对单一模型进行假设检验(hypothesis testing),检验该模型与数据是否一致。如果与数据不一致,拒绝该模型。如果与数据一致,就隐含接受该模型,直到出现能进行检验的新的假设或数据。在 M-T 中,原假设(null hypothesis)是资产专用性在解释纵向一体化的差异时并不显著;备择假设(alternative hypothesis)则是资产专用性越显著,越有可能形成纵向一体化。①

M-T 的研究结果拒绝了原假设,其获取的系数估计值与资产专用性/交易成本理论的预测相一致。应用劳动投入越大,资产专用性越高,大企业(通用汽车)越有可能实行纵向一体化。因此,该经验研究支持了以下观点,即与假设一致,资产专用性差异影响企

① 原假设(null hypothesis)和备择假设(alternative hypothesis)是统计学假设检验中的两种提法,所运用的推理方法是数学中的反证法。在提出假设时,通常把希望证明的假设作为备择假设,只要能证明原假设显著地为假,也就否定了原假设,而接受了备择假设。——译者注

业在纵向一体化与所假设的市场采购之间的选择。

斯考特·马斯特恩(1984)对某航天公司的一个大型系统所需
部件的自制还是购买决策进行了相关经验分析,该公司按合同向 128
政府提供这个大型系统。通过将经验分析明确地设定为一个在两种可选择治理机制之间选择的预期成本最小化问题,又通过直接融入内部化和市场获得成本差异的因素,马斯特恩的分析更明确地侧重问题的比较制度选择方面。

该经验分析依如下方法进行。首先抽取一组部件样本,把一个表示部件是内部制造还是购自市场的两分变量作为因变量。研究者发给该企业采购团队一份问卷,让他们就各种部件的"专用性"和"复杂性"排序。对专用性进行两种测量,一是度量设计专用性,根据被调查者在问卷中对部件相对于该系统是"专用"、"一定程度专用"或"标准化"的回答确定。[21]二是度量场地专用性或协同定位(co-location)。第三个变量测量部件的复杂性,旨在表示订立完全合约的成本。马斯特恩假定,这些变量越显著,与内部组织相比,市场缔约的成本就越高。他遵循威廉姆森的思路,假设完全缔约的成本越高,越有可能选择纵向一体化。他建立了一个极大似然模型①(maximum likelihood model),其中企业选择纵向一体化的概率等于纵向一体化治理成本低于市场交易治理成本的概率。

马斯特恩发现,与其假设一致,资产专用性的显著性差异影响企业在纵向一体化和市场获得之间的选择。其他变量基本上与预

① 数理统计中一种参数估计方法。——译者注

期符号(expected signs)[①]一致,专用性和复杂性变量不但与预期符号一致,而且还非常显著。这进一步证明,在理解纵向一体化的结构时,考虑资产专用性因素很重要。同时说明,合约"复杂性"和资产专用性导致了选择纵向一体化而不是缔约。

安德森(Anderson)和施密特莱因(Schmittlein)研究了内部化的另一方面。他们考察了企业整合营销职能的决策,这种决策用对销售员工(直销员)还是独立销售代理(制造商的销售代表)的依赖程度来度量。直销员是单一企业的雇员,要向其支付工资或工资加激励费用。制造商销售代表则自行组建独立的企业,同时代表许多制造商。使用直销人员属于一体化治理结构。该分析侧重在不同组织模式之间选择时资产专用性的作用、监督销售人员绩效的难度(用以度量信息不对称问题)以及规模经济(内部化成本的一个潜在来源)。这里的资产专用性与威廉姆森定义的"人力资产专用性"相关。

安德森和施密特莱因使用了他们为电子元器件行业企业开发的数据库。分析单位是各个企业销往特定销售区域的产品线。根据问卷结果他们建立了一个资产专用性指数,该指数考虑了销售
129 区域的特点和企业规模的差异。他们发现,资产专用性越显著,越有可能形成纵向一体化。同时发现,评估销售人员绩效越困难,越有可能形成纵向一体化。最后,他们认为,较大企业更有可能使用雇员营销产品。这些研究结果与交易成本论的预测十分一致。

① 在做回归分析模型时,根据自变量的性质及其对因变量的影响,往往事先对其待估计的系数的符号进行预测,以便考察它对因变量是具有正的影响还是负的影响。——译者注

斯塔基(Stuckey)(1983)研究了铝业的纵向一体化。虽然很少被引用,这篇论文仍不失为一项饶有趣味的研究。与此前的研究不同,它是一项比较传统产业的经验研究,并未广泛依赖计量经济学分析。然而,斯达奇收集了大量关于纵向一体化、合约关系和铝业所有生产阶段企业和产品特点的信息。他令人信服地指出,铝土矿和炼铝厂之间普遍依赖纵向一体化,是实物资产专用性和场地专用性作用的结果。这些因素对炼铝厂和冶炼厂之间的交易也是重要的,尽管不太重要并随时间的推移而有所下降。斯达奇认为,冶炼厂和铝加工厂之间的一体化更有可能是铝企业试图执行下游价格歧视策略的结果[佩里(Perry),1978],而非交易成本因素的结果。这些研究结果提醒我们,实行纵向一体化可能有许多原因,而不只是适用于各种情况的唯一原因。[22]

我本人关于发电厂与煤生产纵向一体化的论文(乔斯克,1985)采用了与斯达奇类似的方法。[23]我对该问题经验研究的兴趣源于威廉姆森关于“场地专用性”的讨论。我首先想到的场地专用性的实例是位于煤矿口的燃煤火力发电厂。我想,观察矿口发电厂和其他类型燃煤发电厂之间的煤供应是否存在显著的组织与合约的差别会很有趣。

我决心考察发电厂和煤供应商纵向一体化的程度,以及他们对相互间长期合约和现货市场购买的依赖。我发现煤供应关系存在很大差异。大约15%的发电用煤由发电厂的附属企业供应,另外15%购自现货市场,其余根据从1年到15年长度不等的合同购买。铝业上游纵向一体化非常普遍,与此不同,发电厂和燃煤供应商之间纵向关系结构的差异提供了一个机会,即观察产业内资产专用性和交易成本的差异能否解释已选择的纵向治理结构差异。

我先确定了一组矿口电厂，并收集了它们各自煤供应安排的详尽数据。对其中用长期合约调节煤交易的案例，我基本上能找到实际的合同。若威廉姆森的场地专用性的论述是正确的，我假
130 设将发现矿口电厂比其他类型电厂更普遍地实行纵向一体化。如果矿口电厂依赖的是市场采购，我假设它们将使用长期合同，同时将详细列明应付可能出现的各种突发事件的未来交易条款，并在合同中包括保护条款以防止机会主义行为。研究结果恰恰证明了上述假设。矿口电厂确实比其他燃煤电厂更有可能实行纵向一体化。如果未选择纵向一体化，就会使用极其冗长而详尽的合同来支持交易。这类合同通常包括买卖双方就未来交易条件达成 35 年的承诺。

至此，我所讨论的研究都关注某一特定产业，并运用企业层面、工厂层面和交易层面的数据去经验检验决定产业内纵向关系结构变化的因素。另一种方法是运用产业间数据，试图解释跨行业纵向关系结构的变化。这种方法会要求找到一些行之有效的方法，来度量跨行业纵向一体化程度的差异，度量跨行业资产专用性的差异，同时控制可能与这些自变量相关的其他产业间特征。

产业组织学有使用产业间数据的悠久传统（施马兰西，1987）。正如施马兰西指出的，产业组织学的这种假设检验方法具有严重的局限性。我认为，想对这里讨论的这些理论进行很好的经验研究，要求我们充分了解经验研究依赖的企业和产品的特征。从上百个产业中抽取产业层面的总数值作为相关变量是无法达到上述

要求的。运用轻易获得的产业间数据来度量纵向一体化程度本身就是一个很难的问题。在我看来，传统上使用的销售附加值比率有许多问题，不能过于信赖[施克尔（Scherer），第79页]。我们可以开发产业内跨部门的、更有意义的度量纵向一体化的方法[施克尔，第79页；布拉德伯德和凯夫斯（Bradburd and Caves）]，但这需要大量的工作。无论如何，我都不知道有什么当代的研究，它运用产业间的方法，去更一般地考察资产专用性或交易成本在解释纵向一体化程度的变化方面的作用。[24]

3.2 长期合约

虽然最早的经验研究侧重在纵向一体化和市场采购两者间的选择，目前从交易成本角度考察合约关系结构的经验证据也日渐增多。这些研究侧重资产专用性和签约风险在解释长期合约使用及结构的差异时的作用。绝大部分这些研究或者已在过去几年发表，或者尚未发表。

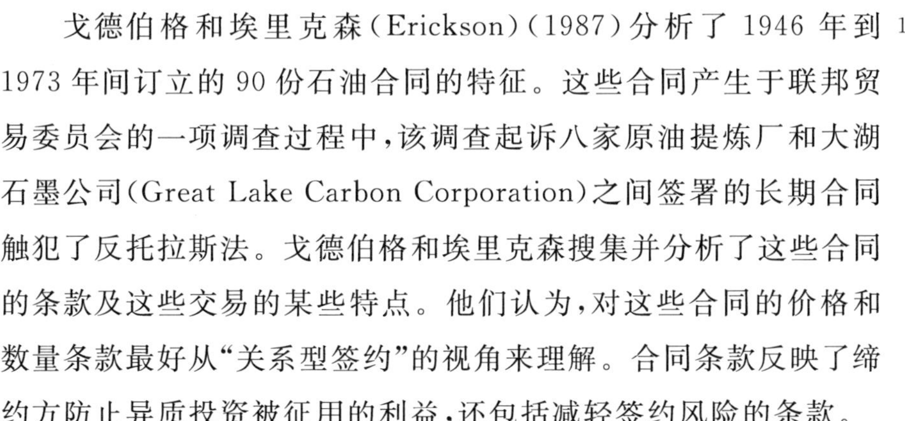

戈德伯格和埃里克森（Erickson）（1987）分析了1946年到 131
1973年间订立的90份石油合同的特征。这些合同产生于联邦贸易委员会的一项调查过程中，该调查起诉八家原油提炼厂和大湖石墨公司（Great Lake Carbon Corporation）之间签署的长期合同触犯了反托拉斯法。戈德伯格和埃里克森搜集并分析了这些合同的条款及这些交易的某些特点。他们认为，对这些合同的价格和数量条款最好从“关系型签约”的视角来理解。合同条款反映了缔约方防止异质投资被征用的利益，还包括减轻签约风险的条款。

穆尔哈恩（Mulhern，1986）考察了前管制时期大量天然气合同中“保护”特征和价格调整条款与度量事后议价问题差异的变量之间的关系。[25]他还讨论并分析了对这些条款用途的交易成本解释的替代解释。其经验研究结果说明，在解释合同条款的差异时，交易成本的因素具有重要作用。另外，交易成本比穆尔哈恩考察的其他假说更好地解释了上述差异。[26]

帕累(Palay，1984、1985)对铁路和运输公司之间的非正式合约的演变进行了一项极其有趣的研究。他所研究的那段时期里，铁路费率(railroad rate)由州际商业委员会所管制。然而，供运输公司参照的管制费率条款不能满足某些运输公司对“专业化服务”的需求，这种专业化服务要求铁路进行异质性投资。

被管制企业通常受制于一个含义广泛却又模糊的用现行管制费率满足所有需求的“服务义务”。究竟这种义务应在多大范围内提供服务并不总是很清楚，但通常不包括专业化和非标准化服务。相同的费率不能令运输公司承担接受或支付服务的明显长期义务，结果使铁路不愿在传统费率的标准下针对某种特定服务进行耐用投资，因为这种费率标准不保护特定耐久性投资。[27]帕累证明了在标准管制费率“在地下”如何出现了铁路与运输公司之间的非正式合约系统，用以支持关系专用投资。[28]

帕累的研究对于分析某些被管制产业内的一个日益明显的趋势有重要启示。这种趋势是在买方转换供应商机遇增大的同时，仍使用不考虑专用投资显著性的一般收费标准来管制费率，这使买方不必承担长期义务。虽然非正式合约可以弥补不完全管制导致的漏洞，但一个正式的合约磋商体制很可能优于简单一刀切的管制费率。在买方拥有较多在相互竞争的受管制供应商中搜寻机会的同时,继续管制费率和服务义务只能导致非效率。

斯达奇关于铝业纵向关系的研究也考察了长期合约的应用和结构。他的研究侧重于在冶炼厂和上游采矿厂及炼铝厂之间依赖 132
合约而不是纵向一体化这一极其罕见情况下产生的签约问题及合约失败的案例。他所讨论的合约失败问题与事后协调和因关系专用投资显著导致的争议有关。普遍存在的缔约问题很可能是为什么在铝业的上述层面纵向一体化如此流行的原因。加里克(Gallick)对美国金枪鱼业捕鱼和加工部门之间的合约和纵向一体化进行了类似的分析。他发现该行业复杂合约的出现解决了交易成本文献中所识别的大量纵向协调问题。在某些案例中,船舶共有权(co-ownership of vessels)(纵向一体化)也是重要因素。相对于铝业上游部门,金枪鱼业中合约处理缔约风险的效果更好。

我在近年的一篇论文(乔斯克,1987)中,征得进入合同执行阶段的各方同意,分析了电厂和煤供应商签订合同的期限与若干变量之间的关系,这些变量是用于度量与每个合同相关的专用关系投资显著性的差异。这项经验研究采用 1960 年至 1979 年间订立的约 300 份煤炭合同作为样本。合同期限是用来度量缔约方在事前就愿意对未来交易条件预先投入而非依赖再议价的程度。我认为,与合同有关的专用关系投资越显著,缔约方越有可能事前就借助较长的合同期来约束未来交易的条件。我用几个变量分别代表实物资产专用性、专用资产和场地专用性(威廉姆森,1983)来逐个度量各个合同,结果发现这些变量很好地解释了合同期限的差别。[29]

随后的一篇论文中(乔斯克,1988),我继续考察了长期煤合同中的价格调整条款和实际的价格调整行为。我所用样本中(已调整截断偏差)的合同平均期限在15年左右。提前这么久就制定合同标的物的价格怎么能不产生事后合同执行过程中的价格变动问题呢?正是因为煤供应商与电厂之间的交易广泛采用长期合约,所以缔约方可能已经找到了一种既能随时间调整价格,又不至于严重扭曲双方按约执行合同的积极性的方法。这些合同条款的效力如何呢?我发现绝大多数合同是基于一种定价公式,即随投入品或某些其他突发情况的变动而调整价格。我认为设计这种方法旨在跟踪因产煤成本整体变化造成的煤市场条件的变化,尽管这些合同条款的实际效果并非尽善尽美。与跟踪因成本震荡造成的市场状况变化相比,这些合同条款在跟踪因市场需求震荡导致的市场状况的变化时逊色很多。

133 这篇论文考察了合同中初始基础价格的决定因素以及其后1979年、1980年和1981年的交货价格。依据多个年份中签订的合同,观察1979年、1980年和1981年的交货价,我们能够确定是否存在与合同签订时经济条件相关的任何显著的系统化事后价格刚性。基础价格(受煤质和生产地区控制)通常反映了合同签订时的平均市场价格。研究中没有发现抵押或出于其他原因的预付款的证据。基础价格和其后合约价格公式的基本结构相似。在所研究期间内,依照这些长期合同的交易价格适度地、密切地随着研究期内主要的市场条件的变化而波动。然而,我确实发现与合同签订时不同市场条件差异相关的价格刚性。至少在研究期间内,这种刚性**平均而言**并不很明显,以至于会导致严重的履约失败问题。[30]然而,某些合约在跟踪市场条件方面确实很糟糕,结果导致了严重的合约争议。

4. 结论

1937 年后我们已走过漫漫长路。企业的性质以及企业间市场关系的性质已吸引了众多近期理论研究者的兴趣。关于专用投资、不对称信息、签订与监督及执行合约关系的成本已成为解释“非标准”纵向一体化的关键因素。现在，伴随着更具体的企业及企业间合约关系理论的发展，出现了越来越多的经验研究。这些研究为解释纵向关系差异时交易成本因素，特别是资产专用性的重要性提供了经验支持。很显然，我们仍需进行更多的理论和经验研究。我希望与产业组织学相比，该领域内的理论和经验研究继续密切相连。理论和经验研究都应大胆前行，因为只要我们不懈追求，必定会发现彩虹另一端的金矿。

注　释

1　我的同事斯坦利·费斯策(Stanley Fischer)(1977)有同样的担心。

2　我认为我就是威廉姆森(1975，xii)在序言中提到的那个表示有些难以理解书中论述的匿名同事。可惜我的通信往来不像科斯教授保存得那么完整。

3　应该记得威廉姆森 1975 年出版著作的全名是《市场与科层：分析与反垄断启示》(*Markets and Hierarchies: Analysis and Antitrust Implications*)。

4　德姆塞茨[见《为什么要管制公用事业》(“Why Regulate Utilities”)，第 57 页，注释 7]指出，特许投标方法至少可追溯到查德威克(Chadwick)在 134

1859 年发表的一篇论文。在美国，1907 年后国家委员会管制迅速在全国推行。此前电力、电话和天然气服务部门是由市政当局特许经营和管制的。

5 事实上，麻省理工学院近期的两篇博士论文利用综合数据检验了有线电视特许经营[普瑞格和赞潘(Prager and Zupan)]的绩效。他们发现，虽存在一些例外，违背特许协议和再次发放特许阶段的再谈判问题在实践中并不严重，然而，有线电视的特许投标确实存在其他非效率问题。

6 尽管戈德伯格的论文在威廉姆森之后发表，我认为两者的写作时间相同。

7 科斯的演讲表明，在其 40 多年前的一封未发表书信中就认识到资产专用性的潜在重要性。他当时也研究了通用汽车公司/费雪车身公司的关系。而他的第三篇演讲显示，他不再认为资产专用性在理解纵向一体化和长期合约中非常重要了。

8 《市场与科层》更多地关注了事前和事后的信息不对称，尽管在此背景下也明显产生了机会主义问题。在威廉姆森 1976 年的论文中，长期关系专用资产则扮演了较重要的角色。

9 不确定性在正文（第 253—254 页）中有记述，没有体现在这篇论文的表格和图形中。

10 我在讨论中没有强调声誉的作用，但是威廉姆森和克莱因的著作中都强调了声誉的作用。

11 我不太关心这一点，因为很多沿袭下来的“理论”就像玩具模型一样对于解释现实经济现象没有明显的价值。真正好的理论太少了，却是我们理解这些现象的重要基础。

12 然而，应该强调，信息不对称、道德风险和逆向选择问题是威廉姆森在《市场和阶层》一书中所重点讨论的。

13 例如，见哈特和霍姆斯特姆(Holmstrom)的论文及其参考文献，以及格罗斯曼和哈特的著作。

14 这不是说有关横向联合和公司内部组织的讨论不重要，只不过交易成本理论的发展水平尚不能探讨这些问题。

15 我要强调的是，我不相信有一个单独的通用理论会对纵向一体化和长期合约结构提供统一的解释。有许多经济特征会影响公司以不同方式组织和签约的决策。至少一些备选的理论需要进一步发展，以便能产生符合经验证据的假说。斯蒂格勒、华伦-博尔顿(Warren-Boulton)和佩里提供了某些与交易成本理论并不冲突,但指出存在即使缺乏资产专用性等类似因素也会依赖纵向一体化的对象。

16 弗德伯格(Fudenberg)、霍姆斯特姆和米尔戈罗姆(Milgrom)研究的启示是如果我们假设不存在私人信息(共同知识),那么只有就专用化投资缔约的能力是必须的。如果合约方可以就专用化投资缔约并且存在共同知识,那么合约方就可以凭借一系列再谈判来确定每一时点的价格和数量。这些假设非常严格。

17 在某些情况下省略这些变量可能不是严重的问题。见马斯特恩(1984)采用的方法。

18 我不打算评述所有的经验证据,我只讨论我最喜欢的论文。 135

19 事实上这并非绝对的认定。许多部件既由内部生产又通过市场采购获得。M-T 为每一部件供应属于内部生产的比例选择了一个任意截止值,根据这个截止值确定该部件是"一体化"还是"非一体化的"。但是,结果对于截止的某些变量不敏感。不清楚为什么没有使用一个度量属于纵向一体化的生产比例的连续变量,可能为了与一种转换回归技术(switching regressions technique)相一致。

20 M-T 还利用系统专用虚拟变量,将部件分为多个系统,但事先未预期哪些系统以较高的资产专用性为特点。

21 使用了两个虚拟变量。第一个虚拟变量表示部件是否高度专用,第二个虚拟变量表示部件是否标准化。"某种程度专业化"一类作为参照组。

22 斯达奇也考察了斯蒂格勒关于纵向一体化的"生命周期"理论,发现它最多只算有限支持了纵向一体化的时间序列模式。

23 直到准备写这篇论文时我才读了他的书。

24 如果我们依靠抽自不同产业企业的典型例子,许多同样的问题会出现。

25 他也考察了耐用场地专用投资的集合生产线所有权之间的关系以及与资产专有性相关的潜在的事后议价问题。

26 马斯特恩和克罗克(Crocker,1985)考察了后管制时期天然气合同中的应收应付条款。他们的研究结果与穆尔哈恩报告的结果类似,但同时发现价格管制对应收应付义务的变动有显著的影响。

27 理论上管制者当然能设计出与交易特征差异相匹配的适当合同条款,但这远远超出甚至是意图最好的管制者的能力范围。

28 我在对煤的供应关系的研究中,已经发现发电厂需要专用机车运输在长期合同下购买的煤，发电厂或者自己拥有或者租赁这些专用机车，但绝不是用铁路提供的现成的机车。

29 克罗克和马斯特恩（1986）写过一篇相关的论文，侧重了天然气合同期限，并使用了马斯特恩和克罗克（1985）的数据。我的论文强调长期合同的收益，他们的论文试图同时发现成本和收益。

30 如果长期合同可能导致履约问题，记住合同方总是依赖纵向一体化或现货市场交易（或极短期合同）。我正在进一步研究当 1984 年和 1985 年煤市场变得非常疲软时的定价行为。

参考书目

Anderson, Erin, and David Schmittlein. 1984. "Integration of the Sales Force: An Empirical Examination," 15 *Rand Journal of Economics* 385.

Bradburd, Ralph E., and Richard Caves. 1986. "Transactional Influences on the Adjustment of Industries' Prices and Outputs." Unpublished mimeo.

136 Coase, Ronald H. 1937. "The Nature of the Firm," 4 *Economica* n. s. 386.

——. 1972. "Industrial Organization: A Proposal for Research." In V. R. Fuchs, ed., *Policy Issues and Research Opportunities in Industrial Organization*. New York: National Bureau of Economic Research.

Crocker, Keith J., and Scott E. Masten. 1986. "Mitigating Contractual Hazards: Unilateral Options and Contract Length," Working paper no. 449. Graduate School of Business Administration, University of Michigan, March 1986 (revised June 1986, April 1987).

Demsetz, Harold. 1968. "Why Regulate Utilities," 11 *Journal of Law and Economics* 55.

Fischer, Stanley. 1977. "Long-term Contracting, Sticky Prices, and Monetary Policy: Comment," 3 *Journal of Monetary Economics* 317.

Fudenberg, Drew, Bengt Holmstrom, and Paul Milgrom. 1987. "Short-term Contracts and Long-term Agency Relationships." Unpublished mimeo.

Gallick, Edward C. 1984. "Exclusive Dealing and Vertical Integration: The Efficiency of Contracts in the Tuna Industry." Washington, D. C.: Bureau of Economics Staff Report, U. S. Federal Trade Commission.

Goldberg, Victor. 1976. "Regulation and Administered Contracts," 7 *Bell Journal of Economics* 426.

——, and John R. Erickson. 1987. "Quantity and Price Adjustment in Long-term Contracts: A Case Study of Petroleum Coke," 30 *Journal of Law and Economics* 369.

Grossman, Sanford J., and Oliver D. Hart. 1986. "The Costs and Benefits of Ownership: A Theory of Vertical Integration," 76 *Journal of Political Economy* 691.

Hart, Oliver, and Bengt Holmstrom. 1987. "The Theory of Contracts." In T. Bewley, ed., *Advances in Economic Theory*, Fifth World Congress. Cambridge: Cambridge University Press.

Joskow, Paul L. 1985. "Vertical Integration and Long-term Contracts: The Case of Coal-Burning Electric Generating Plants," 1 *Journal of Law, Economics, and Organization* 33.

——. 1986. "Competition and Deregulation in the Electric Power Industry." Paper presented to the International Association for Energy Economists, October 1986.

——. 1987. "Contract Duration and Transactions Specific Investment: Empirical Evidence from Coal Markets," 77 *American Economic Review* 168.

——. 1988. "Price Adjustment in Long-term Contracts: The Case of Coal." MIT Department of Economics Working paper no. 444, March 1987(b). 31 *Journal of Law and Economics* 47—83.

——, and Richard Schmalensee. 1983. *Markets for Power: An Analysis of Electric Utility Deregulation*. Cambridge: MIT Press.

Klein, Benjamin, Robert A. Crawford, and Armen A. Alchian. 1978. "Vertical Integration, Appropriable Rents, and the Competitive Contracting Process," 21 *Journal of Law and Economics* 297.

Masten, Scott. 1984. "The Organization of Production: Evidence from the Aerospace Industry," 27 *Journal of Law and Economics* 403.

——, and Keith J. Crocker. 1985. "Efficient Adaptation in Long-term Contracts: Take-or-Pay Provisions for Natural Gas," 75 *American Economic Review* 1083.

Monteverde, Kirk, and David Teece. 1982. "Supplier Switching Costs and Vertical Integration in the Automobile Industry," 13 *Bell Journal of Economics* 206.

Mulhern, J. Harold. 1986. "Complexity in Long-term Contracts: An Analysis of Natural Gas Contract Provisions," 2 *Journal of Law, Economics, and Organization* 105.

Palay, Thomas. 1984. "Comparative Institutional Economics: The Governance of Rail Freight Contracting," 13 *Journal of Legal Studies* 265.

137 ——. 1985. "Avoiding Regulatory Constraints: Contracting Safeguards and the Role of Informal Agreements," 1 *Journal of Law, Economics, and Organization* 155—76.

Perry, Martin K. 1978. "Price Discrimination and Forward Integration," 9 *Bell Journal of Economics* 209.

Prager, Robin Ann. 1986. "Firm Behavior in Franchise Monopoly Markets: The Case of Cable Television." Unpublished Ph. D. dissertation, MIT.

Scherer, F. M. 1980. *Industrial Market Structure and Economic Performance*. Chicago: Rand McNally.

Schmalensee, Richard. 1987. "Interindustry Studies of Structure and Performance." Sloan School of Management, Working paper no. 1874—87.

Stigler, George. 1951. "The Division of Labor Is Limited by the Extent of the Market." 59 *Journal of Political Economy* 185.

Stuckey, John. 1983. *Vertical Integration and Joint Ventures in the Aluminum Industry*. Cambridge: Harvard University Press.

Warren-Boulton, Frederick R. 1967. "Vertical Control with Variable Proportions," 75 *Journal of Political Economy* 123.

Williamson, Oliver. 1975. *Markets and Hierarchies: Analysis and Antitrust Implications*. New York: Free Press.

——. 1976. "Franchise Bidding for Natural Monopolies—In General and with Regard to CATV," 7 *Bell Journal of Economics* 73.

——. 1979. "Transactions-Cost Economics: The Governance of Contractual Relations," 22 *Journal of Law and Economics* 3.

——. 1983. "Credible Commitments: Using Hostages to Support Exchange," 73 *American Economic Review* 519.

——. 1985. *The Economic Institutions of Capitalism*. New York: Free Press.

Zupan, Mark. 1987. "Three Essays on the Efficacy of Cable Franchise Bidding Schemes." Unpublished Ph. D. dissertation, MIT.

138 # 9 不完全合约与企业理论

奥利弗·D.哈特

1. 引言

“企业的性质”(与科斯后来的论文“社会成本问题”一起)对组织理论研究的发展产生了巨大的影响,尽管在很长时间内,用科斯的话说是“引用得多、运用得少”。然而,在近十至十五年,随着对科斯企业观点的精炼与拓展的大量文献的出版,这种状况已经发生了变化。本文打算反思最近的发展,并对该研究领域的现状及可能的发展方向提出一个展望。首先,我将对来自于科斯著作的主要思想和争论做一简短的概括。[1]然后将讨论企业作为一种制度,人们是如何认为它是由合约的不完全性以及需要分配剩余控制权而产生的。最后,我将回过头来把这种企业观点同文献中提出的其他企业观点做一比较。

2. 主要思想概述

正如许多人所注意到的,标准的新古典理论把企业看作是一个黑箱。企业被当成是给定的;没有人关注企业是如何产生的?其内部组织的本质是什么?如果两个企业合并和自称为一个单一企业时会发生什么变化?

给定这种背景,科斯1937年的论文就是一个令人耳目一新的发展。科斯开始研究新古典理论所忽视的问题:企业是什么?一个企业终止而另一个企业开始的边界在哪里?企业一体化的成本与收益是什么?众所周知,科斯的答案基于以下观点:企业A与企业B合并的利益来自于企业A的经理管理企业B的经理这一事实。也就是说,如果B是A的雇员,A就能(在有限的范围内) 139
向B发号施令。相反,如果A和B是各自独立的实体,经理A必须通过运用价格手段(通常的做法是通过一个合约)去说服和引诱B按他的要求去做。换句话说,一体化(企业合并)有效地将企业的关系从价格模式转换为数量模式。科斯的观点是:在某些环境下,数量模式可能更有效。在这些条件下,一体化就会发生。[2]

按此思路,争论似乎是对称的:我们也会预料到,在一些情况下,数量模式**不如**价格模式有效。也就是说,一体化可能是**不**合意的。然而有趣的是,科斯并未采取该路线,而是主张一体化的成本来自于增加了官僚作风以及管理者犯错的较大可能性。也就是说,大企业的管理者可能不如小企业的管理者有效率。

花时间理解科斯的著作的原因之一也许是,如何从数量模式中正式形成或实施这种利益一点也不明显。而且,正如阿尔奇安和德姆塞茨(1972)所指出的,数量模式并不是企业内部交易活动所特有的。特别地,假定大多数雇用合约都是“任意的”。通常一个老板对雇员施加的最极端的惩罚就是解雇他。然而,这种选择在普通的合约关系中也是可利用的。例如，正如阿尔奇安和德姆塞茨(1972)所解释的，一个决定舍弃其杂货商而到别的商店购物的顾客，可以被解释为“解雇”了该杂货商。也就是说，转向数量模式的利益只能通过一体化来获得，这一结论并不明显。[3]

追随科斯的研究针对一体化的利益采取了一种相当不同的方法。由于威廉姆森(1975、1979、1985)和克莱因、克劳福德及阿尔奇安(1978)等人的工作，一个主要的发展是，一体化在特定关系投资额很大的情况下可能是重要的。也就是说，当事人所进行的投资在关系内部比在外部有更大的用处。[4]一旦这样的特定关系投资已经进行，当事各方就(至少部分地)被“锁定”(locked in)，因此，他们会相互受益，而机会主义行为可能占统治地位。[5]这样的行为会导致剩余的事后(ex post)分配，这种分配并没有恰当地反映事前(ex ante)的投资决策。结果是，这些决策可能被扭曲。在威廉姆森和克莱因、克劳福德及阿尔奇安看来，一体化的一个好处是机会主义行为的范围可以减少。例如，如果供应商属于同一企业，那么一个投入的供应商对一个意愿的购买者“敲竹杠”(hold up)的能力可能减小。这可能是因为买者对卖者有较大的控制权(比如，由于向科斯数量模式的移动)，或者因为他更知晓卖者的行为；或者是因为在一体化情况下卖者的货币激励不同。[6]然而，同科斯一样，威廉姆森和克莱因、克劳福德及阿尔奇安也没有用相同的理论解释一体化的成本问题。[7]相反，威廉姆森把一体化的成本归于增加了官僚作风，克莱因、克劳福德及阿尔奇安对此干脆没有进行讨论。

3. 不完全合约与剩余控制权 140

科斯、威廉姆森、克莱因、克劳福德及阿尔奇安等人的工作基于如下思想：即存在签约的交易成本。总之，如果对未来事件的思考、计划并写成条款是无代价的，则从事交易的当事双方就会签订一个“详尽的”合约，合约中明确确定在每一个可能的世界状态中各方的责任是什么。在这些条件下，既然一切都已经事先预见并计划好了，当事双方就没有任何理由去修正或更新其合约。既然外部人（例如法院）能（无代价地）决定其中一方当事人是否违背了合约，以及是否对其实行适当的惩罚，也就不会有任何争议发生。

在这样的情况下，很难看出一体化的收益（或成本）有多大。例如，考虑科斯的价格模式和数量模式之间的差异。要是不存在交易成本，数量模式可以直接通过合约获得：在保持（作为）一个独立企业的同时，B 可以简单地同意受 A 的指挥（也许在有限的范围内）。对 A 来说，没有必要为了达到这种结果而全部买下 B 或让经理 B 成为雇员。同样道理，价格模式也可达到，只要它是合意的，甚至当 A 和 B 属于同一企业时（当事各方只要同意 A **不能**指挥 B）。通常的观点是，由于交易成本为零，所有权赋予的任何权利都可以通过合约来废除。因此，不管 A 和 B 是独立的企业还是属于同一企业，都会实现一个最优的结果：从某一重要意义上，所有权的确是无关的。

当然，现在争议的是，对于某一类合约安排来说，所有权只是一种速记法，没有所有权也能达到同样的结果，这种事实仅仅是语义学上的问题。这种争论有时在下面的情况下也会发生：对道德风险原因来说它是有效的，比方说，一方当事人接受资产所带来的剩余收入；称此人为资产所有者似乎是很自然的。这种观点带来的问题是，我们很少期望一个人得到100%的利润。通常我们预计每一方都将参加利润分配。但是这就意味着，该方法预言**共同**所有权对大多数资产来说——结论不但过于含糊而无用，而且也不现实。

我们注意到，在详尽签约条件下所有权是无关的说法强烈地支持不对称信息的引入。例如，在道德风险或逆向选择的形式中。不对称信息导致违背了阿罗-德布鲁（Arrow-Debreu）的偶然签约，但是它并未给所有权提供角色，除非签约的限制本身对谁拥有什么是敏感的。特别地，在不对称信息条件下，每一当事人的责任在所有可能情况下都是完全确定的，在这种意义上，最优合约仍将是“完全”的；因此，所有者赋予的任何权利可能还是被立刻约定。例如，如果某一投入的卖者S拥有关于其成本的私人信息，那么S
141 和买者P之间的最优合约将按投入数量进行交易，而支付的价格是S公布的成本的一个函数。为了鼓励S讲真话，合约将象征性地涉及某些生产的非效率，也就是说，它是“次佳的”。[8]然而，问题的关键是，无论S和P是独立的企业还是一体化的企业，生产非效率都将出现——它是不对称信息的一个函数，而不是谁拥有什么的函数。唯一的例外就是，如果信息不对称本身依赖于所有权结构；也就是说，所有权的变化将影响着哪些偶然性可以包括在合约中，哪些不可以。然而，这是一个很强的假设，即假设当P作为一个独立的主体不能进行观测时，把S的资产的法律资格转移给

P的简单做法就是允许P观测S的成本。[9]

上述评论涵盖了这样的情况：即交易成本为零，并且当事人能够签订一个详尽的合约。然而，正如科斯、威廉姆森、克莱因、克劳福德及阿尔奇安所强调的，这是非常不现实的：在实践中，交易成本普遍存在而且很大。交易成本普遍存在的结果是，关系中的当事人将不会签订一个如下的合约：它能预见所有可能发生的事件，以及在这些事件中适当出现的各种行为。相反，他们会签订一个不完全的合约，在某种意义上，它包含着有漏洞或遗漏的条款；也就是说，合约将规定当事双方必须接受的某些行为，而不规定其他行为。合同将提及在某种情况下什么应该发生，但不提及其他情况。这种不完全性的结果是，会发生这样的事件：对当事人来说，按照与合约规定的方式不同的方式行动才是合意的。[10]结果，当事双方都想修订该合约。此外，当事双方有时会对合约真正地意味着什么存在争执；争论可以发生，而且可以引入第三方解决争议。

合约的不完全性打开了所有权理论的大门。特别地，当合约是不完全时，就不再有下面的情况出现：所有权赋予的任何权力可能必须立刻约定——除了通过废除所有权本身以外——因为要清晰地描述这些权利是不可能的。当然，这种观察并没有告诉我们所有权的权利是什么；然而，它确实使我们恢复了信心：我们能够发展一种所有权起着重要作用的理论。

为了理解所有权的权利可能是什么，引入剩余控制权的概念是有益的。其思想是：如果当事双方签订的合约是不完全的，就必然存在这样的机制，随着时间的推移，（合约中的）漏洞可以填补。例如，假设我与你签订为我的汽车制造厂提供一定数量车体的合约。设想需求增加,并且我要增加你所提供的数量。这从一定程度上看似乎是合理的,即合约对此没有记载(需求增加是一种状态,我们没有计划到或至少没有明确地包括在合约中),我需要得到你的同意。也就是说,在任何合约的重新谈判中,现状的要点是你没有提供额外的供给;换句话说,在这种情况下你拥有剩余控制权。再举一个例子,假设你租用我的房子,你的一个朋友搬进来,但是他不喜欢卧室的颜色。重新粉刷的决策大概是我的决策,而不是你的决策。也就是说,你不得不说服我重新粉刷;你不能强迫我这样做(所以在本例中,我拥有剩余控制权)。另一方面,如果涂
142 料开始脱落或者相邻工厂的废水与它有反应,那么,坚持让我重新粉刷房屋可能就是你的权利了。

这些例子暗示着剩余控制权可能与所有权问题密切相连。我不能强迫你供应额外的车体,原因是车体工厂属于你,由你决定如何经营它。除非在一定程度上你已经明确地签订了某种权利。如果我拥有你的车体工厂同时也有我的汽车厂,情况可能就不一样:我可能坚持你要给我供应额外的车体,因为我能决定你的工厂如何使用(当然,你可以离开,但是我会雇用别的经理来经营工厂)。在租房的案例中,你之所以需要说服我重新粉刷那间对你朋友无吸引力的房屋,是因为那是我的房子,不是你的房子。然而,如最后一个例子表明的,所有权不是绝对的:有时一个非所有者也有某些剩余控制权(这些权利在普通法或成文规定的法律下可能是他的)。

所有权与剩余控制权相联系的观点,形成了格罗斯曼和哈特(1986)所阐述的一体化理论的基础。实际上本文识别了对资产拥

有剩余控制权的资产所有权，也就是说，除了在一定程度上在初始合约中放弃特定的权利外，以任何方式使用资产的权利。本文认为，在不完全合约的世界中，存在一个最优的剩余控制权配置；在一定程度上，所有权与剩余控制权是相配在一起的，因此存在一个最优的资产所有权配置。本文建立在威廉姆森、克莱因、克劳福德及阿尔奇安的研究之上，强调把资产专用性、准租金、敲竹杠问题作为不完全签约关系的关键问题。也就是说，剩余控制权在影响事前的专用投资决策中是重要的。然而，与先前的研究相比有两个重要的区别。第一，该理论集中于对实物资产的剩余控制权（比如说，与企业的其他方面相对应，如员工决策）。第二，该理论运用剩余控制权的相同概念来解释一体化的成本和收益。也就是说，与（大多数）先前的研究相比，一体化的缺点在没有借助于诸如官僚成本的概念下得到了解释。

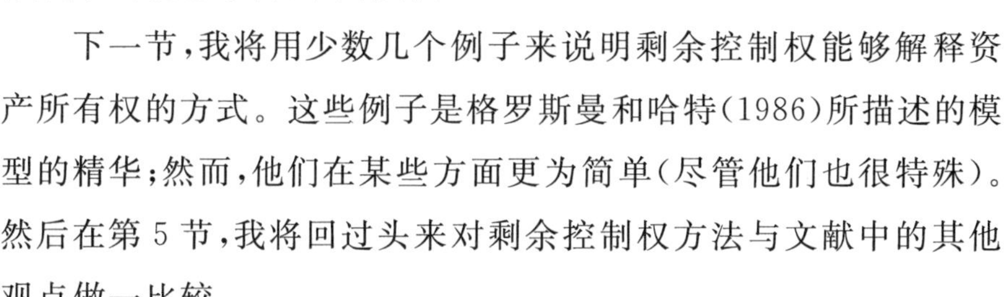

下一节，我将用少数几个例子来说明剩余控制权能够解释资产所有权的方式。这些例子是格罗斯曼和哈特（1986）所描述的模型的精华；然而，他们在某些方面更为简单（尽管他们也很特殊）。然后在第 5 节，我将回过头来对剩余控制权方法与文献中的其他观点做一比较。

4. 资产所有权的成本与收益举例

4.1 例 1：单一资产的所有权

以一个极简单的例子开始是有益的。考虑一台需要一个操作者或管理者的机器。如果适当地操作，该机器就会产生完全确定的利润。假设机器的操作不对任何人施加外部性——不论是正的外部性还是负的外部性。再假设除了管理者的努力外不存在其他投入。问题是，谁应该拥有这台机器？

答案直观看来很清楚：管理者应该拥有这台机器（假设他买得起）。虽然谁拥有这台机器看起来并不重要，但情况并非如此。而且，由于很难找到所有权优势的较简单的例子，一体化的任何理论必须能够解释这种现象。

请注意，所问的问题并不是（至少直接地）谁应该拥有机器的利润。标准的道德风险观念告诉我们，如果操作者不能从其活动中赚得收益，则对操作者的激励将被钝化。然而，在资产所有权和收益所有权之间存在着差别。例如，经常出现的情况是，工人或管理者被置于一个激励方案中，故他们对企业的业绩感兴趣。然而，这并不能自动地使他们成为企业的所有者（GM 公司的 CEO 的净收入对 GM 的业绩是敏感的，但这并没有使他成为 GM 的一个重要的所有者）。例如，在所讨论的案例中，机器可能属于一个外部人，他雇用管理者作为他的雇员，并给予他一个与企业利润相等的工资补偿。这样的安排是否与管理者是所有者的情况一样好呢？

为了看清这样的安排可能不一样好，考虑一个两时期模型，模型中管理者必须在时期 0 选择一个行动 x（它可以代表一项投资或努力水平），并且令其在时期 1 产生一个总收益 $B(x)$。假设管理者发生的私人成本等于 x（例如，努力的无效）。假设行动 x 只有管理者才能观察到（因此这是一种典型的道德风险案例）。我们把 $B(x)$ 看成是决定论的，尽管该分析很容易推广到只要管理者是风险中性的，$B(x)$ 就是随机变量的情况。[11]

假设某一涉及该资产的行动可能是在时期 1 事后发生的，但在最初的合约中却没能详细说明，例如，因为它过于复杂。[12] 由于这种不完全性，剩余控制权就很重要。没有必要详细构建事后行动模型；做如下的假设就足够了：以一种不确定的方式控制资产的权利允许有人“抽走”(cream off)收益 $B(x)$ 的一部分 $(1-\lambda)$，这里，$0<\lambda<1$。[13] 这方面的一个例子是，机器在何处以这样一种方式使用，以便有益于控制者所从事的某些其他活动。例如，如果控制者是外部人，他可以利用机器增加他所拥有的另一个企业的利润；这另一企业在交易中可能是相关的，或可能是原始资产产出的上游供应者或下游购买者。[14]

假设被抽走的那部分收益 $(1-\lambda)B(x)$ 是**不**可检验的，而剩余的收益 $\lambda B(x)$ **是**可检验的，所以合约可在以后签订。最后，假设管理者有权使用财务资源，他可以利用这些资源在一元赚一元的基础上增加机器的利润，要是这种做法适合于他的话(这种增加无法被证实；而且，这种增加的那部分利润并不易被资产所有者抽走)。均衡时，增加利润不会发生，但其发生的可能性将对合约的形式施加约束。

我们提出，当事双方能够签订的唯一变量就是可证实的资产 144
的利润，$\pi=\lambda B(x)$。因此，一个合约可简单地由一个分配规则 $I=I(\pi)$ 组成，这里 I 是经营者报酬，它是 π 的一个函数。我们现在论证这样的情况：管理者拥有机器，为达到最佳可以设计最优合约，但如果外部人拥有机器，达到最佳是不可能的。

最佳配置由 x 的水平组成，比如说 x^*，它使社会剩余 $B(x)-x$ 最大化。如果管理者拥有该机器，x^* 值可以通过给予管理者以

100%的企业利润边际而推导出，也就是说，$I(\pi)=\pi-E=\lambda B(x)-E$，这里 E 可以解释为一种记账费用(entry fee)。既然管理者作为所有者得到了被抽走的那部分利润$(1-\lambda)B(x)$，那么，他的努力成本的总回报净值是：

$$R=\lambda B(x)-E+(1-\lambda)B(x)-x=B(x)-E-x$$

因此这个最大化的解为 $x=x^*$。[15]

考虑下一种情况，外部人拥有机器并得到不可证实的那部分$(1-\lambda)B(x)$。那么管理者将使下式最大化：

$$I(\pi)-x=I(\lambda B(x))-x$$

该式的一阶条件是：

$$I'\lambda B'(x)=1 \quad (1)$$

然而，请注意，$I'\leqslant 1$，因为若不是这样，管理者将有动机通过汲取额外财务资源来增加利润(如果 $I'>1$，则 π 的值每增加一美元，管理者的收入将增加超过一美元)。因此，(1)式意味着 $B'(x)\geqslant 1/\lambda>1$，由此断定 $x=x^*$ 不成立(因为 $B'(x^*)=1$)。结论是，在存在外部所有权的情况下达到最佳是不可能的。[16]

这个结论的寓意是，在一个不存在外部性的世界中，一个由行动来决定资产赢利性的个人(假设存在这样的人)也应该拥有资产。给予此人获得资产利润的权利是不够的，因为外部所有者可以转移某些资产收益为己所用，因而减少了对管理者的激励。请再次注意合约的不完全性对该结论的重要性。[17]在完全签约条件下，通过在合约中包括一个条款而取得最佳是可能的，该条款明确地把任何利润转向资产使用的情况排除在外。[18]

4.2 例 2：互补的经营活动

在真空中运作资产的案例显然是极端的。我们现在考虑，如果引入第二项资产，其经营活动与第一项资产是互补的，看结果会如何变化。例子可以是一个百货商店里的家具部与硬件部、一个汽车制造厂的小型汽车部门与超小型汽车部门，以及大楼的窗户 145
与大楼的其余部分（这是克莱因、克劳福德及阿尔奇安于 1987 年所举的例子，虽然牵强，但是却富有启发性）。

设资产 1 的经营活动的收益为 $B_1(x,y)$，资产 2 的经营活动的收益为 $B_2(x,y)$，这里 x、y 分别代表在时期 0 资产 1 和资产 2 的经营者的行动（例如，努力水平或投资决策）。B_1 中出现 y 具有外部性思想：资产 1 的收益取决于经理 2 的行动，同时也取决于经理 1 的行动（从这个意义上说，这种经营活动是互补的）。[19]

例如在例 1 中，我们假定每一资产的所有者都能以无法核实的利润的形式为自己抽取资产收益的一部分$(1-\lambda)$。因此，从该经营活动中获得的可证实的利润确定为：

$$\pi_1=\lambda B_1(x,y)$$

$$\pi_2=\lambda B_2(y) \tag{2}$$

如上所述，一个合约包括关于剩余分配的一致同意条款，也就是说，一对函数 $I_1(\pi_1,\pi_2)$，$I_2(\pi_1,\pi_2)$，这里 I_1、I_2 是两个经营者的报酬，并且 $I_1+I_2=\pi_1+\pi_2$。现在我们还需要做另一个假设：利润可以自由地处理，也就是说，如果适合的话，每一个经理都可以以一种无法核实的方式减少利润（然而，减少的利润被丢弃了，它并没有转向经理）。我们继续假定经理能够增加利润（现在这一假设可以应用到经理 2 和经理 1)。[20]

我们将考虑两种情况。第一种情况，每一个经理拥有其自己的资产(这可以解释为非一体化)。第二种情况，经理 2 拥有两种资产(这可以解释为一体化)。[21]

在资产所有权分离的情况下，两个经理的净收益为：

$$R_1 = I_1(\pi_1, \pi_2) + (1-\lambda)B_1 - x$$

$$R_2 = I_1(\pi_1, \pi_2) + (1-\lambda)B_2 - y \tag{3}$$

因为被抽走的利润转向了各自的经营者。另一方面，如果经理 2 拥有两项资产，他将得到两份被抽走的收益，因此，我们得到：

$$R_1 = I_1(\pi_1, \pi_2) - x$$

$$R_2 = I_1(\pi_1, \pi_2) + (1-\lambda)B_1 + (1-\lambda)B_2 - y \tag{4}$$

为了说明一体化优于非一体化，考虑如下情况：经理 1 努力的边际收益很小——实际上为零，也就是说，$B_1(x, y) = \gamma(y)$。最佳配置由$x = x^*$，$y = y^*$组成，这里：

x^* 使 $\gamma(y) + B_2(y) - x$ 最大化，即：$x^* = 0$

y^* 使 $\gamma(y) + B_2(y) - y$ 最大化

当把两项资产利润的 100%都给予经理 2(边际上)，从而使其拥有两项资产时，也就是说，$I_2 = \pi_1 + \pi_2 - E$，$I_1 = E$ 时，最佳配置就能够实现。从(4)中可清楚地看出，经理 2 使 $B_1 + B_2 - y$ 最大化，这将导致$y = y^*$的结果。另一方面，由于经理 1 从他的资产中得不到利润，他将设 $x^* = 0$。

相反，最佳配置在非一体化的情况下无法实现。在这种情况下，经理 2 使下式最大化：

$$I_2(\pi_1, \pi_2) + (1-\lambda)B_2(y) = I_2(\lambda\gamma(y), \lambda B_2(y)) + (1-\lambda)B_2(y)$$

$-y$

一阶条件为：

$$\frac{\lambda\partial I_2}{\partial\rho_1}\gamma'(y)+\lambda\frac{\partial I_2}{\partial\rho_2}B_2{}'(y)+(1-\lambda)B_2{}'(y)=1 \tag{5}$$

然而，我们知道：

$$\frac{\partial I_1}{\partial\pi_1}\geqslant 0 \qquad 和 \qquad \frac{\partial I_2}{\partial\rho_2}\leqslant 1$$

既然经理 1 能够自由地处理利润，而如果适合的话，经理 2 也能增加利润。因此：

$$\frac{\partial I_2}{\partial\rho_1}\equiv 1-\frac{\partial I_1}{\partial\rho_1}\leqslant 1$$

它表明(5)式左边严格地小于 $\gamma'(y)+B'_2(y)$，因此 $y=y^*$ 不可能是(5)式的一个解(y^* 满足 $\gamma'(y)+B'_2(y)=1$)。我们可以得出结论：$x=x^*$，$y=y^*$ 在非一体化的情况下不可能实现。[22/23]

此例后面的直观含义很简单。给定经理 2 对经理 1 施加正的外部性，为了鼓励经理 2 付出适当的努力，必须把资产 1 收益的很大一部分给予经理 2。然而，把资产 1 的一部分真实利润给经理 2 是远远不够的：要是没有对经营活动的控制(通过资产所有权)，利润就缺乏“完整性”。

这里，其作用的原理与第一个例子是完全相同的。在例 1 中，经理 1 的努力是重要的，因此对经理 1 来说，拥有资产 1 是最优的，这样他就能够分得资产 1 的收益。在现在的例子中，经理 2 的努力是重要的，因此他成为资产 1 的所有者并分得资产 1 的收益。
注意，经理 2 应该拥有两项资产的结论，概括地说就是经理 1 努力 147
的边际产品很小(但是正数)，即，$B_1(x,y)=\gamma(y)+\varepsilon_1\partial(x)$，$B_2(x,$

$y)=\eta(y)+\varepsilon_2\xi(x)$，这里 ε_1，ε_2 很小。

当然，例子是早已“准备好的”，以便给出结果。通常，经理 1 的行动和经理 2 的行动同样重要。因而，一体化与非一体化之间的选择涉及一个权衡（trade-off）：给经理 2 所有权会钝化经理 1 的激励，而给经理 1 所有权也会钝化经理 2 的激励。哪种安排最优取决于参数。然而分析的主要观点仍然是对的：一体化下可行的配置集与非一体化情况下可行的配置集是不同的。

4.3　例 3：纵向关系

迄今为止，我们考虑了一种孤立运作的资产和两种互补性运作的资产（他们可以看作是“横向的”经营活动）。最后一个例子，我们考虑投入的上游供应者和在自己的生产过程中使用这一投入的下游购买者之间的纵向关系。如威廉姆森、克莱因、克劳福德及阿尔奇安所强调的，在这种情况下合约问题可能特别严重，并且要了解一体化是否会提供一个适当的缓解形式十分重要。

设资产 U 的经理（上游企业）生产（一个单位）投入品，把它供应给资产 D（下游企业）的经理。同上述考虑的两期模型一样。在时期 0，经理采取行动，而在时期 1，发生交易并实现利润。我们假设在时期 0 后两个经理彼此互相制约，也就是说，谁也没有可选择的交易伙伴。

我们关注的问题是投入的质量。假设这由经理 U 在时期 0 决定，并记为 x；因此，假设投入的交付发生了（它总是处于均衡中），资产 2 的收益取决于 x 和经理 D 的努力 y：$B=B(x,y)$。我们现在忽略 U 的努力成本，但假设 U 在时期 1 面临着一个变动的

生产成本 $C(x)$，它随着质量上升而增加（高质量可能需要更多的人工和原材料）。因此，在不存在合约的情况下，经理们的净收益分别为 $B(x,y)-y$ 和 $-C(x)$。

我们假设质量仅对经理 U 是可观测的。因此，合约价格不能是质量的条件；要么接受，要么放弃（take-it-or-leave-it）的出价（策略）也不能用（因为经理 D 不能观测质量）。诱惑 U 生产高质量的投入的唯一方式是根据 D 的最终收益 B 来奖励他。

此例中我们不必假设资产 D 的所有者可以抽取 B 的一部分 $(1-\lambda)$ 为己所用。可是，我们将假定资产 U 的所有者有能力增加归因于任意数量的资产 U 的可变成本，并把这些额外的成本的一部分 $0<\mu<1$ 作为（不能证明的）私人收益（均衡时，这样的成本操控不会发生，但是，如先前的例子，它约束了激励合约的形式）。148
例如，所有者能够利用额外的人工或原材料增加他所从事的其他项目的利润，而非为了供应经理 D 的目的。[24]

一个最优合约根据可证实的收益 $B(x,y)$，$C(x)$ 来奖励两个经理，也就是说，$I_U=I_U(B(x,y),C(x))$，$I_D=I_D(B(x,y),C(x))$，这里，$I_U+I_D{}^{*}B(x,y)-C(x)$。因此，两个经理的净收益分别为：

$$R_U=I_U(B(x,y),C(x))$$

$$R_D=I_D(B(x,y),C(x))-y \qquad (6)$$

请注意（6）式，它排除了由于成本操纵的收益，无论资产是否一体化都适用。然而两种情况存在着重要的差异。如果经理 U 拥有资产 U，那么均衡时，必然有：

$$\frac{\partial I_U}{\partial C} \leqslant -\mu$$

由于经理 U 有权使用成本操控技术（如果$\frac{\partial I_U}{\partial C} > -\mu$，经理 U 可通过增加成本 η，并使收入增加 $\mu\eta + \frac{\partial I_U}{\partial C}\eta$）。

另一方面，如果经理 D 拥有资产 U，相应的条件为：

$$\frac{\partial I_D}{\partial C} \leqslant -\mu。$$

要了解为什么 D 拥有两项资产的所用权可能是合意的，请注意最佳配置由 $x = x^*$，$y = y^*$ 组成，这里：

x^*，y^* 使 $B(x, y) - C(x) - y$ 最大化。 (7)

当 D 拥有两项资产时，通过设 $I_U = 0$，$I_D = (B(x, y) - C(x))$，就可以获得该解，也就是说，U 因为其可变成本而得到补偿，而 D 得到剩余。要点是形成了经理 D 的目标函数 $B(x, y) - C(x) - y$，而 U 则不关心经理 D 的行动；因此，从(7)中，私人和社会的激励结合在一起了（通过给自己一小部分净剩余 $B(x, y) - C(x)$ 来选择 x^*，U 可以得到一个正的激励）。[25] 而且，

$$\frac{\partial I_D}{\partial C} = -1 \leqslant -\mu,$$

也就是说，所有者 D 没有动机去操纵成本。

149 然而，这样的安排在非一体化情况下并不是可行的，因为 $(\partial I_U / \partial C) = 0 > -\mu$，这样 U 就有动机去操纵成本。用稍微不同的表达，符合(6)的一阶条件为：

$$\frac{\partial I_U}{\partial B}\frac{\partial B}{\partial x} + \frac{\partial I_U}{\partial C}C'(x) = 0,$$

$$\frac{\partial I_D}{\partial B}\frac{\partial B}{\partial y}=1 \tag{8}$$

然而，在 $x = x^*$ ，$y = y^*$ 时，

$$\frac{\partial B}{\partial x}=C'(x) \text{ 并且} \frac{\partial B}{\partial y}=1 \text{ 。}$$

因此，从(8)中得：$\frac{\partial I_U}{\partial B}\equiv 1-\frac{\partial I_D}{\partial B}=0$ ，

所以，$\frac{\partial I_U}{\partial C}=0$；

特别地，$\frac{\partial I_U}{\partial C}\leqslant -\mu$ 并不满足。

本例的激励作用如下。只要 U 的生产成本 C(x)能够分配给 D,那么让 U 选择有效的质量就不是问题。由于 U 的成本可以无扭曲地转移给 D(其“完整性”受到保护)，所以当 D 拥有两项资产时，这样的安排是可能的。然而，在非一体化情况下，这样的转移是不可能的，因为如果经理 D 同意支付经理 U 的成本，经理 U 就有动机以 D 的费用水平来操纵成本。

例 1 和例 2 中的原理没什么差别。在全部的三种情况中，出于激励的原因，全部收益的某些部分由一个当事人所拥有是合乎需要的。这可以通过把一方的资产收益转移给该当事人来实现(在前两个例子中资产利润被转移了；在最后的例子中成本被转移
了)。然而，我们看到，如果这种转移的进行，要是没有相应的所有 150
权或控制权的变化，就不会是完全有效率的：某些收益被所有者转移了，激励效果将变小。因而，要解决激励问题，不仅有必要把收益方案的各部分有效率地分配给不同的经理，而且为了支持这种分配，有必要分配所有权和控制权。

5. 讨论

现在我将考虑上一节探讨的剩余控制权概念与文献中其他概念是如何相符合的。我认为它与其他理论是广泛一致的，并且它提供了一个有用的组织框架。此外，正如我上面已经提到的，它允许所有权的成本和利益在同一理论(框架)内来处理。

然而，在开始讨论之前，允许我评述一下，任何值得一用的所有权理论，都应该与下列基本观察相一致：

A. 如果一个个体对其资产收益完全负有责任，那么他应该拥有该项资产。

B. 如果存在递增的管理收益，那么一个人可以管理两个企业，因而这些企业应该有一个共同的所有者——也就是说，我们应该看到一体化。

C. 如果 D 企业希望由 U 企业来供应，但是 D 同 U 的交易仅是 D 和 U 全部交易的一小部分，那么我们期望看到 D 与 U 签订一个(长期)合约，而不是 D 全买 U 的产品或 U 全买 D 的产品(假设现货市场的解决方案不可行)。

D. 如果一个行业衰退，我们期望看到企业间的合并，以便节省管理费用(他们的总部、广告部门，等等)，而不是保持独立和通过一个长期合约来分享这些一般性的经营活动。

最后一节所描述的理论(更一般讲，在格罗斯曼和哈特 1986 年的著作中有阐述)与上述所有内容是一致的(顺便说一下，我并不认为其他理论与这些观察不一致)。观察(A)已通过例 1 进行了讨论；(B)恰好是一个对资产收益负有责任的人应该拥有该资产这个概念的拓展；现在是一个经理对两项资产收益负有责任。为了理解(C)，我们注意到，当可以从 D 拥有 U 并因此控制 U 的运营获得收益时，在减少对 U 的激励方式方面也产生了成本；这些成本是由于 D 有能力把 U 在其他经营活动的收益的一部分转移给自己。U 的外部营业额越大，这些成本可能就越大。因此，如果 D 与 U 的经营活动是 U 的全部运营活动的一小部分，我们会预期成本超过收益，而且非一体化将更具优势。同样的观点可应用于 U 拥有 D 的情况，如果 D 与 U 的经营活动是 D 的全部运营活动的一小部分。

在(D)中，我们考虑这样一种情况：两个企业均初始设立，每个企业都有一个总部(或广告部门或营销部门)，但现在在一个收缩的市场里，仅需要一个总部。当事双方可以保持独立，通过一个租用另一个的总部服务。然而，总部的所有者将处于一种有利地位，它通过提供低质量的服务(或者根本就没提供服务)来敲其签约伙伴的竹杠，所以这种安排的成本可能很大。减少这种机会主义行为的一种方法是把其伙伴的利润转移给拥有总部的企业，如在第 4 节看到的，这样的安排在一体化情况下比在非一体化情况下更容易实现。因此，我们会预期考虑企业(是否)通过合并而利用了成本节约。

剩余控制权方法的某些含义已经扩展了，让我们转向它与其余文献的关系。如早先所注意到的，先前研究的一个不同是强调一体化如何改变对实物资产的控制。这与科斯 1937 年的论文相反，后者集中于一体化把一个普通的合约关系改变成一个雇员接受雇主权威（有限范围内）的合约。请注意，这些方法并不矛盾。权威和剩余控制权是非常接近的，并且没有什么理由说明，为什么关于分配剩余控制权的成本和收益的分析不能扩展到既包括人力资产，也包括实物资产。事实上，对雇员的剩余控制权和对实物资产的剩余控制权可能是有联系的。特别地，在雇佣合约与独立当事人间的合约之间的一个重要差异，就是前者允许雇主在一个分离的事件中保持雇员所使用的资产的使用权（他可以雇用另一个雇员来管理他们）。与此相反，一个独立签约人典型地会拥有这些资产的某些部分，并能够决定如果关系终止时该如何使用这些资产。

强调对资产的控制权也使这里所概述的方法与克莱因、克劳福德、阿尔奇安和威廉姆森的方法相区别。这里无法对威廉姆森的许多著作做出公正的评价。然而，我们可以注意到，对于威廉姆森（克莱因、克劳福德、还有阿尔奇安）而言，对资产的控制只是一体化收益的一个方面。其他方面也是重要的（见威廉姆森，1975、1979、1985），包括拥有权威的一方当事人通过法令解决争端的能力（与当事人通过诉讼解决争端相反）；非对称信息可以减少到一定程度的事实，对一个企业来说，监控或审计它的一个分部门要比监控或审计一个独立签约人更容易；企业A与B之间的合并有可能改变忠诚的气氛和感情的事实；例如，企业B的雇员应该对企业忠诚，作为一个整体，他们可能很少从事针对A的机会主义行为。

请注意，这些观点中的第一点看起来与剩余控制权（对人力资产）的概念是一致的，第二点也是如此（拥有对实物资产——如员工的办公室、文件，等等——的控制权会使雇主获得用其他方式所不能获得的信息）。然而，最后一点可能涉及其他的因素。[26]

在更近期的著作中，威廉姆森认为，一体化的更多利益来自于不断增加的控制会计程序的能力（见威廉姆森，1985，第 6 章）。特 152
别是，威廉姆森区分了由市场提供的“高效的”(high-powered)激励（例如，以一种补偿系统的形式，它根据业绩奖励当事人，并使每一当事人都有对其利润的剩余索取权）和更多地在企业内部使用的“低效的”(low-powered)激励（例如，以成本加成的安排形式）。威廉姆森的观点是，在企业内部和外部使用这些不同的激励安排并不是巧合的。特别地，如果企业不能控制供应者的会计程序，那么对这家企业来说，让它与一个独立供应者签订一个成本加成的协议可能就没有吸引力。同样地，如果子公司对转移价格没什么控制权，它可能不愿意接受根据其利润对其进行补偿的这种安排。请注意，最后一节的例子 3 就非常符合这种思想的精神实质，实际上可看作是它的一种形式化[至于另一种形式化，见霍姆斯特姆和蒂洛勒(Tirole)，1989]。一个不同之处是，本例中操纵账户的能力可追溯至对实物资产的剩余控制权，而不应当看作是本原。

在其 1985 年著作的第 5 章，威廉姆森探讨了所有权的另一令人感兴趣的方面。他举了不少例子说明，为使“锁定”效应最小，一项资产的所有权经常被分配。例如，考虑一个为了让卖方供应商品而必须做出一项投资的买方。假设买方进行的这项投资是可转移的，即如果买方转向另一个卖方，这项投资是可以被利用的。不过，假设在分离的情况下，该项投资对卖方是没有用的。然后，威廉姆森论述了（并提供了支持性的证据）买方将拥有这项投资。

其观点是:该项投资把买卖关系恢复到一个现货市场,而现货市场不存在锁定效应,合约很好地发挥作用。请注意,这与剩余控制权概念所提供的主要观点也是一致的(尽管更多地是用格罗斯曼和哈特 1986 年的模型,而不是用这里所举的例子)。如果卖方拥有这项投资,他为买方提供好的服务的激励将会减小,因为买方不可能轻易地转向另一卖方(他被锁定了)。这将允许卖方有效地“敲买方的竹杠”,并将以第 4 节所描述的方式扭曲买方的投资决策。相反,如果买方拥有该项投资,他的转移能力(无成本地)将使卖方“诚实”,而且他将实现其经营活动的全部收益。因而买方的投资是受保护的,并能达到一个有效率的结果。(为了恰当地说明这一结论,需要一个重复的买卖关系模型,由于某些原因,或许是信誉的原因,供应者现在的业绩与将来的业绩是正相关的。)

到目前为止,当我们提到企业的资产时,我们常想到的是实物资产。然而,企业也有无形资产,如商誉或信誉。近来要了解这些无形资产的作用的努力,在克瑞普斯的著作中被发现了。克瑞普斯把企业构建为一个等级结构,在该结构中,一个与企业有雇佣关系的个体接受(在广义的限度内)企业的权力(如员工的监督者所表述的)以明确当偶然事件发生时如何使用员工的时间。这一观点是对科斯观点的回忆。不同之处是,使员工准备承认企业的这一权威的是,企业是长期存在的,并希望保持其公平交易的信誉;
153 用克瑞普斯的话说,企业有一种提升特殊的“公司文化”的动机。

像科斯一样,克瑞普斯强调把对员工行动的剩余控制权而不是对实物资产的剩余控制权作为所有权的关键特征。这样做的一个理由是,克瑞普斯想要解释企业是如何成为一个有意义的实体的，即使它的实物资产所有权十分有限。其观点是，信誉可能是对实物资产的一个替代。事实上，克瑞普斯考虑了企业完全由信誉资本组成的极端情况：企业恰好是用其信誉来处理预料不到的（或至少是未签约的）偶然事件。

企业作为信誉的一个集合体的观点有一些吸引力，并对理解投资银行或律师事务所（或者某些经济部门）的本质是恰当的，这些实物资产难以识别。然而，一个令人满意的形式化要求解释企业的信誉资本是如何保持的，以及企业作为信誉的载体有什么特色。一个问题是，企业是长期存在的，而个体管理者并非一成不变（或至少他们有有限的生命），因此，即使我们能够解释一个管理者如何为他的正当行为树立信誉，但我们完全不清楚企业获得正当信誉的过程，也就是说，一个正当的管理层被另一个管理层所继承的过程是什么。克瑞普斯论述到，理解这一过程的一种途径，是假设管理者的正当行为特征与选择一个正当的继承者的愿望是有联系的。然而，这似乎是基于理论的一个强有力假设。第二个问题是，为什么一个新的机构——企业——需要作为信誉的集合体来创立，其原因还不太清楚。也就是说，如果参与标准合约关系的个体取得了信誉，作为信誉载体的企业的特征是什么？从稍微不同的角度看，企业是一个信誉集合体的观点与企业的信誉通常不是同质的（企业可以有具有不同信誉的单位或子公司）事实似乎并不一致。问题是为什么这些没有作为单独的企业来考虑。（一个例子是斯坦福商学院和斯坦福经济系——二者都是斯坦福大学的子部门——他们有争议地是不同的信誉集合体。）

结论是，克瑞普斯的企业观点是一个令人感兴趣的观点，它留

下了某些未回答的问题。特别地，相对于个体而言，在组织中被具体化的信誉意味着什么——以及一个组织在多大程度上可被看作是以其信誉为特征的——这样的问题仍然没有得到解决。

6. 结束语

科斯 1937 年的论文无可非议地已成为组织理论的一个主要发展。作为科斯的工作和最近威廉姆森与其他人的工作的结果，我们现在对企业是什么的问题有了一些答案，在本文中，我已经论
154 述了不完全合约和剩余控制权为思考企业提供了一个有用的组织框架。在其他文献中，他们允许一体化的成本与收益以一种统一的方式来检验；人们不需要用一种理论来理解收益，而用另一种理论来理解成本。

然而，仍有大量工作要做。这里提到的分析的主要局限是财务资源约束被忽视了，而且资产所有者被假设为是一个单一个体。特别地，我们假设，如果一个管理者拥有一项资产是有效率的，那么他会购买这项资产；他没有资金购买资产的可能性没有被考虑。当然，现实中，管理者或企业家本身通常并没有融资项目的资源，他们接近投资者以寻求帮助（另一种可能是他们有资金，但不希望独自承担项目的所有风险）。然而，外部融资把更多的一类拥有权益的当事人引入到交易中：债权人或权益持有者。这使得所有权之谜更加复杂了。在企业里谁应该有控制权？应该是企业的管理者吗？还是投资者？抑或是二者的结合？比方说，如果权益持有者拥有控制权，那么当股东可能是一个高度分散的群体时，这些控

制权如何执行呢？

像这样的问题开始在一些理论文献中有阐述。[27]这些答案将有助于我们对组织的性质的更深理解，未来 50 年有一切理由令人兴奋。

注　释

感谢国家科学基金会和 MIT 的能源政策研究中心的研究资助。我还要感谢本格特·霍姆斯特姆、保罗·乔斯克和吉恩·蒂洛勒的有益交流，我也从查看霍姆斯特姆-蒂洛勒(1989)的早期著作中获益。

1　对于追随科斯的优秀文献的回顾，见乔斯克。读者也可以参考由皮里(Perry)近期所作的关于纵向一体化的一般性调查。皮里考虑的一个非常重要的题目(但这里忽略了)是在上游或下游市场中允许利用垄断力量的一体化的作用问题。

2　关于价格模式和数量模式的讨论，魏茨曼(Weitzman)后来的工作富有启发性，虽然后者并没有明确地涉及企业的结构。另见西蒙对两个模式的一种早期形式化。

3　科斯本应该很好地回答：处于一个雇佣关系中的两个当事人的权利和义务与标准合约关系中的那些权利和义务是不同的，它更多地是通过权利来激励。这个观点最近已由马斯特恩作了详细阐述，他论述了雇员有一种忠诚的义务，并有一种以独立签约人所不能的方式向雇主披露有关信息的责任。科斯现在的观点似乎是，强调把雇员关系作为企业的原型是他 1937 年的论文的一个缺点。在第 3—5 章，他论述了企业关系的一个本质方面，是互相合作的不同个体之间合约的多样性。

4　威廉姆森也强调了信息压缩、有限理性和机会主义的作用。现在看，这明 155
显地出自科斯的信函，科斯早在 1932 年就考虑了专用投资的重要性。然而，在 1937 年的论文中，科斯并没有使人相信专用投资的意义，也没有提及专用投资。

5　特定关系投资与机会主义行为之间的联系是戈德堡(Goldberg)所强

调的。

6 或者还可能是卖方的忠诚感觉改变了。

7 一个例外是威廉姆森(1985,第 6 章)。这在下面将以较大的篇幅进行讨论。

8 例如,见哈特和霍姆斯特姆。

9 做这种假设的两篇论文是阿罗和克罗克(Crocker)。应该注意到,可能存在间接的机制,通过这种机制,所有权的变化导致了信息结构的变化;见格罗斯曼和哈特(1986,第 6 章)和下面。

10 这些事件是当事人所预料不到的,或者是他们意料中的,但当事人不能以一个清晰的(并可实施的)方式事先做准备。

11 假设 $B(x)$ 具有通常的新古典的特征(例如,严格的凹性)。

12 至于更多的内容,见格罗斯曼和哈特(1986)。

13 我们视 λ 是确定性的,但是以后的分析会容易地推广到 λ 是随机的情况。

14 外部人以管理者的费用抽取利润的一个极端情况是,如果他卖掉机器,并把利润据为己有(一定程度上,最初的合约并不能约束这种行为)。

15 均衡的 E 值将取决于签订合约时当事双方相关的讨价还价的力量,反过来将依赖于事前的合约市场如何竞争。我们的结论与事前的剩余如何划分无关,所以在接下来的讨论中,没有必要处理 E 的决定问题。

16 这种论证推广到 I 是不可微的情况。经理选择他的努力水平 x,和增大的利润额 u,以便使 $I(\lambda B(x)+u)-x-u$ 最大。该解不可能是 $x=x^*$。为了说明这一点,请注意,如果经理从 x^* 中减少 x 到 $(x^*-\varepsilon)$,并增加 u 以保持 $\lambda B(x)+u$ 不变,那么 I 将保持不变,由于 ε 很小,$(x+u)$ 将下降(因为 $(d/d\varepsilon)(x+u)=-1+\lambda<0$);因此经理的境况是好的。

17 这个例子的结论应该与产权文献中的标准结果进行对比,在无外部性的世界里,私人产权是有效率的(例如,见德姆塞茨)。导致后一个结果的是如下思想:只有在产权是私人拥有时,资产使用者才会从他的经营活动中获得全部收益,因此在社会上采取有效的行动。在这一文献中,不论谁拥有产权都可以达到效率——只要产权很好地界定,并且不过于分散(这样,不同所有者之间的谈判成本就可以避免)。与此相反,现在的模型把资产是私人拥有的观念看作是给定的,并寻求在不完全合约的世界中资产的事后最优配置是什么。尽管方法间存在着差异,但对产权文献的现有研究的理智上的欠缺应该是显而易见的。

18 把这个例子与格罗斯曼和哈特(1986,第 6 章)所提出的模型联系起来是值得的。上述例子中,资产所有者能够从事的抽取利润的活动,在格罗斯曼和哈特(1986)的文献中与事前的不可缩、事后的可缩变量 q 相一致。在本文中,资产所有者通常没有动机以事后有效的方式选择 q,所以假设当事人在时期 1 通过一个新合约,达成了 q 的一个有效选择。在本例中(及以后发生的),剩余控制权总是由行使它们的人有效地加以使用(这些权利只影响事后剩余的分配,不影响它的大小)。因此,在时期 1 的任何重新谈判或新合约就没什么作用了。 156

19 更一般的模型将有一个双向的外部性。

20 精确的时间选择是经理在时期 0 同时地、不合作地选择他们的努力水平 x,y 和由此增加的利润额 u,v。在时期 1,假设每个人都知道对方的选择,并且在 π_1,π_2 实现之前都有机会处理他所运作的某些资产利润。这个模型是阿尔奇安和德姆塞茨补偿性生产理论的回忆。另见霍姆斯特姆。

21 也存在着经理 1 拥有两项资产的可能性。假设我们有详细说明,这种情况令人不感兴趣。

22 像以前一样,要得到这一结论,我们并不要求 I_1,I_2 的可微性。经理 2 选择 y 和由此增加的利润额 v,以使 $R_2=I_2(\lambda B_1(x,y)+u,\lambda B_2(y)+v)+(1-\lambda)B_2(y)-y-\text{Max}(v,0)$ 最大。(如果 v 是负数,经理就会放弃而不是增加利润)假设 $x=x^*$,$y=y^*$ 是一个均衡解。设经理 2 从 $y^*+\Delta y$ 中减少 y,这里 Δy 很小并且是负数,使 v 增加 Δv,以保持 $\lambda B_2(y)+v$ 不变。那么,B_1 下降,但是:

$$\begin{aligned}\Delta R_2 &\geqslant I_2(\lambda B_1+\lambda\Delta B_1+u,\lambda B_2(y^*)+v)-I_2(\lambda B_1+u,\lambda B_2(y^*)+v)\\&\quad+(1-\lambda)\Delta B_2-\Delta y-\Delta v\\&=\lambda\Delta B_1-(I_1(\lambda B_1+\lambda\Delta B_1+u,\lambda B_2(y^*)+v)-I_1(\lambda B_1+u,\lambda B_2\\&\quad(y^*)+v)))+(1-\lambda)\Delta B_2-\Delta y-\Delta v\\&\geqslant\lambda\Delta B_1+(1-\lambda)\Delta B_2-\Delta y-\Delta v,\end{aligned}$$

因为 $I_1(\lambda B_1+\lambda\Delta B_1+u,\lambda B_2(y^*)+v)\leqslant I_1(\lambda B_1+u,\lambda B_2(y^*)+v)$(否则经理 1 就将通过减少 u 自己处理 ΔB_1)。可是,当 Δy 很小时,最后的表达式与$(\lambda\gamma'(y^*)+B'(y^*)-1)\Delta y$ 相近似,而且是正的(由于 $\Delta y<0$)。

因此 $\Delta R_2>0$，即经理 2 的境况更好。这与均衡时 $x=x^*$，$y=y^*$ 的假设是矛盾的。

23 如在霍姆斯特姆那里，第三方是有用的；事实上，通过设定 $I_1=\pi_1+\frac{\pi_2}{\lambda}$，$I_2=\frac{\pi_1}{\lambda}+\pi_2$。最佳解在非一体化的情况下也能达到。然而，标准的共谋论点可以用来证明没有第三方也是合理的。

24 资产所有者能够操纵分配到资产上的成本的观点已由威廉姆森（1985，第 6 章）做了强调。这个观点也是霍姆斯特姆和蒂洛勒纵向一体化模型的基础。

25 这里假设目标函数 $B(x,y)-C(x)-y$ 是凹的。

26 米尔格罗姆论述了一体化更多的成本是雇员可能花费太多的时间努力去影响对其有控制权的雇主。这种影响也可以通过剩余控制权得到理解。

27 例如，见阿格宏（Aghion）和伯尔顿（Bolton），格罗斯曼和哈特（1988），以及哈里斯（Harris）和拉维夫（Raviv）。请注意，给经理或投资者以控制权并不是唯一的可能性。其他的还包括工人控制（如在工场管理的企业）和消费者控制（如在消费者合作的企业里）。对于这些可能性的有趣讨论，见法马（Fama）、詹森（Jesen）和汉斯曼（Hansmann）。

157 参考书目

Aghion, P., and P. Bolton. 1987. "An 'Incomplete Contracts' Approach to Bankruptcy and the Optimal Financial Structure of the Firm." Unpublished mimeo.

Alchian, A., and H. Demsetz. 1972. "Production, Information Costs and Economic Organization," 62 *American Economic Review* 777—95.

Arrow, K. J. 1975. "Vertical Integration and Communication," 6 *Bell Journal of Economics* 173—83.

Coase, R. 1937. "The Nature of the Firm," 4 *Economica* n. s. 386—405; repr.

(1952) in G. Stigler and K. Boulding, eds., *Readings in Price Theory*. Homewood, Ill.: Richard D. Irwin.

——. 1960. "The Problem of Social Cost," 3 *Journal of Law and Economics* 1—44.

——. 1988. "The Nature of the Firm: Origin, Meaning, Influence," 4 *Journal of Law, Economics, and Organization* 3—47 [chapters 3—5 this volume].

Crocker, K. J. 1983. "Vertical Integration and the Strategic Use of Private Information," 14 *Bell Journal of Economics* 236—48.

Demsetz, H. 1967. "Toward a Theory of Property Rights," 57 *American Economic Review* 347—58.

Fama, E. F., and M. C. Jensen. 1983. "Separation of Ownership and Control," 26 *Journal of Law and Economics* 301—25.

Goldberg, V. 1976. "Regulation and Administered Contracts," 7 *Bell Journal of Economics* 426—48.

Grossman, S., and O. Hart. 1986. "The Costs and Benefits of Ownership: A Theory of Vertical and Lateral Integration," 94 *Journal of Political Economy* 691—719.

——. 1988. "One Share/One Vote and the Market for Corporate Control," 20 *Journal of Financial Economics* 175—202.

Hansmann, H. 1986. "A General Theory of Corporate Ownership." Unpublished mimeo, Yale University.

Harris, M., and A. Raviv. 1988. "Corporate Governance: Voting Rights and Majority Rules." Forthcoming, 20 *Journal of Financial Economics* 203—35.

Hart, O., and B. Holmstrom. 1987. "The Theory of Contracts." In T. Bewley, ed., *Advances in Economic Theory*, Fifth World Congress (Cambridge: Cambridge University Press).

Holmstrom, B. 1982. "Moral Hazard in Teams," 13 *Bell Journal of Economics* 324—40.

——,and J. Tirole. 1989. "The Theory of the Firm." In R. Schmalensee and R. Willig, eds., *Handbook of Industrial Organization*, forthcoming.

Joskow, P. 1985. "Vertical Integration and Long-Term Contracts," 1 *Journal of Law, Economics, and Organization* 33—80.

Klein, B., R. Crawford, and A. Alchian. 1978. "Vertical Integration, Appropriable Rents and the Competitive Contracting Process," 21 *Journal of Law and Economics* 297—326.

Kreps, D. 1984. "Corporate Culture and Economic Theory." Unpublished mimeo, Stanford University.

Masten, S. 1988. "A Legal Basis for the Firm," 4 *Journal of Law, Economics and Organization* [chapter 12 of this volume].

Milgrom, P. 1988. "Employment Contracts, Influence Activities, and Efficient Organization Design," 96 *Journal of Political Economy* 42—60.

158 Perry, M. 1989. "Vertical Integration: Determinants and Effects." In R. Schmalensee and R. Willig, eds., *Handbook of Industrial Organization* 183—255.

Simon, H. 1951. "A Formal Theory of the Employment Relation." 19 *Econometrica* 293—305.

Weitzman, M. 1974. "Prices versus Quantities," 41 *Review of Economic Studies* 477—91.

Williamson, O. 1975. *Markets and Hierarchies: Analysis and Antitrust Implications*. New York: Free Press.

——. 1979. "Transaction-Cost Economics: The Governance of Contractual Relations," 22 *Journal of Law and Economics* 3—61.

——. 1985. *The Economic Institutions of Capitalism*. New York: Free Press.

10 企业理论再考察 159

哈罗德·德姆塞茨

从 1776 年现代经济学诞生到 1970 年，将近 200 年的跨度，改变经济学家观点的有关企业理论的著作似乎只有两部：奈特的《风险、不确定性和利润》(1921)和科斯的“企业的性质”(1937)。这种忽视基本上可以归因于经济学家们把注意力都放在了价格体系上。以马歇尔的典型企业和瓦尔拉斯(Walras)的拍卖者为特征的关于价格体系的研究，破坏了经济学家对企业的认真思考，未能把企业视为一种解决问题的制度。

科斯的贡献是根本性的，有很多理由。但毫无疑问地是唤起人们注意：还没有企业存在性的理论，以及市场不能无成本地运作的事实的重要性(对企业存在性理论而言)。然而，从本文中间部分所讨论的那些方面看，企业理论仍然是不完整和不清晰的。一个更完整的企业理论，就必须比科斯的理论或以逃避责任和机会主义为基础的那些理论更加重视信息成本。这一部分将在本文的最后讨论。由于信息成本是交易成本的一个重要因素，因而，信息成本在交易成本理论中就占有重要地位。它也在奈特的风险共担理论和企业代理理论中占有重要地位。然而，信息成本的重要意义在于，它比这些理论所认为的更加根本。因此，本文首先讨论这个问题是有益的，即为什么完全竞争模型中所假定的无成本的信息使得研究企业的模型无效。

1. 完全分权化

完全竞争（模型）所展示的是这样一个模型，它更多的是谈论价格体系，而对企业的竞争或组织却几乎没有提及。原因很可能在于，这种模型起源于18世纪重商主义者和自由贸易者之间的争论。这一争论并没有涉及竞争本身，当然也就不会考虑企业的组
160 织问题。争论的是英国和欧洲各国政府处理经济事务的适当范围。要避免经济的无序状况，是否需要中央计划经济呢？斯密的理论虽然保留了国家的有限作用，但他的答案却是否定的。此后的“斯密学派”与反对意见之间的论战，导致了对价格体系以某种方式发挥作用所需要的条件的更仔细的考察，这种考察证实了斯密的观点。几乎是在200年以后，这些条件成了完全竞争模型的正式形式。

这一模型的学术成就在于，它从经济的集中控制中完全抽象出来（德姆塞茨，1982）。所构建的模型不是竞争，而是极端的分权化。通过利用该模型，人们可以评价极端的分权化是否会导致无序的资源配置。该模型中的行为者最大化自己的效用或财富，他们做事时不考虑其他人的决策，甚至无视其他人的存在。无论任何人是否会“在那儿”对这些参数做出反应，同样的价格（与技术）会得出同样的决策。如果说这种非人格化的最大化行为是竞争的话，那它也是一种非常有限的竞争。正如奈特

所指出的那样，这里不涉及谁比别人做得更好的问题。把这种模型同竞争视为一体，带来了不小的危害。因此，这种模型恰当的名称就是完全分权化（perfect decentralization）。

通过假定保证权力或命令在协调资源中不起作用，完全分权化在理论上就是可实现的。指导人们做出选择的唯一参数是那些给定的爱好或技术，以及那些由市场决定的非人格化的价格。所有的参数都不受模型中行为者或制度的任何控制，因此这些假定有效地排除了权力的任何作用。资源配置完全通过理论上的显著收益证明是有效的，即通过一种简明的、连贯的、微妙的、然而却是简单的模型来推导出资源所有权极端分权化的均衡结果。该模型不仅是理解在一个分权化经济中价格如何引导决策的强有力工具，而且还可以用来评价列入模型中参数的外生变化所产生的影响。税率或关税变化的影响，或价格支持的结果等，都可用比较容易的方式推导出来。

该模型对于我们理解一种命令型经济或者以权力为中心建立起来的政治程序的运转方式没什么帮助。例如，在公共财政中，它的作用就是要理解价格体系是如何“消化”税收的，而不是要理解各种政党的行为；该模型也不反映法律制度，交易被看作是在没有偷窃或欺诈的情况下发生的。产权制度对价格体系发挥作用极其重要，但却被暗含地假定为在交换中可以无代价地起作用。由于该模型的真正目标是要研究不存在权力情况下的资源配置问题，这些抽象是有理由的。

对本文来说还有一点：该模型假定，企业能够获得决策所需要的全部、免费的生产可能性和价格，以最大化企业目标。管理者的

非精神作用，是要探索不确定性，并有意识地控制资源，而资源所有者则有一种追求其自己利益的倾向。因此，在一个具有全部、免
161 费知识的模型中，并不容易分析出管理者善于处事的作用。价格理论中的“企业”，不过是用来使价格体系的讨论变得容易的一种带有修辞色彩的装置。对管理者通常应承担的任务，也只是进行最肤浅的、形式上的讨论。它们没有误差，也没有成本，就像通过一台完备的、免费的计算机来执行一样。而管理者的真正任务——设计或开发市场、产品和产品技术，积极对雇员的行为进行管理——这些内容在完全分权化的市场模型中都不起作用，因为该模型假定可以无代价地完全知晓所有的产品、市场、产品技术和价格。

似乎管理者要保留的唯一任务，也是传统价格理论中的企业所关注的，就是选择利润最大化的投入和产出数量。但是，由于这种选择所需要的信息随手可得，所需要的计算也不费吹灰之力，该模型就把管理者完成这些任务的任何有意义的生产率也给剥夺了。**最大化的成本**被忽略了，或者被暗含地假定为零。实际上，做出最大化决策所必需的那些资源被视为好像根本不稀缺。[1]

这种概括的唯一例外，是那些有时用以证明U型平均成本曲线——“企业家能力”报酬递减的基本原理。假定企业家的决策能力是有限的，因而是有成本的。由于这种能力不能随着其他投入的增加同比例增加，因而成本曲线最终会上升。然而，这种解释与该模型的假定并不一致，因此它必须被当作是一个特例和外生的。既然该模型假定，拥有关于生产技术关系和价格的全部的、免费的信息，那么，要合理解释为什么企业规模会影

响所有者或企业家的决策能力，就变得困难了。[2]

不存在大量的管理协调是完全分权化模型的必要条件。这是其学术上的成就，而且也是在极端分权化情况下理解价格体系的力量源泉。这也是该模型在分析管理协调时存在弱点的根源。在一个知识总是不完全的、获取知识是有代价的世界中，管理是一种人们所使用的稀缺资源。很显然，认识到这一点，就可以改变我们对企业的理解。这个问题已由奈特和科斯明确地指出过，而且它还是基于监督成本理论的重要组成部分。奈特的分析是把企业看作是一个有效的分担风险的机构，它以风险回避和有成本的知识为依据；科斯的理论，就是著名的企业的交易成本理论，其中心议题是有成本的管理与交换的相关性问题，其中当然包含信息成本的重要组成部分。

2. 企业的交易成本理论：若干问题

在转向讨论交易成本理论之前，有必要澄清一些术语。在本
文中，我自始至终使用“交易成本”和“管理成本”，分别指通过市场 162
和在企业内部组织资源所花费的成本。这与科斯的术语是一致的。近年来，有关企业理论的著作有时使用“交易成本”，它不加区分地是指组织成本，不论该成本是在企业内部产生的，还是通过市场实现的。这种不太适当的用词在本文的讨论中得以区分，它比一字一义的表述要好。例如，威廉姆森就经常被迫使用“超出市场组织成本的（企业）内部组织的治理成本”。如果读者对这些新术语感到更舒服的话，尽管我不知道何以如此，那么，他也可以把我

使用的管理成本和交易成本分别转换成通过企业实现的组织治理成本和通过市场实现的组织治理成本。

最初提出交易成本概念,是为了解决企业的存在性问题。完全分权化模型充分地证明,从非人格化市场产生的价格能够很好地配置资源。这时,企业作为一种制度,为什么会出现呢?科斯提出并回答了这一问题:如果市场的交易成本相对管理成本来说很大,那么利润(或效率)最大化就要求用企业来代替市场。科斯用令人信服的技巧把交易成本和管理成本进行比较,得出了界定企业范围的正式条件。至于把企业所承担的任务扩展到什么程度,应通过这两种成本的边际价值相等来界定:一方面资源配置在企业内部进行,另一方面资源配置以市场价格为导向。据我所知,在所有企业理论的应用中,这种交易成本和管理成本的比较,已经成为交易成本理论概念形成的焦点。但是人们并没有认识到其中存在的困难,有些困难将在下文讨论。

要区分从市场上购买商品与企业内部生产(in-house production)并不容易,因为内部生产也使用从市场上购买的投入要素,即用从市场上购买投入要素来代替从市场上购买现成的产品。因此,内部生产并不等同于完全取消交易成本。同理,从其他企业购买产品,而不是自己生产这些产品,也包含了隐含购买其他企业所提供的管理服务。因此,无法通过从市场上购买现成产品来消除管理成本。如果我们停留在科斯的框架内,要提的正确问题并不是管理成本大于还是小于交易成本,而是内部生产所产生的管理成本与交易成本之和,是否大于或小于从市场上购买所产生的管理成本与交易成本之和,因为每一选择都必须有相应的成本支出。

这个问题可以稍微换一个角度来考虑。如果交易成本为零，而管理成本为正，那么交易成本理论就预示着企业的消亡。但是这意味着什么呢？只能意味着每个个体都像企业那样行事，把自己的产品卖给与他同样行事的个体。但这是对交易成本理论的一
个误解，即认为这种生产组织会消除管理成本。其实，管理成本是 163
无法消除的，除非是通过定义。如果管理的含义不只限于和其他人打交道，那么，只要每一个体打算并进行其生产活动，管理成本就会发生。既然这样，管理成本就一直在大量的企业中以更加散乱的形式起作用。

进一步的推论是，“如果交易成本为零，则所有的生产都应由个人来完成”这一结论也是错误的。因为无论是个人单干（如前面所描述的那样），还是由多人组成企业来合作，都取决于管理的规模经济程度。如果管理服从于规模经济，那么由多人组成的企业就与交易成本为零完全一致。交易成本为零告诉我们的只是，通过更多地依靠明确的谈判的方法，可以组织多人的合作生产，而不是说在交易成本大于零时才能这样。但是，更多地依靠明确的谈判在某些方面可能是重要的，在其他方面则不然。要是合作的个体基本上采取相同的行动，以求在一段时间内具有相同的协调一致性，就像他们依赖“就业合同”那样，依靠一系列明确的、短期的谈判，那么这些组织技术间的差异就不会产生实质性结果。无论是在哪种情况下，企业的本质都会在所获得的合作行为方式中得到反映。其道理可能与每一种组织技术是一样的。

换一种方式看这个问题也很有益，那就是要看到，可以购买另一个企业的产品，或换言之，就是购买别的企业。但购买别的企业

的产品也是内部生产，因为这等于购买生产产品所需要的投入要素。如果假定交易成本为零，而假设管理成本为正，按照交易成本理论，就应该去购买产品，因为管理内部生产总要花费一些成本。但是要管理另一家独立的企业，就存在成本；而且这种成本还会计算到本来打算购买的那些产品的价格中。无论是购买这家企业，还是购买其产品，都必须支付这笔隐含的管理成本。因此，决策就依赖于传统理论——管理是否受规模经济的限制？而且，从更实际的情况看，假设管理成本、交易成本和生产成本都是正的，通过估计企业合并或独立生产哪种方式产生的单位成本最低，以及在产出的相关范围内把这些成本列入考虑，才能得到正确的决策。可见，与决策有关的不仅是交易成本，还有其他成本。

被纵向分权的协调程度不再只是交易成本的问题，乃至与管理成本相关的交易成本。当企业确信购买投入要素比生产要素更便宜时，就会购买这些要素。交易成本是从别人那里购买的成本中的一个基本要素，但不是唯一要素。存在各种其他成本，包括我们通常所说的各种生产成本。如果对投入要素索要的价格能够反映卖者的预期生产成本，再加上交易成本和运输成本，结果低于进行内部生产的成本，企业就会购买这种投入要素。因此，一个说法是，企业在自己生产要素更便宜时就自己生产；另一个说法是，当交易成本低于管理成本时企业就会从别人那购买产品；这两种说法并不等价。此外，如何决策还要看潜在的买者和卖者如何分担
164 内部生产成本，简单说就是，决策取决于把外部采购和内部生产的全部收益和损失进行的比较。其实，交易成本增大所导致的结果，并不像交易成本论者所主张的那样，是用管理协调来代替市场协

调，而是少数几家大企业的管理协调来代替众多小企业的管理协调。（现在较大的）企业各部门之间对投入要素的**有管理的**支付被市场的**有管理的**买入与卖出所替代。即一种管理类型取代了另一种管理类型。

从上述的观点看，恰恰是这个新的术语特别令人感到迷惑。通过使用治理成本或交易成本来表示所有成本，不管它们是发生在企业内部还是在市场上，都能很容易地认定：最近的文章在使用交易成本这一概念时，指的就是必须考虑各种成本（至少要考虑全部的组织成本）。果然如此的话，是不是说我们达到了这样一种认识：把各种成本都考虑进来，当企业的成本低时就用企业来生产，当市场的成本低时就用市场来生产？这种观点的价值完全值得肯定，但笔者认为，这样说就否定了交易成本理论的任何预测作用。况且，在近来研究企业问题的一些新著作中，由于考虑的问题更为复杂，对这里的交易成本理论采取了敬而远之的态度。例如，威廉姆森在其著作的第一部分论述资本主义制度时就声称，资本主义的基础就在于考虑了交易成本。但是他在书中其余部分并没有自始至终真正地使用交易成本。只是在分析资产专用性时，才保留一点有关预测的内容。他分析资产专用性，是暗示利用市场来支配人们的行为的成本会更高。但是，正如笔者后面将要讨论以及正如科斯本人在现在的演讲中所认为的那样，这种联系是很弱的。

强调重视（或声称要重视）交易成本，模糊了我们对事物全景的看法。因为其中隐含地假定所有的企业都能生产同样的产品或提供同样的服务。“隐含地”是指，由于那个“其他”企业被“市场”所代表，并且这个市场被看作是对企业生产的一种完全替代。唯一能看到的就是通过市场进行交易的成本和内部管理的成本之间的比较。由于(市场)不大可能完全代替企业来生产产品和提供服务,而且由于如果存在信息成本,一般来说市场也不会完全代替企业。即使当交易成本为零而管理成本为正时,企业也可能有兴趣生产自己的生产要素。其他企业的生产成本可能如此之高,以致内部生产优于购买其他企业产品。或者,如果其他企业发生的生产成本充分低,即使管理内部生产的成本为零,也可能促使企业购买其他企业的要素。[3]

文献中存在的混淆源于一个暗藏的假定:即我们一直受到完全分权化模型的支配,并且在某些方面还假定,信息仍是完全的、免费的。尽管获取交易信息和管理控制信息被看作是有成本的,却还是暗含地假定获得生产信息是免费的。一家企业能生产的东西,另一家企业也能生产得同样好,所以自制还是购买(make-or-
165 buy)决策就不能依生产成本中的差异而决定。剩下来的唯一选择标准就是比较交易成本和内部管理成本的大小,或者更准确地说,是比较自制还是购买选择所提供的每一备选方案的总成本。照这样看,企业的交易成本理论忽视了企业间的差异,只要这些差异不在控制功能的范围之内,并且妨碍对这种差异的研究。由于各种原因,被兼并的企业可能不像独立的企业那样把各种成本进行加总,并且大部分原因可能与在管理成本与交易成本范畴支配下的分析相抵触。考虑的因素好像并不真正地包含在这些成本范畴中,因此企业生产率可能受到影响。每个企业都是一个关于技术、人员、方法的买卖关系的集合,该集合被企业所特有的信息隔绝层所完全包含和约束,它不能很容易地或迅速地被改变和被模

仿。交易成本理论所强调的是,该集合的组成部分是重要的,但这并不是独有的。

简言之,关于交易成本理论的一般批评,比如现在,必定是由于有些过于简单化和有些忽视对该理论更精细的应用。与这里给出的解释相比,对于从较广的意义上使用该理论的每个人不可能做到公正。虽然这样,交易成本理论的主要重点及其运用,当然还是比较交易成本和管理成本的大小,以便得出关于组织的结论。这个重点已经导致忽视了经济组织的其他决定因素(其中的一个将在下面讨论),尽管其中有些被一带而过地提到过,像过去一样,通过那些把(或声称要把)交易成本理论作为其制度上的组织范例。这里所讨论的是交易成本理论的范例式使用。[4]

除了考虑生产功能和组织的总成本之外,交易成本理论的作用还在于,它唤醒了我们用它来分析问题的能力,用它来分析很多的问题。但做到这一步并非一日之功。要讨论交易成本、管理成本和生产成本之间的关系,如果既没有对他们进行区分,又不了解其数额大小,就很难讨论。例如,一个人可以打电话给另一人在某一时间之前购买某些特定的资产,如果能以低于规定的价格购买更好。这是一种交易行为还是管理行为?知道答案会允许我们决定:这种活动成本的增加是否被人们预期要导致用一个企业代替两个企业或两个企业代替一个企业的结果。因为这个电话可能是企业的所有者或经营者打给他在采购部门的雇员的,或者是一位顾客或投资者打给自己的经纪人,要他提供某种服务的。因此,除非我们已经知道我们正在讨论的是企业还是市场,否则就很难了解我们现在谈论的究竟是交易成本还是管理成本。尽管在某些特定情况下,例如对交易行为征税的情况,要想确定我们涉及的到底是哪一种成本是可能的,但在通常情况下,则确实很难。这就是我们很难利用与“管理”成本有关的“交易”成本这个尺度去预测变化了的环境如何影响经济组织。这种内在的困难就在于,同样的组织活动经常具有交换与管理两种特征。

166 假设区分这些成本的问题在某种程度上已经得到解决,也还存在应该规定哪些条件才能相对地衡量这些成本孰高孰低的问题。如果我们要积极地应用交易成本理论来解释经济组织的结构,就必须对此做出回答。市场规模的扩大会不会降低与管理成本有关的交易成本?它是否只经销服务而不经销产品?是否跨国界处理事务?我们确信,如果企业的交易成本理论可应用到对企业的研究中,这样的问题就一定会有答案。迄今为止,我们还不知道哪些理论会影响这些成本的相关度量。

克莱因、克劳福德和阿尔奇安(1978)、里奥丹(Riordan)和威廉姆森(1985)以及威廉姆森(1985)采用的观点都认为,资产专用性就是这样一种理论。它增大了关于机会主义的视野,这种增大的视野被假设为就是增加交易的成本。笔者则无法确信,在具体签订合同条款时,是不是有了资产专用性这个概念,就比没有这个概念要多花费成本。就算签约真要多花成本,其数额也不会大到哪里去。通过合约的方法来解决资产专用性问题,也许几乎和通过纵向一体化来解决它一样容易,而后者则为这些作者所垂青。事实上,并不是在交易成本上发生的、可以预测的重大变化促使这些作者提出了纵向一体化的结论;而是假定一旦达不成协议,连同资产专用性一并计算的总损失要比不考虑资产专用性的损失更大，这才是真正的原因。情况很可能是这样（虽然笔者还不能确信）：无论资产专用性是否存在，都不能影响交易成本的大小；即使在这种情况下，上述结论也可以成立。比较以下两种说法：一个说法是，如果协议失败，资产专用性会导致损失增大；另一个说法是，资产专用性会导致交易成本增大。两者相比较，前者要比后者更为简明，更少误导。

如果假定可以把增加交易成本和增加管理成本的行为区分开来，那就要搞清楚利用交易成本理论能解释哪些问题。考虑一下科斯所说的与雇佣关系相一致的长期合约问题。照他的观点，如果交易成本比较高，人们就会更加依赖期限相对较长的合约。企业就不会按每天或按每件，而是按一个时期雇用职工。这样说在大多数情况下都是正确的，但至少从原理上说，由于员工可以随时辞职或被解雇，也只有继续合作对雇佣双方都有利时，才能达成长期的就业合约。避免交易成本过高固然是这种利益动机的一部分原因，但过分关注这一点，使我们忽略了其他的、可能更重要的、继续合作的理由。如果这些原因确实存在，其中一些原因将在下面讨论，那么即使不存在交易成本，人们也会努力寻求建立一个时期内的合作，以便把长期合约所能达到的结果再现出来。那就会通过一系列暂时的、不费成本的市场协议，把同样的雇主和雇员联结起来，由此就能通过不断重复的市场协商，把以就业合约为特点的那种企业再建立起来。即使没有交易成本，也会产生和有交易成本同样的、行为上的相互关系。如果我们把“这种”企业看成是按照这样或那样的协议建立起来的一组特殊行为关系，那么，成本的作用就仅限于解释这种企业是如何建立的，而不能回答它是否存

在的问题。企业如何建立的问题固然在某些方面令人感兴趣，但是企业之所以成为企业，则在于它具有各种合同条款所规定的行
167 为特点。至于这些行为又是如何决定的这一重大问题，就超出了企业交易成本理论所强调的范围，要由其他因素来决定了。

3. 道德风险、逃避责任和机会主义

在 20 世纪 70 年代这十年，关于企业理论的各种研究开始从简单的交易成本格式中分化出来。人们的注意力越来越多地转向实现激励合作的问题。人们开始关注伯利和米恩斯（Berle and Means）早在《现代公司和私有产权》（1932）一书中就提出的问题——所有权和控制权的分离——但是与伯利和米恩斯所关注的问题不同的是，理解如何组织企业才能解决这些问题成为任务之一。由肯·莱恩（Ken Lehn）和笔者（1985）最近主持的关于企业所有权结构的调查就是这个发展主线的继续。

该问题要求人们重视对企业的内部组织的理解，而交易成本理论方法则鼓励人们详细地阐述以下问题：诸如“企业为什么存在？”或者“为什么会产生纵向一体化？”等等。道德风险分析、逃避责任和机会主义——这些激励相容性问题——形成了对企业的内部组织的解释，这些解释很难仅从交易成本的讨论中推导出来。毋庸讳言，这些问题中已经包括了交易成本的思想，至少从（非常）广义的交易成本定义来看是如此。[5]他们预先假定有一个完全不存在的正的协商成本。但是，交易成本在解释一个组织对这些问题的反应方式的作用时，就像重量在解释化学反应的作用时一样；重

量确实对化学反应有影响，但它绝不是解释化学反应中所观察到的各种变化的关键变量。

因此，阿尔奇安和德姆塞茨（1972）依据逃避责任的机会主义的行为差别，而不是依据交易成本的差别，来理解企业的组织问题。其焦点集中在，企业的组织如何通过由此产生的监督需要的差异而得以说明。[6]与上述讨论相似，关于机会主义的文献实际上依据的是假定的资产专用性与合约失败所产生的预期损失之间的相关程度，而不是依据于交易成本的变化。所选择的组织和开始对激励不相容性起调节作用的激励制度，也不是通过交易成本的变化，而是通过所面临的监督问题的性质的变化来进行分析的。正是因为此，激励不相容性对企业理论发展中的交易成本分析提供了一种可选方案，尽管交易成本已嵌入组织问题中。然而，逃避责任—机会主义的选择方案也有其自身的缺点。下面做一简单地概括。

阿尔奇安和德姆塞茨认为逃避责任是一种活动，对此企业型
组织特别容易受到影响（下面将更全面地讨论）。这是因为，如果 168
没有干预竞争市场所提供的全面指导和正常保护，企业的收益必须由企业所使用的各种投入要素的所有者来分享。如果企业从别的企业购买产品而不是内部进行生产，这些市场就会存在。因此，在企业（团队）型组织中，在特殊的条件下，如果他在面对必须承担的更大的逃避责任成本时还能生存下去，那么生产的集中化就更有效率。企业之所以有这样的生产能力，原因在于，人们发现在某种环境下它能提供特殊的生产率。虽然阿尔奇安和德姆塞茨解释了这一点，但是他们没有讨论这一特殊生产率的根源。减少逃避

责任的成本固然有助于解释企业的内部组织问题，但却没有为企业的存在性提供合理的解释。把这种分析拓展为一般的代理问题的努力（詹森和麦克林，1976）也不能弥补这一缺陷。

那些关于事后签约的机会主义行为的文献，把逃避责任的概念扩展到合同交换的问题上面，但所采取的立场与阿尔奇安和德姆塞茨不同，也可能正相反。因此，克莱因、克劳福德和阿尔奇安（以及里奥丹和威廉姆森也）倾向于以下立场：企业型生产，通过纵向一体化，在存在资产专用性时，会减少机会主义的严重程度。这种立场暗含地把市场签约看成是承担特定的机会主义（通过市场逃避责任）成本，但由此还必须解释清楚：如果企业型组织减少的机会主义成本比市场减少的多，为什么市场还会存在呢？市场的存在性通过这样一种信念而被合理化：即认为市场能够提供一种企业所不能提供的"高效的"激励，但阿尔奇安和德姆塞茨却认为，由市场所提供的较强烈的激励是企业更多地受到逃避责任的影响而非受市场的影响的原因！如果说，从（企业）内部控制机会主义的优势超过通过市场来控制机会主义的优势时，人们就更愿意采用企业型组织，也就是说，当企业组织具有优势时，人们就更愿意选择企业组织。这就把我们带到了左右为难的境地。

阿尔奇安和德姆塞茨强调团队生产时没有特别涉及纵向关系，这一事实使这种尴尬在某种程度上有所减轻。他们强调的是联合生产时的搭便车问题，即使这种"联合"是发生在一个单一的"横向"活动层面。有关论述机会主义的文献特别强调纵向关系，重点分析违约和欺诈问题。一种情况很可能是，企业型组织增加了处理搭便车问题的成本，而降低了处理欺诈问题的成本。上述尴尬局面由于考虑了资产专用性而得以减轻，因为资产专用性可以用来指出，企业型组织在何种情形下（比市场）有更大的优势（但是，正像科斯在这些演讲中所指出的，它可能还不足以成为优势）。到现在为止，正是以这种脆弱的、不可靠的东西为基础建立了一种关于企业的理论。这一理论对企业型组织在没有资产专用性条件下的生存能力问题闭口不谈，主要是解释企业纵向的深度问题，而不是企业的存在性或企业内部组织的其他方面。而且（正如科斯在现有的演讲中所指出的），与资产专用性有关的机会主义问题，可能更容易通过合约的明文规定而得到解决。

更重要的是，资产专用性可以降低纵向地维持单个组织的非 169
机会主义成本。当各种资产被“专门用于”特定的用途时，就没有必要（通过纵向一体化）来管理资产的协调问题，因为它们可能处于资产专用性条件之下。在这样的情况下，如果法律制度是一个充分好的合约执行者的话，资产专用性就有可能引起纵向的非一体化。

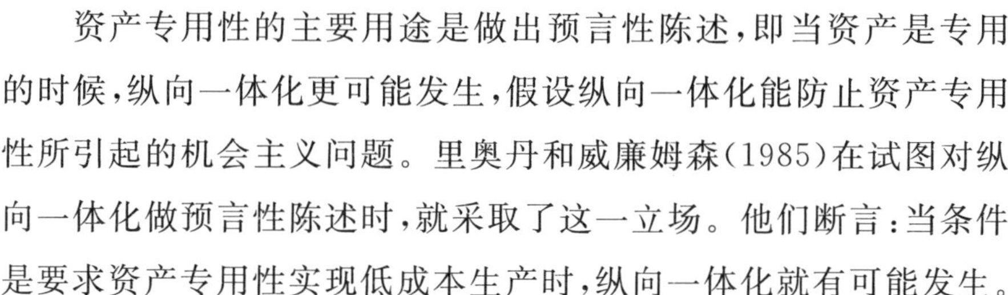

资产专用性的主要用途是做出预言性陈述，即当资产是专用的时候，纵向一体化更可能发生，假设纵向一体化能防止资产专用性所引起的机会主义问题。里奥丹和威廉姆森（1985）在试图对纵向一体化做预言性陈述时，就采取了这一立场。他们断言：当条件是要求资产专用性实现低成本生产时，纵向一体化就有可能发生。

但是，资产专用性的作用远不止他们的文章（以及克莱因、克劳福德和阿尔奇安撰写的著作，1978）所思考的这些。所有者和管理层互相做出承诺，以谋求长期的专用服务；作为长期使用的结果，就形成了人力资本的专用性（使用高度专用的实物资产更加重了这种专用性)。一旦条件变化,如果企业要生存,势必要打破原有的这些承诺。不像关于机会主义的文献所主张的那样,所有者或高级管理者不会急于打破这些承诺。相反他们寻求遵守这些承诺,既有个人荣誉的原因,也有继续让其他雇员尽义务的原因。这是合并或接管发生的一个原因所在。新官上任三把火,而这些承诺就要被经济条件之急需所取代。[7]这是许多研究接管的文章所持的观点。这里我们发现,对于那些已经进行人力资本投资的人来说,(最初)合并的发生更容易产生机会主义行为。通过合并,很可能是纵向的,容易对雇员产生机会主义的行为,通过引进新的所有者和管理部门,就个人而言,就摆脱了过去的那些承诺。

经济组织的问题多种多样,而不能都似是而非地划归在交易成本和监督成本之下。或许,企业理论的交易与监督的方法大大地限制了我们的研究。在交易成本和监督成本都为零的世界中,企业也会存在,尽管它们的企业组织形式可能被认为有所不同。在剩下的篇幅里,笔者考虑的是以信息成本为基础的另一种方法,它与交易成本和监督成本所采取的方法不同。但是尚未提出详尽的模型。笔者的意图只想说明被我们忽略的一些因素,这些因素对企业理论来说似乎是重要的。因此,首先要提出一些概念,我们希望用这些概念来解释企业理论。

4. 企业型组织

人们通常把企业看作是一个契约的"联结体"。我们的兴趣可能集中于解释:(1)在这个联结体中,为什么总是存在着某种类型的契约；(2)在这个联结体中，为什么会“或多或少”地包含着在其他类型契约中可以观察到的变化；(3)这些契约所涵盖的活动范围 170
（横向的和纵向的）有多大。毫无疑问，这些问题还可以大大地扩展。例如，我们可能想理解：企业型契约（组织）的存在与失业和政治之间的关系。在存在性、内部组织、“企业”的横向和纵向范围方面，过去及现在的研究兴趣可较好地适合上述三个所列示的要探究的领域，笔者正是想通过这些方面的分析，证明信息成本与上述问题具有关联性，这种关联性超过了它在交易成本与道德风险问题中的重要性。

上面所提到的契约联结体的规定性内容，在关于企业理论的文献中仍相当模糊。[8]我们同时承认，我们还没有企业型契约安排的清晰概念，特别是由于我们认识到，要区分“通过市场”达到协调与“通过企业内部”达到协调是件难事。而采用法律上关于企业是什么和不是什么的定义可能是有用的。因为（在法律上）确实出现不少案例，由于这种判定法对法律主体确定所涉及的当事人的责任具有重要影响，故案例中一直会产生这种判定的问题。笔者则认为，契约的联结体的三个方面似乎真的对企业型协调有影响（在判例法中，至少提到了其中的两个）。企业型契约安排的这些方面使我们不用考虑绝对的问题——“一个契约的联结体什么时候是一家**企业**?”，而代之以考虑相对的问题——“一个契约的联结体什么时候**更具有企业特征**?”

公司章程的共同特征在于它阐明了企业的经营活动。虽然企业的经营活动可能随时间发生变化，但永恒不变的一条是企业要生产商品去卖。这就意味着一个关于**专业化**的协议。笔者的意思是说，(专业化)主要地是为那些不是企业团队成员的人们而生产。与此相补充的是自给自足，或者说是自己为自己生产，在此范围内不与其他人合作。在各种企业型制度之间，专业化程度可以不同，专业化作为企业型契约的一个特征而被采用，以便保持与价格理论的相容性。价格理论中的企业并不消费自己生产的产品，而是把产品卖给别人。[9]

契约联结体的第二个方面，是相同的要素所有者之间所期望的联合时间的长短。所达成的合约考虑的主要是暂时的短期联合(其极端的情况是以现货交易为特征)呢，还是相同当事人之间继续联合的较大可能性？被视为团队生产的企业显示出相同的要素所有者的有意义的再联合。第三个方面则是有意识指导的程度，它被用来指导使用要投入的各种资源。在现货交易中这种作用是最小的，但是在继续联合所依赖的内容方面其作用重要得多。管理协调的灵魂正在于是由别人来进行这种指导的。

我们的兴趣主要集中在研究一人以上的合作努力，但是一个人的企业并没有因这些特征而取消。例如，财务顾问就是独立经营并提供专业服务的人。在一个人的企业中，要想象联合的连续
171 性和行为的可指导性似乎更难。而且，个人必须处理好自己一生不断出现的各种关系，此时此地的一个人与彼时彼地的“同一个”人的能力和嗜好之间也会产生冲突。正是由于这些冲突，才使人们有时发现，通过考虑有约束力的事先承诺来限制其行动是值得的，因为事先承诺控制其将来的行为[沙勒和谢夫里(Thaler and Shefrin)，1981]。因此，人们通常把最后期限当作自我实施的装置，并承担将来错误的行为(从现在的角度看)所造成的成本(像加

入基督教拯救俱乐部那样)。而代理人问题不仅存在于我们彼此之间,也存在于我们之间的相互作用。

专业化、联合的连续性以及指导的依赖性是企业型协调的特征。它们取代了自给自足的生产和现货市场交易。由于企业型组织在许多情况下是生产性的,因此人们经常能发现这种组织的特征。这种生产率部分地是源于交易成本和监督成本因素,但也取决于其他条件。尤其重要的是获取和利用知识赖以依靠的那些条件。

5. 知识与专业化组织

斯密始终铭记的观念是专业化是有效率的,但斯密集中研究的是单个工人工作所发生的变化。至于如何把共同操作的专业人员的活动组织在一起,以便配合得更紧密这样的问题,则被斯密大大地所忽视了。他把通过专业化而实现的生产率的提高归结为劳动分工的三个方面:通过每个工人所实现的熟练性的提高;避免工作任务频繁变动所节约的时间;以及当工人稳定地从事一项单一任务时工人们容易考虑创新改进。他写道,他所讨论的专业化的例子就好像发生在一个企业的不同部门之间,但这种情况也可以发生在不同的企业之间。实际上,这就是斯蒂格勒(1951)在讨论市场规模对纵向一体化的影响时所采用的解释。只有在通过专业化可取得的收益不受专业化实现的方式的影响时,忽视组织问题才是妥当的。这似乎是难以置信的,但斯密的确就是这么认为的,他从天生自由的角度认为组织原理大大地优于中央计划。即使这种组织如何运作的细节最好还是留给自由放任这只看不见的手来决定，但主要的要点对企业的理论来说仍是重要的。

信息也是人们著述较多的一个课题，至少从斯蒂格勒的《信息经济学》(1961)以来是如此。这是个与道德风险和交易有着明显联系的课题。但这里笔者想要强调的是被人们忽视的、与企业理论相联系的其他问题。经济组织，包括企业在内，必须反映一个事实，即生产、维持和使用知识是有成本的。而通过专业化可以使这些方面的成本都得到节约。尽管解释真正的联合大企业还是个难题，但我们通常还是把各种行业以及其中的企业，看作是专业化知识和把这种知识投入到工作中所需要的专业化投入要素的大仓

172 库。钢铁企业专用的知识与设备存量就与投资银行业或化工行业的企业不同，即使是同一行业中的企业，在所依赖的知识和设备方面也会有些不同。

知识本身并不会直接转换成效用标准或生活标准。如果我们每个人都擅长于一门单一的专业知识，但却试图不依赖其他知识就使用这门知识，那么所达到的生活标准就连每个人都是“三脚猫”(jack-of-all-trades)的生活水平都达不到。尽管在专业化方式下人们可以更有效地学到知识，但要利用这些知识达到更高的生活水准，就要求这位专家设法利用其他专家的知识。仅仅通过**学习**别人知道的东西还不能做到这一点，因为这将破坏专业化学习所获得的收益。仅仅通过以各种形式**购买**信息也不行，因为在许多情况下，如果这些信息要应用于实际工作中，必须精通与事实相联系的理论。

获得与使用知识的经济学之间的这种差别对社会组织来说具

有深刻的含义。“共同知识”是有用的，特别是语言和算术上的知识，因为拥有了它们就会使人得到更多的专业知识。在(某一领域的)专家与许多不是专家或在其他领域是专家的人之间，肯定有一种低成本的沟通方法。因为如果不损失专业化学习收益的话，这种沟通就无法包括知识中的广泛教育。而且因为这种知识中所包含的空洞事实通常是不可解释的，许多沟通都必须存在于给出指导。这些指导可以是关于产品的用途或工作活动。在语言和算术技能方面对大量的人们进行培训，要承受巨大的成本，但这是值得的，因为它使给出并接受各种指导变容易了。

企业和行业必须形成一个经济组织模式，该组织模式考虑了以更专业的方式而不是以将要使用的习惯来获得需要的知识。那些本身并不掌握这些知识，但又要依据这一知识生产的人，必须使他们的活动得到拥有(更多)知识的人的指导。指导替代了教育(仅就传递知识本身而言)。通过短期承诺或长期承诺，可以购买这种指导，这部分取决于交易成本的大小。无论哪种情况，都涉及指导，而且指导是管理协调的一个重要尺度。不牺牲专业化知识而把信息应用到工作中的第二种方式，是生产、销售那种不需要多少信息就能使用，但需要更多的信息才能生产的产品：但是以产品说明书的形式所涉及的指导，与对雇员的指导不同，人们期望雇员对按时、按规定完成其工作任务承担责任，而购买产品的用户对随购买的产品一起的说明书的使用和时间的选择有较大的自由决定权。用来生产产品所需要的各种知识量越大，或者所需要的知识越专业，就越依赖于别人给予的某些指导。指导雇员和指导商品购买者二者之间的划分也和纵向一体化问题有关。企业的纵 173

向深度又可以从节约信息成本的需要的角度来考虑。其他成本当然也起作用，但笔者还是希望把注意力放在知识成本的后果上，同时希望，这样做与交易和道德风险问题中固有的信息成本问题无关。

因为教育某一行业的人学习另一行业所用的复杂知识是不经济的，因此就必须把这种知识开发或压缩成可以在企业间便宜地转让的产品或服务，因为使用产品或服务所需要的说明书并不需要如何生产这些产品的深入知识（而且还因为运输方面的考虑）。钢铁企业对化工品的节约利用，通常不需要如何生产这些化学品的知识；类似地，化工企业对钢铁的利用，也不需要如何生产钢铁的知识。当下游用户本身对产品的生产并不在行就能合作或能消费产品时，生产过程就达到了生产可销售产品的阶段。简言之，要是有必要对下游用户进行全面培训的话，（结果）就会牺牲专业化学习所产生的收益。

然而，“产品”可以继续加工成更容易使用的下游产品。钢铁可以由生产者而不是建筑公司铸成建筑构件，这就省去了建筑公司了解钢材特性，再把钢材铸成建筑构件的成本。当钢材造成汽车时，买者可以把它开走。下游产品依赖于各种不同的知识，当下一代产品被用于许多种用途的下游产品时，进一步的产品精炼过程就会停止。企业要控制成本和质量，并形成良好的管理决策，就必须获得并维持知识存量。但对于实行纵向一体化的单一企业来说，当产品的下游使用在这一意义上是多样化时，要获得并维持这些知识就很困难。

一般来说，许多用钢材制造的产品所需要的知识实质上都不同于生产钢材所需要的知识。因此，在生产许多下游产品的相同企业中，自己生产钢是很昂贵的。相反，如果把钢材卖给掌握如何利用钢材来生产下游产品与服务的知识的企业，所有权就发生了转移。

概括地说（因为其他事情也很重要），企业的纵向边界由维持知识支出的经济因素所决定。单个企业进一步使用下游产品的差异如此之大，以至于不能没有这种企业。在此之前，一家单个企业把产品变成新的、用起来更简单的（以说明书为依据）产品。如果要继续开发生产线的话，当每个生产线都有简化的余地时，单个企业要承受的获取与维持信息的成本要比潜在使用者要避免的成本大得多。当生产线的发展达到这一点时，“该”产品的产权就可能转手，但即使产权不改变，进一步从事派生产品的生产很可能就变成其他企业的任务。纵向一体化程度的边界定义就将得到确定（认可）。

通常的情况是，存在某一个点，在这一点上，一个人能够经济 174
合理地掌握使生产过程达到边界所需要的知识，但变更产权的适当边界与这一点并不在共同边界内。即使如此，由单一个人所拥有、管理并运营的这类企业，比人们所假设的企业更为普遍。当一个人有足够的能力吸收知识并成为运用这些知识的专家，从而使他能够学习和利用这些技能，使产品达到产权可能变化的边界时，这一临界点就存在。小镇上的面包师可能会发现，自己掌握厨房里的化学知识、食谱以及现金账目，而只从别人那里购买各种原材料，是有利的。然而，更重要的情况是，个人获得并运用知识的能力十分有限，以至于要是不需要若干别人的服务就无法达到这一

边界，而这些人当中每个人都处于不同的纵向生产阶段。

至于实现规模经济所需的最佳人数，与在任一给定的经济活动的横向水平中使用多少其他生产要素有关。规模经济可能还要求在每一生产阶段上需要的人数远远不止一人。信息成本在其中也可能发挥作用。给他人以指导（以代替培训）可能受到有限的规模经济种类的制约。如果这些指导要有效地得到利用的话，利用“指导者”的服务可能需要有一些“被指导者”来接受指导。

这就给我们带来如下问题：如何获得这些服务？以及合作的连续性问题。在许多情况下，除非有人想成为某一领域的专家，否则购买某种知识本身是不实用的；无论如何人们都不断地依靠其他方面的知识，因此，就要求获得别人提供的服务。通过短期的、暂时性的购买，或者是长期的、不经常重复的购买，就可以得到这种服务。交易成本会影响这种决策，但它不是唯一重要的影响因素。这种决策还要依可从不同的制度安排中得到的生产率收益而定。面对相同的劳动力交易成本，两家企业会选择不同的雇佣制度安排，因为它们从这些制度安排中得到的收益不同。在决定这些收益时，特别重要的是以知识为基础的那些因素。由原班人马继续合作，使得积累关于具体企业和具体人员的信息要容易得多（见关于人力资本专用性的大量文献）。通过连续合作可以“便宜地”获悉有关企业组织和企业目标的知识，以及有关合作中所涉及的人员的能力及局限性的知识。然而，连续合作意味着承诺，而承诺具有不变性的缺点。从连续合作中得到的收益必须与缺乏灵活性的成本加以比较，以决定为获得多数人的才能和服务，哪种方式最好。

当企业最有可能在诸如企业目标、位置、任务及风格等重要方面发生变化时,短期制度安排就变得更为有利。当企业赖以运营的条件稳定时,长期制度安排就更适合。当企业被迫从一个相对稳定的有规制的环境转换到一个更易变的、无规制的环境时,企业所需要的劳动服务的数量和类型的合理变化,就反映了(上述)这 175
些因素。而笔者的猜测是,解除规制的企业选择与典型雇员继续合作的平均期限,要比在规制环境下选择的平均期限短得多。

企业可能要求自己的任务一成不变,这样对用机器代替工人就是一个激励。由于机器是耐久的,企业可以把它看作是用来连续生产的基础。随着工作任务可变性的增加,由于机器的不变性,(企业拥有和使用机器)就需要付出代价。劳动服务就会随相对生产率而增加。雇员可能被投入到某一使用领域,在此方面的可变性越大,对雇员的灵活性需要就越强,长期雇佣就要让位于短期雇佣。因此,在任务模式不断变化的情况下,当长期雇佣依赖于雇员的专业方向时,这种工作任务的较大变化性,会使任何一个雇员感到不适应,而有许多雇员就能较好地适应立即工作的需要。雇主与雇员连续合作中产生的变化受到交易成本的影响,但当雇员所需要的知识的稳定性发生变化时,连续合作的变化也受到任期的相对生产率变化的影响(笔者认为,这是更重要的)。

交易成本理论和代理理论极大地丰富了我们对企业型组织性质的理解。利用市场组织生产必然产生(交易)成本,科斯对这种成本的重要性的洞察,有助于促进过去 20 年来对该问题的大量研究。笔者关心的是,我们的思想可能过多地受到过去的成就的约束。通过应用交易成本理论和代理理论的逻辑,有些重要问题能得到解答，但同样重要的其他问题却不能。以科斯的研究工作为基础，构建一套更丰富的分析工具，是对科斯的工作的最好敬意。这种构建的一个步骤已经有人加以补充——即代理人关系的理论。在目前鼓励其他探讨的各种努力中，笔者发现，有必要对已完成的工作中存在的某些缺点做一个概述，并建议开辟一个新的研究方向。科斯已经完成了他的工作，并促进了其他人继续研究，这种事实仍如此引人注目。除此之外，可能就不需要什么了。

注　释

本人非常感谢瑞比卡·德姆塞茨、凯文·詹姆斯(Kevin James)、本·克莱因、乔治·斯蒂格勒、麦克·沃尔德曼(Mike Waldman)和鲁帕特·温迪士(Rupert Windish)所提供的有益评论和问题。

1　可以把关于生产和价格的免费信息与消费所需的信息作一比较。假设关于生产和价格的知识是完全可知的，没有成本。这一信息对任何人都不是秘密，因此对被称作管理的专用投入要素而言也就没有什么作用。关于个人嗜好的知识，仅对那些个人爱好相同的人才是免费可知的；因此，作为消费者的个人必须管理自己的事务，包括雇佣专家，但是这种个性化决策的需要无须付出代价也可以得到满足。

正是这种不对称的、理论上处理的知识——在生产的情形中完全可
176 知，在消费的情形中只是个人可知——这使社会主义似乎有了吸引力。从理智上，在涉及生产问题时，国家被看成是有能力的，因为已经假设国家像任何人一样拥有这些知识；但是当涉及在消费产品之间以及工作与闲暇之间的心理权衡时，国家就无能为力了。从这种假设的知识不对称中十分自然地得到如下政策：即工业生产的国家化和消费与工作的私有化。

2　如果关于技术关系和价格的免费的和完全的信息，会使人难以解释完全分权化模型中企业的规模问题，那么，要提出一种市场集中的理论也很困

难。除了有成本地获得信息以外，从这种困境中解脱出来的唯一办法，就是想象规模不经济的其他原因。这样想象之所以必要，是因为经济理论并没有宣称知道了这些原因，或者何时会或多或少地起作用。

3 自制还是购买决策的这种分析本质上是在边际框架下进行的。如果自制还是购买的问题在完全可分的调整的范围内考察，则必然会存在一个边际点，使得所有的企业在自制还是购买之间都是无差异的。有些企业既大量地生产自己的投入要素，又从别的企业那里购买同样的投入要素，这一事实简单地揭示了：边际框架下的比较说明，要是内部生产的话，超过产出的某些范围，这些成本（自制加购买）之和比较低。

4 这里可以再次引用威廉姆森的观点。在《资本主义的经济制度》一书中，他用三页篇幅（第 92—94 页）讨论了在一个单一企业内部扩大经营活动范围，规模经济在提高由此而产生的成本方面所起的作用；在该书中他后来还讨论了组织经营活动的不同途径。但是，要断言他完全忽视了生产成本，可能是错误的。然而，他的这些讨论，并没有强调在同一行业内部企业之间可能存在的各种差异。他对规模经济的讨论只限于，给定一个生产函数，它对所有的企业都适用，在此条件下企业的各种功能问题（类似于关于选择组织经营活动的方法）。企业的历史可能会对其有关的知识以及改变其运营方式的能力施加各种限制，这一点在他的讨论中并没有起到关键作用。的确，前述他所讨论的是规模经济问题，在另一短的章节中（第 86—90 页），他否认技术条件对经济组织所起的重要作用。至于资产专用性（他没有承认这种专用性至少在局部上是技术性的）问题，他所关心的并不是在技术方面，而是在（主张）资产专用性通过市场交易提高了治理成本这一事实。即使是“有限理性”也不是用来强调在信息的内容方面会有哪些差别，这些信息是职员和不同企业的各种交易可能拥有的。它常被用来限制由一个人对另一个人所实行的控制的范围，并且因此而产生了监督问题。

5 笔者在 1964 年的论文“产权的交换与实施”中提出了如何定义交易成本的问题。提出的问题有两类：其一是，实施协议的成本是否应该是交易成本？其二是，为避免需求“显示不足”所花费的成本（例如当购买共同物品时）是否应该是交易成本？笔者的偏好是用一个更严格的定义，即（交易成本）与谈判成本有关。否则，我们就认真地接近交易成本的定义，它实际上是指“解决问题的成本”。

6 在科斯关于交易成本的基本研究前后，人们认识到道德风险和企业理论有关。许多作者都把阿尔奇安和德姆塞茨关于逃避责任问题的讨论作为原始的参考文献。但奈特在其经典著作《风险、不确定性和利润》中，对这些学者所述的大部分内容都已预见到了。奈特清楚地理解了逃避责任问题，把它称为道德风险；他还认识到它与企业组织的关系。人们没有正确评价他的贡献主要归因于奈特本人，有两个原因：第一，他真正的兴趣并不在企业，而是在企业**制度**，所以他没有把他关于企业内部运作的思想放
177 在中心地位，或者说这一思想还没完全成熟。第二，他的理论洞察力完全被他自己信奉的有效分配风险（即补偿损失）的重要性所掩盖，这导致他把风险的存在性作为其对企业组织的存在性的居支配地位和普遍的解释。他认为，对企业的收益索取权可分成两类：一类是稳定的组成部分，即雇员得到的工资；另一类是不太稳定的组成部分，即所有者或企业家得到的利润，因为这两类权利反映的是对风险的不同厌恶程度和处理风险的能力。正是这个题目引起了阿尔奇安和德姆塞茨、科斯及其他学者的批评，并使他们从奈特关于经济组织与道德风险之间关系的讨论中转移开来。正像交易成本与企业的存在和与道德风险问题的存在有关这一点没什么疑问一样，道德风险问题影响企业的内部组织，这不可能有多大的疑问。

7 笔者的研究助手约翰·斯姆泊松（John Simpson）的一篇未公开发表的计量经济方面的练习，引起了笔者对企业合并的作用的注意。

8 阿尔奇安和德姆塞茨通过一系列权利，即确定所有者—监督者的可允许的行为，来定义古典经济学中隐含的企业。他拥有以下权利：(1)是一种剩余索取权；(2)观察投入行为；(3)对与投入要素所有者签订的全部合约的核心当事人的共有权；(4)改变团队成员的权利；(5)出售这些权利的权利。

9 以特定方式进行的大量经济行为过于宽泛，以至于不能满足研究的需要，这种研究寻求把企业解释为人们普遍认同的那样。如果每个人都像专家那样行事，而这些人的每一组合都像一个专家的团队那样行事，那么他们就可以看成是一个企业，而且在许多方面是不同的企业。激励一个向GM提供工程服务的人，无论他的职责是一个“独立的”咨询者还是一个“雇员”，选择计算并没有太大的区别。虽然如此，以上尺度的一种特殊组合可以定义一个企业，它具有特殊的利益和重要性。这种组合可能是一

个多人团队，包括一个主要为获利而运营的签约代理中心，其成员在连续的基础上在一起合作，而且其行动在很大程度上是按照指令来相互协调的。

参考书目

Alchian, Armen A., and H. Demsetz. 1972. "Production, Information Costs, and Economic Organization," 62 *American Economic Review* 777—95.

Berle, A. A., and G. C. Means. 1932. *The Modern Corporation and Private Property*. New York: Macmillan.

Coase, R. H. 1937. "The Nature of the Firm," 4 *Economica* n. s. 386—405.

Demsetz, H. 1964. "The Exchange and Enforcement of Property Rights," 7 *Journal of Law and Economics* 11—26.

——. 1982. *Economic, Legal and Political Dimensions of Competition*. Amsterdam: North-Holland.

——, and K. Lehn. 1985. "The Structure of Corporate Ownership: Causes and Consequences," 93 *Journal of Political Economy* 1155—77.

Jensen, M. C., and W. H. Meckling. 1976. "Theory of the Firm: Management Behavior, Agency Costs and Ownership Structure," 3 *Journal of Financial Economics* 305—60.

Klein, B., R. G. Crawford, and A. A. Alchian. 1978. "Vertical Integration, Appropriable Rents and the Competitive Contracting Process," 21 *Journal of Law and Economics* 297—336.

Knight, Frank H. 1921. *Risk, Uncertainty, and Profit*. New York: Hart, 178
Schaffner, and Marx; repr. (1965) New York: Harper and Row.

Riordan, M. H., and O. E. Williamson. 1985. "Asset Specificity and Economic Organization," 3 *International Journal of Industrial Organization* 365—78.

Stigler, G. J. 1951. "The Division of Labor Is Limited by the Extent of the Market," 59 *Journal of Political Economy* 185—93.

——. 1961. "The Economics of Information," 69 *Journal of Political Economy* 213—25.

Thaler, R. H., and H. M. Shefrin. 1981. "An Economic Theory of Self-Control," 89 *Journal of Political Economy* 392—405.

Williamson, Oliver E. 1985. *The Economic Institutions of Capitalism*. New York: Free Press; New York: Macmillan.

11 论科斯、能力与企业

179

西德尼·G. 温特

罗纳德·科斯在其首篇演讲中说自己对企业理论的贡献绝非命中注定，而是生活中各种情况的结合致使他面临了一系列特定的影响和事实，[1]他再将这些影响和事实塑造成一个引人入胜的智力难题，然后着手去解决。

我认为，公司理论的广阔历史也反映出各种情况结合的重要作用，这些情况并不反映该主题的内在逻辑，至少从这个意义来说，这些情况是偶然事件。然而追溯历史轨迹，这些偶然事件对该主题的影响清晰可见。绝没有贬低我们中任何人所做贡献的意思，但我认为我们必须承认该主题的现状是不连贯的。如果我们问，“经济学怎样评说企业在市场经济中的作用？”反应将先是沉默，随后是一场激烈的、答案有较大冲突的聒噪——一片有趣的聒噪，但只是聒噪。

为阐明这一论点，我将在下一节中回顾一下关于企业理论的正统观点并归纳对该正统理论的四个批评。在第二节，我试图通过罗列并比较企业理论的四个当代范式——其中之一就是罗纳德·科斯奠定的交易成本学说，从目前的理论混乱中理出头绪。第三节论述经济理论的交易成本范式和演化方法之间的一些冲突和互补之处。本文关注的主要问题是交易成本方法是否提供了一个理解大企业展示出的众多能力的基础——这就是本文题目中所说的“(签约)能力与企业”问题。

1. 教科书正统说：四个批评

在我们的合著中，纳尔逊和我对如下问题给予一定的关注，即
180 谈论经济理论中的“正统”观点是否有用，如果确实有用(正如我们所说)，正统理论意味着什么(1982，第 6—11 页)。我略去对第一个问题的讨论，只给出对第二个问题的简短回答：“正统经济理论是那些在中级微观经济学主流教材中占统治地位的理论观点，其基本观点在更高级著作中被扩展和细化。”关于企业理论，在教材章节中正统观点分别以“企业理论”、“生产和成本”、“竞争性供给”、“垄断”等等为题被陈述。

正统企业理论观点的基本要素如下。企业的特征是通过生产集或生产函数具备不同的技术转换能力。类似于消费者，企业是市场的不可再分的参与者并有经济理性，具体而言，它们要追求利润最大化或体现价值。它们在市场上交易同质商品，绝大多数情况下市场是投入品和产出品的同期现货市场。人们推断，合约安排以及对企业功能的其他制度支持应被假定为几乎接近于无缺陷和无成本，以至于可以完全省略对这些问题的探讨。研究集中于在市场力量指导下企业如何进行生产决策，以作为对整体社会资源配置问题的部分回答(如果想在教科书名词索引中找“合约”一词，你很可能找到的是“合约曲线”)。正统理论关注的是投入、产

出以及两者如何与给定的技术相联系、投入与产出之间的关系、投入和产出及与市场力量的关系。

这些假设和关注同样是高级教科书中企业问题的焦点。而在一般均衡理论中，该理论框架比在中级价格理论中更醒目。[2]现代理论的标准观点是把企业看成是利益驱动的生产集合，在完全市场、原子竞争和完备合约的流行假设前提下，这种利益驱动因反映股东（一致的）利益而合理化。本来公司不具备这种理性化，但与消费者一样，企业是正统理论体系的逻辑产物。[3]

有关企业及其运行环境的类似观点充斥于当代经济理论之中。某些特别的研究可能是探寻修正这个或那个假设的影响，但正统理论结构的基本要素保持不变。在过去的 25 年里，由于运用更有力的数学方法以及近年来对企业间或企业与消费者之间相互作用的信息理论和博弈论细节的认真关注，产业组织经济学的理论研究已经转变。但在大多数此类著作中，企业仍然无异于中级微观经济学教科书中描述的企业。

纵览公共财政和劳动力经济学；考察涉及企业行为的任何应用计量经济学论文，你会发现同样情形。简而言之，在这个问题上，如同大部分其他问题一样，中级教科书提供了虽然扼要却是经济学专业对此问题的大体精确的描述。这些教科书阐述的企业理论是正统的企业理论，或者更确切地说，阐述了**曾经**的正统企业理论。我称其为“教科书正统说”（textbook orthodoxy），以区别于那 181
些关注企业性质相关问题的其他方面正统理论家的近期研究成果。现行教科书正统说在本质上对所有经济学家来说都定义了企业理论，除了那些继续研究企业理论的经济学家。

1.1 第一个批评:与方法论的个人主义相冲突

当以西方经济思想为广阔背景对其进行评价时,企业理论的教科书正统说有个怪异的特点,即明显与个人主义方法论原则相悖。该原则反对,或至少警惕以对社会群体、组织和机构的行为假设为基础发展理论的做法。以下是对该原则的一个审慎分析:

> 虽然在现代经济学中,有时出于分析目的而视个体集合为“整体”(比如“家庭”、“企业”,偶尔甚至上升到观念中的“国家”),但分析的最终单位往往是个体;更总和的分析必定被认为只是暂时合理的。换句话说,经济学家对整体处理个体集合可能导致的极大误导,或涉及忽视极为重要的个体维度的可能性总是很敏感[布伦南和塔洛克(Brennan and Tullock),第 225 页]。

观察到以下情况确实有趣,事实上,教科书通常喜好与现实相悖,无视复杂性而抽象出独立的“消费者”,与个人主义相悖,讨论“家庭”需求行为。但针对企业,教科书却做出相反的选择而且常常没有或少有歉意。[4]当面对“公众利益”的争论时,经济学家们便相当尖刻。他们知道(或自认为知道),“公众”是一种不具有“利益”的东西,除非特指帕累托效率结果的利益。当学生们凭直觉提出“产业利益”时,他们同样快速地纠正这一他们所认为的明显错误,同时,他们发现很难接受该理念,即竞争的企业习惯致力于驱使价格降至边际成本这种对双方都不利的行为。而当讨论企业自身的运转时，这种对个人主义方法论及相关的对非合作均衡的忠实突然中断了。这样，虽然是暗含地，但例行公事地假定，可以通过自愿交换轻易地实现在企业中组织起来的不同经济利益之间的充分合作关系。

这种异常是一个很好的例子，用于说明一个自适应的或演化的过程会如何产生颇令人困惑的结果，直到审视其变迁路径。在古典经济学中，个人主义像在别处一样，占据企业理论的最高统帅地位。反映了当时的历史背景，一度占支配地位的观点是把企业作为独资企业所组织起来的小企业——或者即使不是，至少也是 182
那种“企业”与个人主义的关系不比家庭与个人主义的关系更复杂的形态。经济学家注重于揭示“企业家”可能组合的不同经济角色，并对在众多个人中分配这些角色引发问题的讨论给予同等关注。[5]事实上，谈到“所有权与控制权分离”，对这种安排的可行性存在着如此多的质疑，以至于在此毋需赘述。比如，约翰·斯图亚特·穆勒曾指出：

> 然而，通过雇佣对结果不感兴趣而只关心工资的仆人的管理明显是非效率的，除非这些仆人是在那些主要对结果感兴趣的人的监视之下行事，不然的话他们就控制企业了。而人们经常建议管理者要行事谨慎，尽管管理者并不能控制部分地取决于利润的自身薪酬。而管理者的薪酬支付只会减少其沉默的合伙人的收益（约翰·斯图亚特·穆勒，第390页）。

注意是所有者变成了“沉默的合伙人”，而企业本身仍与所雇的管理者的个人利益直接相关。[6]

在将企业理论明确地发展为关于个人企业家理论的进程中，没有主要的技术困难。只需处理几个不为人熟知的问题，诸如怎样适应“利益最大化”观念，以允许一个经营自己企业的效用最大化的消费者进行收入—休闲权衡。[7]需要稍微修改人们熟悉的一般均衡理论框架，生产集进入到了与消费者相联系的理论中；可能会产生一个定理，该定理将否定没有消费者个人时间投入的产出可能性，即没有该消费者“创业活动”的正的产出水平。在其诸多好处中，这种方法的优势之一，就是理性化马歇尔理论的 U 型长期平均成本曲线向上倾斜的部分。事实上，只要稍加强调刚才陈述的定理，就能推导出平均成本最终必将增加这一命题。至于哪些消费者同时是企业家的问题，只是包含在“配置”概念中诸多问题中的一个。[8]

企业理论的这种发展将与方法论的个人主义相一致——在此不提经济学理论与个人主义联系的非方法论方面。但这为什么没有成为企业理论的标准发展形式呢？我将在介绍第四个批评时给出这个问题的一个答案。

1.2　第二个批评：不能解释经济组织

在此不必再强调罗纳德·科斯(1937)在正统的企业理论充分
183 发展之前就已经充分批评了教科书正统说。正统的企业理论识别了经济活动协调问题的两个方面，即企业间和企业内方面。市场解决的是企业间经济活动的协调问题。企业内活动协调问题的答案可能尚未明示，但推测起来，是合约性的以“企业家”权威为基础。然而，由于功能性市场和作为生产集合的企业（firms-qua-production set）都是正统理论的给定数据，所以没有机会分析这两种协调方式之间的劳动分工。因此，正如科斯所说没人回答为什么市场不从事企业所做的协调，也没人回答其反面问题，即为什么大企业不如市场经济运转得好。简而言之，教科书正统说，没有提供诠释经济活动的组织的基础。不仅在涉及企业理论应具备的逻辑结构时这种状况实为尴尬，更何况经济活动的组织方式时刻变化。市场出现又消失，企业扩张范围又转回专业化，准企业和准市场大行其道。为什么会发生这些情况？根据什么原则发生这些情况？

1.3　第三个批评：缺乏“现实性”

对正统的企业理论优势的讨论一直是“假设现实性”这一方法论争议的一个特点。在该争议所涉及的千头万绪中，我理出相关问题的下列线索：对企业内部运行的观察是否是(1)经济研究的合理领域？(2)关于企业行为富有成效的假设的潜在根源？(3)检验关于企业行为的竞争性假设的潜在数据来源？正统理论的捍卫者已公开宣称，这些问题的正确答案是否、否、还是否。而抱怨正统理论缺乏“现实性”的人则争论到，该问题的正确答案为是、是、还是是。[9]

收入本书的科斯演讲清楚地表明他站在后一阵营。在1931—1932年访美期间，他用多数时间“参观企业和工厂”，而其论文关注的问题也已逐渐清晰成形。通用汽车收购费雪车身、通用电气与A. O. 史密斯公司成功的长期合约关系这两个对比鲜明的例子对他而言尤为重要。与经理人的讨论使他先是识别出长期合约的机会主义风险，随后又意识到有时可用适当的合约条款（比如客户对供货商的交易专用资产的所有权）控制这些问题，并通过继续双方互利关系的激励来减轻这些问题。这些想法使他当时就反对（显然现在也使他反对）涉及资产专用性的长期合约中的机会主义风险是导致纵向一体化的重要原因这一命题。无论该问题的最终正确答案是什么，科斯建立在现实企业行为相关证据基础上的方法论立场是清楚的。[10]

184 鉴于科斯与第二个批评相关的看法，他持与第三个批评有关的立场就不足为奇了。如果企业边界——或者更为广义地，不同交易治理方式的作用——是由经济理论内生决定的，那么就很难理解，企业内部运行方式对该学科而言是如何有可能被称为“越界”。但无论是个人还是整体，经济学家对此问题都摇摆不定。一方面，今天没人再坚决支持弗里茨·马克卢普（Fritz Machlup）提出的“越界”论了。[11]另一方面，我怀疑，一份列出与科斯在1931—1932年所进行的同类研究计划大纲的论文任务书，在当今大多数经济学系是否符合要求。事实上，甚至是一份条理结构更好的针对实际企业做法的研究计划也很可能遭受对该研究价值的极大置疑。当然置疑的原因并非我们已经积累了对企业如何运行的足够观察，以至于无须更多研究，问题是恰恰相反（见西蒙）。

1.4　第四个批评：焦点问题的过分简单化处理

教科书正统说的长处是认为企业的作用是生产知识的贮藏库。[12]我认为这一点是促使（经济学家）接受前文所放弃的方法论的个人主义的“机会成本”的显著好处——正是这种权衡使得“人人都是潜在的企业家”的理念失去作为企业理论（分析）方法的吸引力。J. 德 · V. 戈拉夫（J. de. v. Graaf）在其（一度）著名的福利经济学分析中很好地表达了这两种观点的冲突：

> 当我们试图从构成社会的个别企业出发来构建一个整体社会的转换函数时，会面对一个根本性的难题。从福利角度看，在某个给定时点实际存在于经济中的企业毫无特别之处。企业无非是一个“自然单位”。只有经济的个体成员才有显著区别。所有人都是潜在的企业家。所以，从构成经济的人而不是企业的转换函数的角度去构建就很自然了。
>
> 如果我们对最终的经验决定感兴趣，这种方法就极不方便了。但它仍具有概念上的优势。任何社会中技术知识的最终贮藏库是构成社会的个人，正是这些知识被有效地归纳为转换函数的形式。企业本身并不拥有知识，企业的知识属于相关的个人。企业的生产函数与社会的生产函数一样，确实是以相同方法、由相同因素所成（1957，第 16 页）。

我称戈拉夫所说的该方法的“概念上的优势”是哲学优势——明确地说，即与方法论的个人主义完全一致性。至于他认为这种 185
方法在经验上“极不方便”，而我认为该方法完全错误。至少它错在“任何社会中技术知识的最终贮藏库是构成社会的个人”和“企业本身并不拥有知识”，尽管个人的的确确**属于**技术知识的最终贮藏库之一。

考察财富500强中的顶尖企业，你通常会发现某些企业在其主要产品线的鼻祖发明后就长期存在，或者先于这些发明存在，并在这些鼻祖生产线的早期阶段就很活跃。例如国际商用机器公司(IBM)先于首台电子计算机(ENIAC，1945)而存在，并于1954年引入了IBM650，即"T型计算机"。即使对IBM进入这一非常现代化的经营领域的时间进行极保守的测定，IBM仍占据计算机发明后78.5%的时间。[13]其他诸如通用汽车、福特、AT&T、波音和石油企业，在这一方面更为极致，这些企业生存的时间跨度远远超过人类寿命。似乎无法否认作为组织的这些大企业是社会中其所运用的生产知识的最为重要的贮藏库之一，而绝不仅仅是与企业相关的个人构成的经济机器。所以，"教科书(比戈拉夫)更接近正确——正是企业而不是为企业工作的人，知道如何生产汽油、汽车和计算机。"(温特，1982，第76页)

虽然教科书正统说基于企业的核心特点是其生产知识贮藏库的作用这一可辩解观点，但是它远没有解释清楚这个作用。教科书正统说在这方面存在的问题，类似于令其无法成为解释经济组织适当方法的缺陷。由于把生产集或生产函数看成是给定的，教科书正统说无法提供一个框架，来解释为什么社会能力应在某一特定时间、以某种特定方式而非其他方式被打包。由于把生产知识的储存看成是无成本的——在本文情形中类似于假定无成本的和完备的合约——教科书正统说排除了对企业中心作用运行的经济分析，而这正是它所主张的。

更重要的是，教科书正统说不能提供理解企业中导致技术和组织变迁的激励及其过程的理论基础。这一缺陷与其对企业边界的不恰当分析密切相关——或者更宽泛地说，对保护租金流的各种方法和与各种生产知识相关的交易组织方式的不恰当分析相关（蒂斯，1982、1987）。这一缺陷还与正统说完全忽视企业究竟如何完成储存支撑生产能力的知识的任务这一问题密切相关；公认的观点是，企业保持其能力可能并非易事，需要认识到静态能力只是当向前推进力恰好与回归力相互平衡时的一种例外情况。

以正统理论框架作为理解经济变化的起点还有其他严重问
题——但因为我和理查德·纳尔逊对此已有长篇论述，在此我不做 186
深入探讨（见纳尔逊和温特，1982，特别是该书的第 3 章；纳尔逊，1980；温特，1982）。

2. 企业理论的当代范式

我已指出，教科书正统说主要为那些本质上对企业理论并不太感兴趣的经济学家提供了企业理论。真正对企业理论抱有兴趣的经济学家通常正在试图修补上述教科书（正统说）四个批评的一个或几个缺陷。这些批评提供了一种对现代企业理论研究的分类结构——据此我们可以询问研究者们究竟关注哪个（些）批评。在本节，我提出另一个不同的分类结构，用来识别并与四种研究“范式”相联系。

上文已经充分分析了企业理论的**教科书正统说**。“**工作论文正统说**”（working paper orthodoxy）是我用来指代那些在最优化框架内研究并主要关注企业相关行为方之间关系结构的学者的近期研究（当然其大部分已发表——但用“论文正统说”（article orthodoxy)一词无法表达研究随时更新的含义)。“**工作论文**正统说”分析了大量问题，包括所有者和经理人以及经理人与工人之间的激励、信息和控制。这些研究中的多数是在委托—代理框架内进行，该框架的特点是因不完全合约强制力所致的“次优”非合作均衡和结果。但我也将其他有关最优组织的研究包括团队理论归于此类。

罗纳德·科斯在本次会议所纪念的论文中建立了**交易成本经济学**范式，今天在座的好几位学者，特别是我的同事和此次会议的协办人奥利弗·威廉姆森，极大地发展了该范式。正如科斯在其首篇演讲结尾时简洁地指出的，该方法“成功地将组织与成本联系起来”。更具体地说，该方法识别出组织交易的不同方式(或者是不同的交易“治理模式”)，这些方式的成本不同，而且成本基于交易的可观察特征而呈现系统化差异。经济学家在增强该范式模型的操作内涵方面已有长足进步，这意味着更有力地驳斥交易成本能解释任何事情这一指责。一个有趣的方法论问题是，获取这种进步并非通过开发出直接测量交易成本的技术，而是借助于发展可操作化的假设以显示交易困难可能严重的情况。与工作论文正统说相比，交易成本经济学的范围更广泛，其所关注的各种组织形式更接近于我们在现实世界中观察到的实际情况，而不是某个正式结构所做的假设。

187 **演化经济学**与阿曼·阿尔奇安的著名论文《不确定性、演化和经济理论》之间的联系极其类似交易成本经济学和科斯“企业的性质”之间的联系。演化经济学强调不确定世界中错误决策的不可避免性，同时强调经济环境在识别“错误”并排除其所识别“错误”

方面的积极与可视的作用。相应地，它对事物状态的解释是一种演进的解释——存在某些先行条件，目前观察到的事物状态反映出建立在先行条件上的变化规律的累积效应。换种说法，其解释侧重于动态。类似于交易成本经济学，演化经济学将趋于直接关注观察经济行为而不是一系列假设方案。类似于演化生物学，演化经济学更关注显示该模式的个体总数的不断更新及这种模式如何被重现。最后，演化经济学把理解技术和组织的持续并彼此相关的变迁过程看成是为企业理论面临的核心问题。

图 11.1 是一个大胆的尝试，将上述四种范式置于易理解的关系框架内。冒着过于简单化的风险（不，成本），该图在两个维度上比较这四种范式，迄今为止前文只是部分提及了这些维度的性质。

		中心问题	
		生产	交换
视理性为	无限	教科书正统说	讨论稿正统说
	有限	演化经济学	交易成本经济学

图 11.1　企业理论中的四种当代范式

这个两行两列组合的列是根据强调生产或交换来区分。任何企业理论都同时处理生产和交换问题的观点会立即遭到驳斥。例如，教科书正统说以生产集为起点，但随后立即将该概念转化为对投入品和产出品市场行为的分析。事实的确如此，其他三种也适用于同样的评论。另一方面，人们会从教科书中获知投入比例的选择非常有趣，合约条款的选择却并非如此。换句话说，不存在对交易构成的显性关注。据此，交换不是教科书正统说的中心问题。

在演化经济学中，企业与所有者、客户和投入品供应商关联方式的细节被纳入组织惯例标题下。这些关系是整体生产绩效的侧面，而重要的是整体绩效是否在任何特定时间都是赢利的，并随时
188 间的推移而提高。所以，与教科书正统说相似，交换同样不是演化经济学的中心问题。

至于工作论文正统说和交易成本经济学置交易构成于中心地位，而弃生产和成本经济学为配角，则毋需赘言。

可能较富争议的是，我所主张的交易成本经济学基本上与经济理性是有限的有关。我很高兴能够援引我尊敬的同事奥利弗·威廉姆森的权威来支持我的立场。他曾指出：

> 有限理性是交易成本经济学所依据的认知假设。（1985，第 45 页）
>
> 面对有限理性事实，的确需要考虑规划、修改和监督交易的成本。哪些治理结构对哪种交易更灵验？假定其他情况都相同，要求大量认知能力的模式会较受冷落。（1985，第 46 页）

另一方面，罗纳德·科斯明确指出自己从阿诺德·普兰特那里学到的基本观点就是企业要最大化利润，事实上，认为这种利润最大化不足的想法都是“废话”。交易成本范式的其他主要贡献者无疑会赞同这一观点。

尽管这里有许多重要的理论问题岌岌可危，但我认为这一科斯—威廉姆森理论冲突并不像我们看到的那么严重。科斯很可能会驳斥对其赞成利润最大化立场的如下重新表述：“规划、适应和

监督交易的成本总是微不足道的，所以应该忽略不计。”事实上，他会认为这样复制自己利润最大化主张的做法非常荒谬。为了证明自己这种反应的正确性，他会指出“利润最大化”的含义与我所说的寻求利润(profit seeking)并无区别。当我们用一般语言表述利润最大化的含义时，经常会忽略“寻求”和“最大化”的区别，通常会如科斯所言，都是为获取丰厚结果。然而，当用最优化数学方式来表达利润最大化的理论之争时，与最优化本身的认知运算相关的成本会不可避免地从分析中消失。以这种方式在视野中消失的成本可能包括规划、适应和监督交易的成本。即使试图明确处理这些成本，实际上它们本质上与最优化的信息处理成本仍没什么差别。于是产生了一个问题，如果用于最优化的信息处理是免费的，那么为什么并非所有的信息处理都是免费的呢？设定影子价格的难道不是边际单位价值吗？

遵循西蒙·赫伯特的思想，威廉姆森强调这一观点，即承认经 189
济行为的预期理性(intendedly rational)足以为经济制度分析提供“经济化导向”(1985，第45页)。类似地，在演化经济学模型中，企业被描述为寻求利润的组织。当然这些假设有时会被便捷地表达在最优化框架中；几乎没有交易成本经济学或演化经济学的倡导者会坚决地全部放弃最优化计算。重要的问题在于，是否值得努力坚持严格正式最优化的理论美感，鉴于这样一个无法回避的事实，即在该类分析中从没有“严格”对待过信息的处理成本。例如，与严格最优化相比，假定企业在寻求利润的过程中有某种程度的短视行为，可以是代表了一种对所有相关缺陷(包括认知局限性)的行为反应的更平衡的方式。

确实不应由我来确立交易成本俱乐部的会员资格，所以我不再进一步讨论该问题。但我的确想要澄清根据我个人对该俱乐部的定义，罗纳德·科斯是合格的会员，尽管他强调利润最大化。而他一直致力于运用英语散文作为理论表达模式，更使他免受该观点之虞。

如果人们能接受图 11.1，视其为对四种学派思想之间重要区别的合理描述，就会发现它暗含了一些有趣的行与列的组合以及冲突。特别提醒注意的是，演化经济学与教科书正统说同属一列，两者都关注生产，这恰好与交易成本经济学对立。这个情况成为本文下一节的主题。

3. 关于企业的演化与交易成本视角

商业企业本质上是知道如何行事的组织。获利能力是市场经济运用的一个不完备信号，告诉企业其活动如何对社会是有用的，以及社会是否需要或多或少的同类活动。企业生产知识的范围或宽或窄；即使很窄，但它可能会通过一长串完全不同的产品清单反映在企业的产出市场上。正如蒂斯指出的"企业的生产能力处于最终产品的上游——它虽是一种可归纳的能力，却能找到各种各样的最终产品应用。"(1982，第 45 页)然而即使是规模巨大、高度多元化的企业，通常只活跃在经济中全部产出市场中的很小部分，所以并不难识别和区别出大多数最大公司的能力领域。

上述观点是对演化论学者眼中企业的一种局部且基本的描
190 述。随着时间的推移，演化经济学并不与教科书正统说公然冲突——尽管其在思想上更接近活动分析,而非中级经济学教科书中最常见的单一产品生产函数的论述。企业是生产知识的贮藏库。事实上,虽然教科书并未过多强调,但特定企业在特定时间的确是特定范围生产知识的贮藏库,而这些特定范围的生产知识通常涵盖那些甚至能区分同一行业中表面相似企业的异质特征。

正如本文第一部分指出的,虽然教科书正统说具有关注企业知识贮藏库之重要作用的优点,但仍要认真驳斥其对该作用的分析以及其他方面的问题。在我们的著作中,纳尔逊和我提出了一种可选择的观点,该观点以显著方式对正统说四个批评的每一个做出反应——但仍把企业看成是本质上知道如何行事的组织。比如,为了解决与方法论个人主义的矛盾,必须将“组织知道如何行事”这一比喻性陈述转为对人员频繁流动的企业贮存生产知识过程的论述。至于我们的论述能否令顽固的方法论个人主义学者完全满意尚不清楚;我们相信,至少赋予了组织知识这一概念某些多于布伦南和塔洛克所说的暂时合理的含义——也多于教科书正统说能够清楚分析的含义。

目前引起浓厚兴趣的是我们对第二个批评的回应,以及该回应与交易成本对同一问题分析之间的关系。演化经济学认为,如何确定企业边界的问题类似于如何确定一片热带雨林——或一个老鼠群——边界的问题。事物“知道”(比喻说法)如何复制自身,它必须不断复制自身以持续存在,而且复制过程是其在空间或其他维度上增长的基础。给它适宜的环境,它就会增长。采用某些方法破坏它,它就会倒退。用雨林作比喻尤为恰当,因为雨林的“能力”是多样的;它能以差异化方法开发利用多种差异化环境——但整体而言其能力集合与温带落叶林的能力集合极为不同。暂且不谈比喻：

> 演化理论强调的要点是，已形成惯例的企业拥有资源，这些资源非常有助于企业完成在更大范围内运用这一惯例的艰巨任务……演化模型中的复制假设，旨在反映那些满足企业做更多同样事情的持续要求的优势，相形之下，是企业做其他事遭遇的困难，或是其他企业试图照搬其成功的难度。（纳尔逊和温特，第 119 页）

当然，当企业进行纵向一体化时，就不仅是（做）“更多同样事
191 情”，而是做密切相关的、企业已拥有一定程度相关知识的一些事情。演化经济学认为这个“程度”可能正是何处发生一体化的一个重要决定因素。

对待同样问题，演化观点与交易成本方法之间是什么样的关系？这个问题极为复杂，具有许多层次和方面。从很基础的层次上看，尚不清楚交易成本经济学是寻求历史——演化的阐释模式，还是某种更类似于以描述一般均衡理论的假设数据为基础的无时间概念、抽象的演绎模式。交易成本范式频繁使用历史证据，与前一种而不是后一种阐释模式相一致。[14]就这点而言，交易成本经济学与演化论思路完全兼容。交易成本塑造经济组织，原因在于产生了组织创新，而组织创新使企业规避了以前经历的交易困难。进行这种创新的企业发展壮大，同时其竞争对手地位受损，除非这些对手快速模仿其创新。这就是演化论对“成本最小化”——不论是交易成本还是生产成本——究竟如何运作的解释。尝试某些做法遇到某些问题，再尝试其他做法，可能就会发现效果变得更好。

然而，如果采用这种解释方式，“交易是分析的基本单位”这一原则就似乎有问题了。企业得以执行其知识贮藏库功能主要依靠持续将投入特别是人力服务投入与企业相结合。在任何特定时间，特定种类交易治理模式调整的成本与收益在很大程度上受已存在的交易模式网络的影响。所以，企业行事方式的变化过程通常包含在复杂的、相互依存系统内的不断调整。该过程很可能产生进步，但它并不给予任何规定好的问题或活动应该如何被组织的问题清单以“答案”。

与此相关，正是这个相互依存的系统整体上受市场提供给企业的最显著的信息反馈——全部获利能力的支配。当然，个别组织问题，如个别技术问题，可以是企业参与者“预期理性”求解努力的对象。关于某一特定生产任务的绩效，或微观层次上某一自制还是购买决策的企业边界确定的问题，经验、学习和适应能够带来改进，甚至是一种近似局部最优化(approximate local optimization)。但由于与这一最重要反馈相关的是整体系统的绩效，很可能解决系统中某一部分问题的非常好的方法至少能暂时承担其他部分错误的成本负担。在这种情况下，有助于复制整体成功的利润激励和演化机制在复制整体系统竞争优势的同时，也会复制错误。

给定子问题的复杂相互依存关系，给定问题空间的规模，并规定：N 个子问题中每一个子问题，都有 M_i 种可选择解决方案中的 192
一种是它的解决方案(M_i 和 N 通常很大)，同时给定经济体具备复制已知效率的惯例以便及时扩张赢利性活动，一般的预期所观察到的子问题解决方案，可证明能敏锐地反映出个别问题的当代特征似乎并不合理。相反，人们应当预期今天所见的许多微观层次上的“解决方案”，可能会被理解为“满意的”选择、对历史条件的适应性反应或历史偶然事件的影响（对某些持久的原因）。

相关推论适用于宏观层次的企业边界问题，即企业的整体规模。在演化论看来——可能与交易成本观点相反[15]——在特定时点的大企业的规模不应被理解为是某些组织问题的解决方案。通用汽车没有问鼎财富 500 强企业（1986 年销售额超过 1000 亿美元），是因为当时某些成本最小化规则（技术上或组织上的）要求以该种方式组织美国经济的一大部分。通用汽车的榜首地位反映了过去一长串事件的累积效应，其中包括用较好的方法解决各种技术和组织问题的成就。[16]其前身公司在一度幼稚、后来规模壮大的汽车市场上奠定强势地位的成功，当然也包括通过兼并最终建立了通用汽车公司。简言之，雄踞企业之首并非一场“好戏”，它显示了多场好戏的累积效应；当然也不排除可能上演过几出不怎么样的戏。

对于一些范围较窄的问题，演化经济学和交易成本经济学似乎改进了其他学派的分析方法。比如，交易成本经济学力主对跨越组织边界交易的组织的研究应是组织“惯例”必须解决问题的一部分。这反过来又说明以不同方法描述不同缔约环境的必要性，这些方法应当提供用以分析在不同环境下哪种缔约惯例将行之有效的基础。显然交易成本经济学给予该任务大量有益的指示。

演化经济学认为人力资本专用性概念是理解企业知识贮藏库功能的核心。然而，要想达到这种理解，必须不断改进“专用性”理念，并将其与决定各种生产知识的准租金的广阔背景相联系。比如，一个创新型企业面临的“机会主义风险”包括几位核心雇员同时辞职并组建了一个针对原企业的竞争企业。单个考虑这些雇员，他们可能会受到与原企业缔约的人力资本专用性的强烈约束。然而作为一个联盟来考虑这些雇员，这一雇员群体的行动自由度远远大于单个分析。事实上(人力)投资“专用性”本质上并不受制于交易模式(即与原创新者进行交易)，而是受制于原创新者提供的环境。如果能同时改变足够多的环境，创新者可能会留下来。

总之，交易成本经济学和演化范式既冲突又互补。这两个学 193
派都提供了推进理解企业性质的更有效的研究机会。

4. 结论

过去的半个世纪明显地见证了经济自身的变化远远好于经济学家思想的转变。这种分化趋势不禁令人沮丧。但是，在因未认真对待“企业的性质”而白白浪费了至少 1/3 世纪的时间后，目前经济学界有明显加速进步的迹象。也许我们终于开始弥补自身认识与日益复杂现实之间的鸿沟了。

注　释

非常感谢斯隆基金会对本研究提供的资助。

1　人们经常引用相同发明或科学原理的多个独立发现的例子来支持以下观点，即以前的进步将后来进步所需要素引入知识系统中，而一旦这些要素存在了，任何数量的研究者都可能对这些关键要素进行组合排列，从而导致相关问题的进展(默顿)。从这个意义上说，科学的进步是“命中注定”的。参照这个标准，科斯强烈地宣称自己做出的贡献在当时绝非命中注定。不仅当时没有同样的发现，而且几十年以后，经济学领域才准备好应用这一贡献。况且在这几十年中，发生了另一件事件，即科斯写了另一篇经典论文——“社会成本问题”——在这篇论文中，他针对另一问题使用了相同的基本思想。

2 从初级教科书到中级教科书，在有关制度的内容与合理性方面发生了更大的退步。正如马丁·舒比克(Martin Shubik)指出的：“教科书越是初级，越有可能包含不同组织形式的知识。然而，一旦我们的研究变得‘高级’了，我们就不再去区别通用汽车公司和本地糖果店之间的差别了”(第413页)。

3 见德布鲁(Debreu)的著作，以及阿罗(Arrow)和哈恩(Hahn)的著作。

4 沃尔特·尼科尔森(Walter Nicholson)的出色论述提供了一个对这些问题相对高水平关注的例子。

5 见约翰·斯图亚特·穆勒(1848，第1卷，第2部，第XV章)的论述。

6 类似的，亚当·斯密关于股份公司的评论，反映了他对授权给几乎没有任何自有资本的指挥者的制度安排的消极评价：“像富人的侍者一样，他们惯于将注意力集中在和主人利益无关的小事上面，而且很容易就此自我奖赏。因此，这种忽略和浪费必然会或多或少地在管理企业事务中盛行”(1776，第700页)。

7 很有趣的是，这个问题是斯切托夫斯基(Scitovsky)发表在美国经济学会的《价格理论读本》中紧随“企业的性质”之后的论文的主题。

8 解决谁是企业家这一问题的特定目标的一般均衡模型包括了卢卡斯(Lucas)、基尔斯特姆(Kihlstrom)和拉丰(Laffont)的模型。在前一种情形中，企业家地位与高水平的管理能力相随，而管理能力与技术给定下修
194 正的希克斯中性生产要素相一致。在后一种情形中，每个人可以平等地使用相同技术，而企业家因其低风险厌恶度而区别于他人。

9 正统理论的捍卫者有时对第三个“是”赞同的观点进行检验，结果经常得出正统理论站不住脚的结论。这一经验结论既不同于，又非源于是、是、

是方法论。见布劳格(Blaug)(第 4 章,第 7 章)有关方法论矛盾的论述。

10 在第二篇演讲中,科斯直接提出了假设无关性的主题并且表达了自己的反对观点。

11 我在近期的一篇论文中(1986)认真关注了这个问题,而由于特别注意到科斯(1937)和马克卢普的观点的对立,该论文的一位讨论人礼貌地告诉我再这样做已徒劳无益了。

12 我之所以使用“生产知识”而不是“技术”这类的术语,是因为我把技术和组织视为做事能力中不可分割的组成部分。

13 实际上,IBM 早在 1944 年至 1947 年期间就发明了某种计算机,即选择程序电子计算机(Selective Sequence Electronic Calculator, SSEC)。托马斯汀·沃森先生认为一部 SSEC 机器“能够解决世界上所有涉及科学计算的重要科学问题”。在生产 IBM650 之前,IBM 向军队出售专用计算机,生产并出租有限数量的“国防计算机”,即后来重命名的 IBM701。因此可以说 IBM 从一开始就进入了计算机产业,尽管没有其某些早期对手那么强大,特别是雷明顿·兰德公司(Remington Rand)[凯兹和菲利浦斯(Katz and Philips),第 169 页,第 171 页,第 177—178 页]。

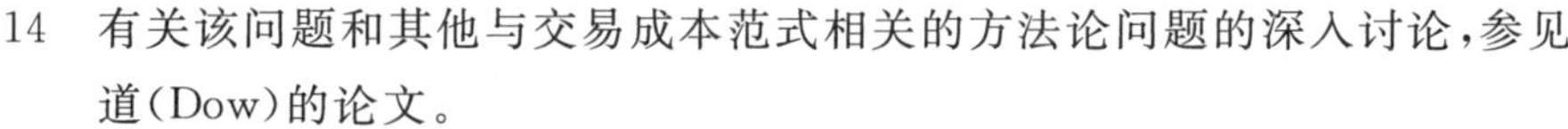

14 有关该问题和其他与交易成本范式相关的方法论问题的深入讨论,参见道(Dow)的论文。

15 我不会接受描述科斯、威廉姆森及其他交易成本理论家们对企业边界决定问题所持立场的这一巨大挑战,有趣的是,我发现威廉姆森(1975,第 11 章)在此问题上与演化论非常一致。

16 当然,在解决问题的各种方法中,有一些方法正是提供了交易成本经济学反复研究的问题——比如,M 型组织的创立和收购费雪车身公司。很可能如果没有这些解决方案和其他方法,通用汽车公司就不会问鼎财富 500 强企业。

参考书目

Alchian, A. 1950. “Uncertainty, Evolution and Economic Theory,”58 *Journal of Political Economy* 211—21.

Arrow, K. J., and F. H. Hahn. 1971. *General Competitive Analysis*. San Francisco: HoldenDay.

Blaug, M. 1980. *The Methodology of Economics, or How Economists Explain*. Cambridge: Cambridge University Press.

Brennan, G., and G. Tullock. 1982. "An Economic Theory of Military Tactics: Methodological Individualism at War," 3 *Journal of Economic Behavior and Organization* 225—42.

Coase, R. H. 1937. "The Nature of the Firm," 4 *Economica* n. s. 386—405.

——. 1960. "The Problem of Social Cost," 3 *Journal of Law and Economics* 1—44.

195 Debreu, G. 1959. *Theory of Value*. New York: John Wiley & Sons.

Dow, G. K. 1987. "The Function of Authority in Transaction Cost Economics," 8 *Journal of Economic Behavior and Organization* 13—38.

Graaf, J. de V. 1957. *Theoretical Welfare Economics*. Cambridge: Cambridge University Press.

Katz, B. G., and A. Phillips. 1982. "The Computer Industry." In R. R. Nelson, ed., *Government and Technical Progress: A Cross-Industry Analysis*. New York: Fergamon Press.

Kihlstrom, R. E., and J.-J. Laffont. 1959. "A General Equilibrium Entrepreneurial Theory of Firm Formation Based on Risk Aversion," 87 *Journal of Political Economy* 719—48.

Lucas, R. E., Jr. 1978. "On the Size Distribution of Business Firms," 9 *Bell Journal of Economics* 508—23.

Machlup, F. 1974. "Situational Determinism in Economics," 25 *British Journal for the Philosophy of Science* 271—84.

Merton, R. K. 1961. "Singletons and Multiples in Science." In N. W. Storer, ed., *The Sociology of Science: Theoretical and Empirical Investigations*. Chicago: University of Chicago Press.

Mill, J. S. [1848]1899. *Principles of Political Economy*, v. 1. New York: The Colonial Press.

Nelson, R. R. 1980. "Production Sets, Technological Knowledge and R. and D.: Fragile and Overworked Constructs for Analysis of Productivity Growth?," 70 *American Economic Review* 62—7.

——, and S. G. Winter. 1982. *An Evolutionary Theory of Economic Change*. Cambridge: Belknap Press of Harvard University Press.

Nicholson, W. 1972. *Microeconomic Theory: Basic Principles and Extensions*. Hinsdale, Ill.: Dryden Press.

Scitovsky, T. 1943. "A Note on Profit Maximization and Its Implications." Repr. (1952) in G. Stigler and K. Boulding, eds., *AEA Readings in Price Theory*. Homewood, Ill.: R. D. Irwin.

Shubik, M. 1970. "A Curmudgeon's Guide to Microeconomics," 8 *Journal of Economic Literature* 405—34.

Simon, H. A. 1984. "On the Behavioral and Rational Foundations of Economic Dynamics," 5 *Journal of Economic Behavior and Organization* 35—55.

Smith, A. [1776] 1937. *An Inquiry into the Nature and Causes of the Wealth of Nations*. New York: The Modern Library.

Teece, D. J. 1982. "Towards an Economic Theory of the Multiproduct Firm," 3 *Journal of Economic Behavior and Organization* 39—63.

——. 1986. "Profiting from Technological Innovation: Implications for Integratior. Collaboration, Licensing and Public Policy," 15 *Research Policy* 285—305.

Williamson, O. E. 1975. *Markets and Hierarchies*. New York: Free Press.

——. 1985. *The Economic Institutions of Capitalism*. New York: Free Press.

Winter, S. G. 1982. "An Essay on the Theory of Production." In S. H. Hymans, ed., *Economics and the World around It*. Ann Arbor: University of Michigan Press.

——. 1986. "The Research Program of the Behavioral Theory of the Firm: Orthodox Critique and Evolutionary Perspective." In B. Gilad and S. Kaish, eds., *Handbook of Behavioral Economics*, v. A (Behavioral Microeconomics), Greenwich, Conn.: JAI Press.

196 12 企业的法律基础

斯考特・E. 马斯特恩

在罗纳德・科斯关于企业的性质的创新性思考发表五十年后，经济学家仍未就此达成一致。许多人仍旧把企业看成是一种独特的制度，通常把企业归于某种优势控制、信息或者适应性特性，而另外一些人反对任何唯一的治理优势会产生一体化的看法，认为无论是人类本性还是技术或信息都不会被纯粹名义上的“内在化”所改变。对后者而言，**企业**一词仅仅是一个描述性的集合名词，它代表的是另外一组特殊的普通合约关系。

本文的目的不是提供另一种纵向一体化理论，而是在更深的层次上探讨把企业作为一个独特的组织形式是否有意义的逻辑前提问题。具体而言，是否存在一个把各种特性与内部组织联系在一起的基础？或者，是否**企业**这一名称确实只是描述了一系列通常观察到的、但在其他方面很普通的合约关系？

在简要评论这场争论的关键要素后，我认为该问题的答案在于考察规制经济活动的更广泛的法律和政治制度。因此，本文的主体就是要探讨雇佣关系在法律体系内的地位，并对商业合同法中相应的各种学说做一比较，以了解法律规则是否能为与内部组织最普遍相联系的优势及局限建立一个制度基础。

1. 争论的本质

在经济学文献中，关于企业的性质的模糊解释可以追溯到罗纳德·科斯最初的贡献。科斯所使用的语言经常使人联想到，企业的概念是市场交换的一个独特替代物(第 2 章：第 19 页)：

> 在企业外部，价格运动指导生产，生产通过市场上的一系 197
> 列相互交易达到协调。在企业内部，这些市场交易被取消了，伴随着相互交易的复杂市场结构被企业家—协调者所代替，后者指导生产。很显然，这些都是协调生产的**可供选择的方法**(着重号是我加的)。

但是，这种明显毫无联系的企业观点随后就受到了限制："当然，不可能随手划一条严格的界线来决定企业是否存在，可能或多或少有一定的方向。"(第 337 页，注 21)相反，企业的特征，是存在中心签约代理机构和合约，"按照合约，代理人为了某种补偿(可以是固定的或浮动的)，同意**在确定范围内**服从企业家的指示"(第 336—337 页，着重号是原作者加的)。因此，对科斯来说，企业与市场的区别似乎更多地是程度上的不同而非是本质上的不同，企业的存在取决于在合约中给予管理者自由决定权的**多少**。[1]

科斯所给出的企业概念在本质上是描述性的，而近来大量关于纵向一体化决策的论述显然已接受了更富有建设性的观点，认为企业可以更方便地获得信息并拥有更大的管理控制权和灵活性。[2] 但这些优势的来源仍然是模糊的。管理生产和解决争端的管理权威来自于何方？与独立签约人相比，雇员为什么不大能够隐藏或扭曲信息？阿曼·阿尔奇安和哈罗德·德姆塞茨在其1972年的文章中对基于权威的企业理论提出了较多的谴责：

> 普遍的看法是把企业看作以权力为特征，通过优于传统市场上有效使用的方法如法令、权威或惩罚性行为来解决争端。但这是一种错觉。企业并不拥有其全部投入。与任意两人之间的普通市场签约相比，企业在法定权力、权威、惩罚性行为方面，在最轻微的程度上也没有任何不同。我只能通过停止未来交易或者在法庭上对任何不能兑现交易协议的行为要求赔偿来“惩罚”你。那恰好是任何雇主都能做到的。他可以解雇或控告雇员，就像我可以通过停止从杂货商那里购买东西来解雇他、或者控告他供应有缺陷的产品一样。

一体化减少信息不对称的可能性也遭到了明确的反对：“共同所有权既没有产生新信息或经验，也没有创造新的审计机会。当彼此之间存在分歧时，非一体化的公司允许仲裁人去审计它们的经营[埃文斯(Evans)和格罗斯曼，第119—120页]。”这样的批评导致许多经济学家否认在解决合约失败时行政解决方案的存在性，断言雇主作为独立签约人面临着同样的交易摩擦。因此，至少在治理方面，企业不过是一种联合体或者是合约关系的“连结体”，
198 并且交易者只能在合约规定的范围内进行选择。正如张五常所指出的，“说‘企业’取代‘市场’并不十分正确，而是一种合约取代另

一种合约”(第 10 页)。他进一步指出,“因此,抓住什么是企业或什么不是企业这样的问题不放是徒劳的 …… 重要的问题是为什么合约采取了人们所观察到的形式,以及不同的合约及定价安排的含义是什么”(第 18 页;詹森和麦克林:第 310—311 页,阿尔奇安和德姆塞茨:第 778 页)。

2. 企业的制度基础

我关心的问题如下:“所有的经济关系都只是合约性的,并因而都服从于相同的经济运算规则吗?或者制度设计有时会为他们提供某些权利、责任或权威吗?如果制度确实显示出特定的产权,那么这些特性的根源是什么呢?

围绕这一问题,至少在局部上,在许多使用合约和制度的术语时产生了不一致。经济学家和律师经常使用广义上的合约一词,它在内涵上包含了“协议”和“交易”。因此,许诺在六十天内交付钢铁和从杂货商那里购买货物,经常同样地被归类为合约性的。在这种扩展的用法中,把企业定义为合约的集合只是一种同义反复。

然而,对合约一词还有更多的限制性内涵,即合约作为一种正式的、法定的承诺,对此每一当事人都给予明确的认可,而且对特殊的法律主体也适用(例如,比较克莱因,1980:第 358 页;和克拉克:第 60—61 页)。这样,并非所有的交易和协议都是合约性的。因此,在这个意义上,利用斯图尔特·麦考利(Stewart Macaulay)的两分法(第 61 页),区分简单交换和真正的合约是有意义的:“取消订单"不同于"违反合约"。从这种较狭义的意义上看，企业是合约连结体的定义是有争议的。具有特殊技能的雇员或由工会代表的那些雇员可能与管理部门有一个明确的合约，但典型的雇佣关系是"随意的"，那就是"一天的工作换一天的报酬的简单交换"（例如，见《法律改革杂志》，1983，第449—450页，注5）。

然而，在思考企业的性质时，真正的问题不是成员间的关系是否是合约性的，而是企业是否在富有建设性的意义上代表了一种独特的制度。像**合约**一样，**制度**也有广义和狭义的应用。广义在本质上是描述性的；它包括了所有的交易模式和惯例以及使之具体化的组织，并且适当地应用于任何行为模式或关系的集合，这些关系发生的频率足以值得注意。在一般意义上，市场与信誉都是这一定义下经济制度的范例。

在狭义上，**制度**代表的是一个已建立的安排、一种关系或组
199 织，它们的存在或边界由外生的权威来界定或操纵。在这种制度中，成员或参与者通常商定特殊权利或责任，并建立控制交易者行为的规则和程序。议会受宪法制约，政府机构受到其授权的法律的支配，公司受公司设立的章程和法律的约束。在广义上，这些主体成员间的关系全都是合约性的，但在狭义上，组织本身依靠特殊规则和程序来体现独特的制度，这些特殊规则和程序在组织成员内部调节可接受的行为。只要通过居支配地位的权威的正当行为或一系列制度来进行定义和规制，制度设计就达到了建设性的而非仅仅是描述性的含义。

现在可以用这些术语重新阐述企业的性质问题。例如，法律确实能平等地对待商业和雇佣交易吗？尤其是，是否赋予雇主或雇员任何对商业交易者来说以相似的形式无法获得的权利、权威和责任(或任何限制性义务)? 内部组织是否是代表了市场交换的替代物,取决于这样的差异是否存在,以及它们如何影响企业内部和企业之间的激励结构。因此,企业是否是一种独特的制度的问题,归根结底是一个实际问题:在雇佣交易中,是否存在对独立签约者来说并不同样适用的机制或奖惩条款?[3]

2.1 责任与义务

具有讽刺意味的是,经济学家要么贬低、要么彻底反对法律在界定企业并把经济概念从"法律假定"中分离出来时的作用(见詹森和麦克林:第 310 页;鲁宾:第 225 页)。[4] 然而,即使是对调节雇主与雇员关系的判例法的粗略考察,也能揭示出一系列对雇佣交易来说确实是独一无二的义务和责任,这些义务和责任通常与经济学中强调内部组织的信息和权威优势完全一致。例如,加入雇佣关系后,每个雇员都接受一种暗含的职责,即"遵守所有的合理规则、命令及雇主的指令"[《美国法理学》53 卷(第二版)§ 97;《代理机构重述》(第二版)§ 2,第 220 页、第 385 页]。在雇主—雇员关系中,法庭根据某一特定交易的性质裁定纠纷,权威的重要性通过这一标准得到了进一步强化。在这样的案例中,法院所表达的优先考虑就是由雇主所实行的控制,尤其是,雇主不仅关注雇员工作的结果,还关心雇员完成工作的方式。在评价一项交易时,"首要的、基本的调查是所谓的雇主是否有权力控制 …… 所谓的雇员的工作细节"[起初的强调见《皮特斯(Pitts)与壳牌石油公司》,第 463 页,第二版,第 331 页(1972);另见《代理机构重述》(第二

版)§2];相反,“一个‘独立’签约人通常被定义为:是一个在提供服务时履行独立工作或职业的人,并仅把他工作的结果而不是完
200 成工作的手段表现给雇主”[《法令依据大全 56 卷》第 45 页;《代理机构重述》(第二版)§2,第 14 页]。因此,传统上经济学对指导雇员努力的管理职权的强调,至少在名义上受到了调节雇佣交易的法律的支持。

从传统的企业观点看,信息优势一般归因于内部组织,商法和雇佣法的比较对此也提供了支持。在商业交易中,关于信息传递的法律相当宽松。作为一条规则,“商业交易的一方当事人不必因未向对方披露如下事实所引起的损害承担责任:他知道而对方不知道,而且他还认识对方,在所谈论的交易中,如果他认识他们,这些信息就被看作是决定其行动过程的要素”[《民事侵权行为重述》,§551;另见《合约重述》(第二版),§303]。该规则的最明显例外就是关注交易者之间信用关系的存在,诸如委托人与代理人之间或雇主与雇员之间的关系。[5] 只要这种关系存在,代理人就有法定义务向委托人披露相关信息[见《代理机构重述》,§381;《民事侵权行为重述》,同上;和克罗恩曼(Kronman)]。作为雇员应披露和说明的责任,这种非披露一般规则的例外在雇主与雇员法中已经明确作了规定,在这种情况下,下级被迫“[向他的雇主]传达他应该知道的全部事实”[《法令依据大全 56 卷》(以后记 CJS)第 67 页;另见克拉克:第 71—72 页,《密歇根皇冠防护公司诉韦尔奇》(*Michigan Corwn Fender Co. V. Welch*),《美国法律报告 13 卷》,第 896 期(1920)]。此外,雇佣交易与商业交易之间的法律区别,在某种程度上也支持经济学文献中较多地获取信息能产生一

体化的传统假设。

此外，雇员对雇主的义务包含的远不止是简单的服从管理指令和信息披露。除了服从外，雇主有权期望从其雇员那里得到忠诚、尊重和诚实，每个人都要“以这种正当、体面的行为举止来表现自己，而不要对其雇主的生意造成损害”[《美国法理学53卷》(第二版)；另见《代理机构重述》(第二版)§380，第387页]。这些责任进一步延伸为要求雇员同雇主保持“友好关系”[《代理机构重述》(第二版)§380]。罗伯特·克拉克(Robert Clark)对代理理论家们所使用的企业概念提出了批评，他讨论了一些经理们需要忠诚的特殊含义。[6] 例如，与独立签约人的义务相比，忠诚的职责对为别人管理企业的受雇经理有较高的要求。

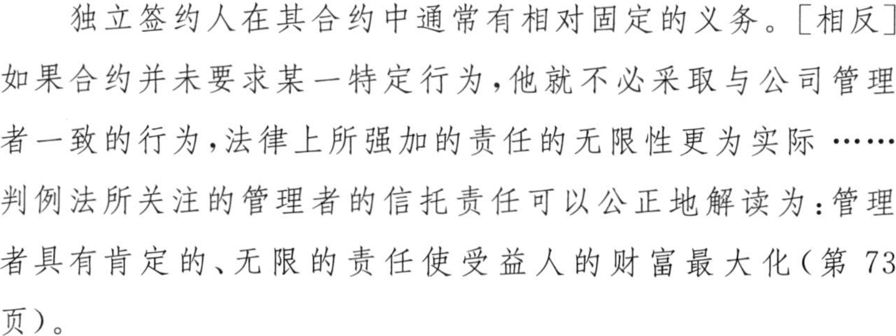

> 独立签约人在其合约中通常有相对固定的义务。[相反]如果合约并未要求某一特定行为，他就不必采取与公司管理者一致的行为，法律上所强加的责任的无限性更为实际……判例法所关注的管理者的信托责任可以公正地解读为：管理者具有肯定的、无限的责任使受益人的财富最大化(第73页)。

忠诚的责任也限制了经理在损害所有者的情况下谋取利益的 201
能力。克拉克继续评论说：“在本质上，除了在一定程度上(为经理)提供一个公开的、实际的合约以外，受托人无法从受益人那里得到任何补偿，或从其职务地位上获得任何利益(即使当这么做看起来并没有剥夺受益人的任何价值，而不这么做就会得到一部分价值)"(第73页)。[7]在利用商业机会方面,法律为独立签约人提供了相当大的余地(见下文)。

最后,尽管我必须强调雇员的责任这一点,但雇主也会在进入雇佣交易时承担某些责任。在被告优先的原则下,雇主在拥有指导雇员行为的权威的同时,要对雇员在受雇过程中所引起的对第三方的伤害承担责任。然而,"这一原则并不适用于雇主与独立签约人之间的关系,因为雇主无法对签约者的工作方式实施控制"(Dykstra and Dykstra,第356页)。因此,最终责任结果分配给了表面上处于控制地位的那一方当事人。

总之,从法律意义上看,至少在表面上,雇佣交易产生的责任同经常与内部组织相联系的权力和信息特征是一致的。事实上,雇佣法律的意图似乎是使雇员尽可能多地向雇主承担责任。此外,上述讨论的责任都独立地产生,无论它们是否明确地包含在合约中[《代理机构重述》(第二版)§220,第225页]。在每一情形中,可适用的法律主体取决于合约关系是独立签约者之间的关系,还是雇主与雇员之间的关系。换言之,控制这种关系的一系列规则取决于所选择的制度。

2.2 制裁及程序

当然,只有当存在实施机制时,服从和披露的责任才有约束力。例如在巴特(Batt)的《雇主与雇员法》(*The Law of Master and Servant*)中引述的下列陈述,就已经有倾向削弱这些差别存在的基础[引自摩西·多克斯和哈勃董事会与科金斯和戈里菲斯(利物浦)有限公司,(1947),A.C.I.]:

> “我不接受任何人的订单”，吊车司机说道。
>
> “一个强有力的回答”，洛德·西蒙斯(Lord Summons)说道：“这意味着他是一个技术熟练的人，并知道他的工作，并能以他自己的方式来完成工作。最终他仍会拒绝以[其雇主们]的方式完成工作，但要自担(被辞退的)风险，因为雇主手中仅有的制裁，就是解雇的权力”(第 2 页)。

如果执行指令的管理权力仅停留在对雇员解雇的威胁上，正
如本文所探讨的，那么——尽管存在名义上的服从责任——管理
的权威与从事普通市场交换的独立交易者并没有区别。相反，缺
乏明确的合约，终止谈判与任何进一步交易的能力作为“唯一制 202
裁”，它对不满意目前提出的交易条款的商业交易者来说通常是有
效的。很显然，雇佣交易中特殊权力的索取不能建立在单独终止
(合约)的威胁基础之上。另外，正如阿尔奇安和德姆塞茨所主张
的，在市场框架中，雇佣交易和任何其他简单交易之间并没有实质
性区别。

然而，大量专注于界定和区分雇佣交易和商业交易的判例法，难以消除制度形式是至关重要的想法。在进行法律评价时，如果法院只关注那些合约中规定的关系**细节**，那么当事人所处的关系**类型**就无关紧要了。(法律)和解愿意花费资源(时间和精力)去争论交易的认定，这是一个很强的暗示，即制度标志的确对交易当事人产生了具有实际含义的法律差异。这就表明，超出名义上由雇佣交易者产生的义务范围来看待一系列基本问题或许是合适的。终止交易真的是唯一制裁吗？或者是否存在其他可用于雇主和雇

员的惩罚(措施)呢？如果是这样的话，它们与那些可用于商业交易者的惩罚又有何不同？签订和执行合约的能力在商业和雇佣交易安排中是否相同？或者履约标准和违约惩罚在不同制度之间是否存在差异？换言之，雇主可以雇佣或起诉雇员的环境以及法律规定的赔偿与惩罚机制是否依组织模式的不同而不同？

尽管一个公平的、已建立好的普通法本身能同时调节雇佣关系和商业关系，并且许多基本行为规则对二者都适用(见下文)，但仔细考察判例法就会发现，在适用于商业和雇佣交易者的机制和惩罚方面以及法院的应用方面的确存在着许多差异。例如，尽管在上述引用的巴特的《雇主与雇员法》那节中，解雇的威胁并不是可用于雇主的唯一制裁。一个不能履行责任的雇员，如果他的过失对雇主的生意造成了损害，那么实际上他可能对这种损害负责。“如果没有违约弃权，雇主可以从雇员那里获得赔偿 …… 因为涉及雇员自己的过失或过错给雇主造成的损失 ……，或者通常因为没能履行雇佣合约所赋予他的各种职责”[CJS 56 卷，第 500 期，附加的强调；《代理机构重述》(第二版)§339，第 400、401 页]。

此外，尽管在商业交换中个人行为和参与者的忠诚是一个严格的商业判决问题，但法律几乎无例外地强制雇员按雇主的利益行事。当然，在每种交易类型中，不忠诚可能由于考虑声誉而被淡化，但对这种行为的正式法律制裁仅适用于(雇员对)雇主(的不忠诚)。从商业顾客中招募职员的独立供应商可能会危害未来的交易，但通常不会在法律上对顾客的损失负责。然而，如果一个雇员是入侵者，同伴工人加入到一个竞争关系的诱惑就可能构成对忠实义务的违反，并赋予以前的雇主获得赔偿的权利[见《弗雷德里克·丘斯德和公司与马歇尔·黎曼和公司》326 卷，秋季 9 月号，第 1043 页(1971)]。这一方面的法律也为内部人交易以及许多对 203
雇员禁止但对外部交易者开放的其他活动建立了普通法律补偿(机制)(见克拉克，第 74—75 页)。重要的一点是，法律赋予雇主从不忠诚或不合作的下属那里获得赔偿的权利，并因此以一种分离的方式，区分了对雇员的激励与对独立签约人的激励，这在某种程度上改变了对不合作雇员行为的支付，这一结论可论证地支持了企业理论中权力通常归雇主的观点。

类似的制裁支持雇员的披露责任。具体而言，雇员在法律上要对由于他没有披露相关事实而使雇主遭受的任何金钱损失负责，并对该过失产生的损害和任何不正当利得收益负法律责任。[8]一个独立的子签约人则不必承担这样的责任，而且除了别的以外，他可自由地利用合约执行过程中出现的获利机会(例如，见克拉克，第 73—75 页)。雇员不大可能从不披露信息中成功获利的事实，会减少其扭曲和隐瞒雇主信息的动机。

埃文斯(Evans)和格罗斯曼对商业签约者可以雇佣仲裁人来审计某一企业并解决争端提出了异议，但这并没有削弱这种争论。从根本上说，仲裁人必须依赖争论方所提供的信息。一个不合作的行为人(尤其是估算小的成功概率但希望赢得时间的人)可能会妨碍仲裁，并且可以凭空强行将纠纷提交到法庭。在有关披露的法律下，法院对一体化和独立交易者的不同处理，会影响成功地获取信息的预期和时间选择。雇员的披露责任使雇主接受对其有利的简要判决的可能性远比独立签约人在相似情形下的选择要大。流行的原则要求原告承担更多的举证责任，证明其有权利获取非一体化被告的内部记录。显然，从独立签约人那里获取信息与从一体化部门获取信息相比，这种诉讼可能引起的拖延及其他成本可能产生更大的阻碍。从这一角度看，与一体化相联系的传统理论，从不对称信息到无成本信息的根本变化，夸大但并没有否认制度障碍减少了现行法律原则提供给内部组织的信息。

在商业和雇佣交易中，解决争端的程序也有所不同——以增强内部组织的灵活性的方式就是这样。正如威廉姆森所指出的，管理指令具有一种假定的合法性，它反映在调节雇主与雇员之间冲突的规则中，甚至反映在集体谈判（劳资谈判）的环境中：

> 即使在集体协议列举某些犯罪行为或当事人商定工厂条
> 例时，管理当局通常也可能对所列示的犯罪行为或商定的条
> 204 例进行补充。管理当局所规定的规则常受仲裁者审查的限
> 制，但是，只要这些规则合理地把实现有效运作和维持秩序联
> 系起来，而且并不是明显地有失公平或者并没有对雇员的权
> 利产生不必要的负担，那么它们就具有一种假设的合法性并
> 将得到支持。管理当局还有权利使其命令得到遵守，并可以
> 对拒绝服从命令的雇员进行约束，哪怕这种命令是不适当的。
> 仲裁者几乎都支持雇员必须首先服从，然后通过申诉程序寻
> 求救助，除非服从会使他受到实质性的健康和安全风险（引自
> 威廉姆森，1985，第 249 页）。

比较起来，商业交易中的分歧要求“适应作用产生以前（双方要）相互同意”（威廉姆森，1985，第 249 页）。这种差异可能是重要

的。在必须商议一个彼此都有利的调整方案时，采取行动的机会很可能已经错过了。另一方面，雇员不遵守或拖延执行合理指令的潜在倾向，可能鼓励其立即服从，从而提高了对不断变化的环境的敏感适应性。

在被告优先的原则下，雇员对雇主的民事侵权行为的责任范围也影响雇佣交易中的动机。首先，它刺激雇主更密切地监督雇员的行动。其次，雇员可以在一定程度上向雇主寻求合法补偿，以弥补由于按雇主指令采取行动而对第三方产生的个人责任，通过减小其评估这些行为后果的必要性，可以减少雇员遵守命令的不情愿性。有趣的是，虽然监督功能本身并没有界定企业，正像阿尔奇安和德姆塞茨及其他人认为它界定了企业一样，通过维持制度结构而产生的激励可能鼓励企业内部而非企业之间的强化监督——即使剩余收入的索取权保持不变。[9]

因此，交易者在雇佣及商业环境中所承担的义务与维持这些义务的惩罚及程序方面，似乎都存在着差异。换句话说，尽管雇佣交易者和商业交易者都有提出诉讼的权利，但他们能申诉的，及其对成功的预期，在涉及交易指定和所应用的普通法方面是不同的。另外，迄今为止所考察的法律差异，似乎支持了权威及信息属性通常归于传统企业观中的内部组织。

2.3 解雇与签约

与企业相关的另一特性是，任意雇佣(employment-at-will)的原则赋予雇主在终止一种(雇佣)关系方面有更大的灵活性[例如，见鲁宾(Rubin)]。任意雇佣原则授权给参与雇佣交易的每一方当事人“因为正当的理由、不正当的理由或者根本没有理由”去终止雇佣关系[例如，见《斯坦福法律评论：第 335 期》]。然而，在商
205 业交换与雇佣交换之间，该原则与其说是一个对比的来源，还不如说是一个对称的来源。通过市场的相互作用，从事简单交换的商品交易者在不存在合约的情况下，也有权利单方面终止一项交易关系。因此，任意雇佣原则并不是区别企业，而似乎是把雇佣交易和商业交易（另外，缺少一个正式的合约）放在与解雇有关的同等基础之上。

法律处理雇佣和商业**合约**在很多方面也是相似的。首先，像商业交易者一样，雇主和雇员通常通过相互同意来自由签订合约[见艾伯斯坦（Epstein）]。例如，在相同情况下，**服务合同**（contract of service）和**针对各种服务而签订的合同**（contract for services）中通常都有规定的损害赔偿条款（见《法律改革杂志》：第 457 页）。调节雇佣合同和非特定期限商务合同的规则也是相似的。未特别规定期限的雇佣合同不能保证（合同）持续履行（《斯坦福法律评论》：第 345 期），而期限不确定的商业合同只要求“合理通知一下”，就可以单方面终止（合同）（见 UCC § 2，第 309 页）。

甚至雇佣合同中对具体履行的法定禁止在实践中（与商业合同相比）也没什么差别。即使通常不能强迫雇员为雇主提供服务，具体履行也很少同样应用于商业环境中。[10] 相反，通常对不履行商业和雇佣协议的强制性处罚却是相似的：损失的利润要少于损失的工资，后者可以“通过适当的努力在其他类似的雇佣中赚到”[见科宾（Corbin），第 958 页]。

然而，尽管存在这些相似之处，但法院在处理雇佣及商业合同

时确实存在着差别。特别是,上面所讨论的责任就对在商业环境和雇佣环境中什么构成了违约作了重要区分。尽管在服务合同和针对各种服务而签订的合同中,都只要求合同的“实质履行”,但每一雇用交易自动产生的责任与义务,为雇主中止合同提供了更大的行动自由:雇用合同可能会因为雇员的懒惰、不诚实、背信弃义或无礼以及其他过错而被解除。即使在劳资谈判协议中雇佣关系受到保护,但好斗、不顺从、对管理人员使用亵渎或辱骂性语言、盗窃、不诚实、赌博以及吸毒或酗酒都可能构成终止一份雇佣合同的“正当理由”[见斯泰伯和默里(Setiber and Murray):第 223 页]。但是尽管懒惰或无礼可能是商业交易中的不良行为,但这些行为还不能构成为了解除一份商务合同而提起诉讼的理由。

在合同争议中,举证责任也支持雇主的权威,尽管雇员可以对雇主声称其表现不符合要求提出质疑,但举证责任要求雇员证明其行为事实上是符合要求的:“通常的规则……是雇员可以对雇主的不满的诚实性和善意提出质疑,捏造的不满不足以作为终止一份雇佣合同的正当理由……,[但]雇员的举证责任是要证明所谓 206
的不满并非是善意的”[Coker v. Wesco Materials Corp.,308 S. W. 2nd 884(1963)]。如果给定雇员的责任范围,在实践中要证明(雇主是)恶意终止合同可能是困难的。

相对于商业签约人而言,这种解除合同义务的准则方面的差异可以解释为,更加有助于雇主对生产方法的控制。与雇员相比,由于其行为基础在很大程度上与协议的宗旨无关,一个独立的子签约人相对不受合同取消的影响。而且,在雇佣交易中证明恶意终止的难度进一步增强了对雇员们(相对于独立签约者)的激励:

符合要求地履行职责并避免冲突，尤其是在那些不合要求的表现在属性上处于两可之间或者在法庭上难以证实的情况下。因而，在这些方面，当解雇是由雇主而不是由独立签约人做出时，法律起到了使解雇成为更可信的威胁作用。结果，在解雇的威胁下，与在普通法保护下反对违约的商业供给者相比，雇员更有可能接受管理者的再监督——维持信誉报酬不变。

最后，即使在不存在一个明确合约的情况下，当事双方在终止关系的能力方面仍会存在差异。尽管协议通常只有在当事人以书面或其他特殊方式明确地限制自己履约时才具有法律效力，但现代合同法有时会推断合同义务的存在，例如，如果一方当事人依赖于另一方当事人的履约情况。特别是，如果一方当事人被引诱为支持交易而进行投资，要是另一方当事人不能履约，那么他的投资价值就无法弥补，尽管缺乏充足的证据证明已签订了明确的合约，但法院可能把这项交易看成是事实上已被接受了的一份正式协议。例如，一个因信赖品牌商品交货而发生了广告支出的经销商，如果制造商不按承诺交货，他也能够弥补损失，即使从未约定一个正式的合约。

相关的原则包括约定禁止翻供及暗含的合约或准合约，在这样的原则下，尽管缺乏正式的书面协议，法院也会推断出合约义务（例如，见《斯坦福法律评论》和《法律改革杂志》）。然而，这种补救在雇佣环境中通常被否定："大多数法院都不愿去发现在任意环境下靠合理的理由解除（合约）的任何合约义务，尽管雇员依赖于明确的或暗含的工作保障许诺"（《法律改革杂志》：第 455 页）。相反，合约义务的推断要坚持达到一个更严格的标准，即要求"独立思考”:“为了避免任意地解除合约,雇员必须为雇主提供需要考虑的因素,诸如货币补偿、财产转移或其他的财务利益、独立工作而产生的问题。只有在提供这些“独立”的思考之后,雇员才能执行雇主对工作保障的许诺……在任何其他商业环境中,雇主的这些许诺会产生具有约束力的合约义务;然而,在雇佣环境下,他们还不被视为法律上的约束力”(同上:第 449—450 页)。[11]这种差异的 207
结果是,在雇佣环境中终止合约的威胁要比在商业环境中的威胁大。一个依赖于另一方履约情况的商业交易者,如果他具有依靠法院的法律补偿其价值的潜力,他可能不太担心合约的终止。另一方面,没有这种保护的雇员则可能更加小心避免给雇主一个重新考虑他们之间关系的理由。因此,从边际角度看,与一个商业签约人相比,雇员有更大的激励去同意雇主的要求。

3. 结论

事前签约是一个灵活的制度,交易双方至少在原则上能设计适合其特殊需要的各种关系,然而,除最简单的交易外,在所有的交易中,探讨并约定交易细节的过程可能非常迅速地变得昂贵起来。此外,不同交易间的很多基本条款和规定可能是相同的。为了使个别合同中相同条款的重复成本最小,法律提供了一系列标准原则和补救办法来处理重复发生的合同事件。因此,无论是法院确定的违约补偿标准,还是普通法中对不可抗拒力的具体规定,都可以被个别交易者解释为是对共同条款做过多约定的替代。同时,法院承认交易的多样性,并赋予当事双方广泛的行动自由,通过相互同意来增加或修正协议的条款。在构建合约关系中，治理合约交易的一系列标准原则的存在，以及“通过做出私人调整使合同超出或背离国家的治理结构”的能力（威廉姆森，1983，第520页），二者结合起来，提供了一个既经济又具灵活性的维度。

然而，没有理由相信交易的分布是单峰分布的（unimodal），这样，证明最初的一系列普通法原则的存在是合理的逻辑，也可以保证建立一系列可选择的准则和惯例（即制度），以便调节根本不同的交易群组。假定，在设计合约时给予交易者的灵活性承认为建立任何合意的结构而改变规则及补救办法的可能性。例如，通过合约中雇主与雇员法所界定的责任和处罚的详细规定，雇主与雇员关系可能被复制，在这种情况下，如果发生争议，是合约而不是判例法就会成为标准。但是，要实现全部意图和目的，需要在每一个合约中复议并重复整个判例法，很明显，这实际上并不经济。[12]相比之下，依赖普通法原则，允许交易者选择法律上的“违约”和“预先调整”的组合，这种“预先调整”通过简单地识别当事人打算的交易类型而最接近理想的安排，这样，他们会通过相互同意再次进行不断的调整。

208 相对于仅仅是描述性的内涵而言，法律上的违约、处罚以及调整商业和雇佣交易程序上的差异，为企业的概念提供了一个建设性的内涵。对于传统理论学家来说，由于不能充分说明这些差异，使得他们难以识别特定的管理权威或者通常由于一体化而获取信息的基础，并导致许多杰出的作者否认内部组织的治理作用的存在。大多数情况下，相对于“它所拥有的那些资产”（如机器、存货）（格罗斯曼和哈特：第692页），企业承担的只是结构上的含义。

然而，从正式意义上来说，企业所有权和治理作用之间的差别是一种虚假差别。所有权本身就是一种由法律规则和补救办法所维系的条件。但是法律地位上的改变并不能自然地转换成一种资产。所改变的是那些资产的经济参与者之间的关系，是由法律体系所界定和支撑的经济参与人的权利与义务。正像哈罗德·德姆塞茨所阐述的那样，“定义所有权的问题准确地说是适当地形成进入的法律障碍问题”（第 52 页），也就是建立能促进或妨碍特定行为的惩罚问题。在这方面，管理者指挥雇员的权力和所有者限制资产使用或转移的能力之间，并没有实质性差异。正如对个体的控制要受到法律所规定的准则和处罚的影响一样，对实物资本的控制也是如此。在每一情形中，代理人遵守合约的动机取决于委托人所施加的惩罚。因此，尽管各种情况可能不同——例如，因不服从而受到惩罚与因偷盗而受到惩罚——像管理权威一样，所有权最终是一个治理问题。[13]

在本文中，我通过回顾有关雇佣交易的法律文献，并把它与商业合同法中相应的原则进行了比较，阐述了区别公司内部的组织与外部或市场交易的问题。尽管不是全面的，但该研究揭示，法律实际上承认在义务、处罚及调节两类交易的程序方面存在着实质性差异，并且这些差异可能以一种有意义的方式通过制度模式改变对参与者的激励。而且，它们以此种方式来支持经济学中传统的企业观点。一方面，论证结果对通常归于内部组织的权威、灵活性和信息优势提供了支持。法律的作用就是如此，以至于有兴趣维持雇佣关系的雇员似乎要比处于相似处境的独立签约人有更大的激励去服从雇主的需要。另外，这种差别及无担保的责任似乎有意向使雇员尽可能地延长与雇主的雇佣关系。

然而，在法律促使雇员承担服从和信息披露义务的同时，也可能阻碍雇员在信息取得方面的主动性和投资，而且，通常要求雇主实施更强的监督。例如，雇员不披露信息的责任，不仅降低了他对
209 雇主隐瞒信息的动机，也降低了他首先积累信息的动机，却增加了对雇员监督的需求。雇主对雇员的侵权行为负有责任也可能激励雇主对下属进行更强的监督。不断地把注意力放在管理者有效地管理生产和交易的有限能力上的倾向，说明了把连续交易内在化原则的缺点，并最终限制了企业的规模。

像科斯所阐明的那样，一体化决策取决于选择对象各自的优点。在本文中，我的目标就是识别与那些比较结果有关的某些法律规则。这些规则首先如何演进，以及特定的规则，如自愿雇佣原则，是否促进了有效率的组织等问题，虽超出本文范围，但显然值得关注。正式的法律规则在组织决策中的重要地位也是一个尚未解决的问题。根据这种说法，法律规则随时间变化以及法院处理雇佣争议中交叉管辖权的差异，应该（能）改变交易者一体化交易的动机和一体化采取的形式，从而提高经验检验的可能性。

注　释

我要感谢基思·克罗克(Keith Crocker)、詹姆斯·科瑞尔(James Krier)、弗兰克·伊斯特伯鲁克(Frank Easterbrook)、迈克尔·罗森威格(Michael Rosenzweig)、乔治·西德尔(George Siedel)、特德·辛德(Ted Snyder)、瓦莱丽·苏斯劳(Valerie Suslow)和马丁·齐默尔曼(Martin Zimmerman)对本文初稿的有益评论，也非常感谢罗纳德·科斯、奥利弗·威廉姆森

及一位匿名审查人的公认评论，以及密歇根州立大学商业管理研究生院所提供的研究支持。

---

1 赫伯特·西蒙关于雇主雇员关系的早期论述提供了一个相似的观点。像科斯一样，对西蒙而言，雇佣合同的本质特征是留给雇主以自由决定权，以指导雇员的某些行为（第 294 页）。然而在这种定义下，从分析角度看，雇佣关系与一方当事人有权单方面改变某些履行情况的任何合约是没有区别的。固定价格就是一个例子，在可变数量的合约中，买者有“权力”决定交易量，因此能够“支配”销售者的生产水平。这种安排在长期合约中并不少见。尽管从技术意义上看他们符合西蒙的雇佣交易定义，但是在这种合约中，买者和卖者之间的关系通常不能看作是雇主与雇员的关系。大多数情况下，雇员与供应商之间的区别充其量是一个程度问题。合约的细节而非合约的类型把雇佣交易与商业交易区分开，标识企业和雇员都没有力量超越合约本身所精确采用的规定。

2 例如，在《市场与科层》中，奥利弗·威廉姆森认为企业具有优先审计及解决冲突的特性：人们相信，内部审计师有优先权使用制定决策所需的信息；内部争议解决机制对变化中的环境的反应要比对法院判决的反应更为灵敏，法院的判决机制因受严格的程序限制而被阻碍（1975，第 29—30
页）。对更多的纵向一体化决策的正式模型来说，交易信息结构的变化也 210
已形成了基础，就像肯尼思·阿罗的分析，把一体化看成是“获得预测信息的一种基本方式”[第 176 页，另见克罗克(Crocker)]。相似的优点实际上在每一个纵向一体化模型中都隐含存在。

3 在下文中，我试图引用更多的初始判例、法律专著及案例教材中所转述的最普通的法律规则。尽管在如何应用这些规则的法律中，存在某些例外和交叉管辖权的差别，但所引用的一般原则在美国普通法中都有相当权威。

在早期的文稿中我也依靠于一些法律百科全书来阐述调节雇佣交易的一般准则，然而法律委员会建议我，说法律学者认为这种资料缺乏权威性，尽管是为了解说的目的，有时我发现这些资料浅显易懂，但在每一个案例中，我都用比较权威的资料作为补充引用来支持我的引述。

4 “合约关系的联结体”这个短语出自詹森和麦克林，他们在法律对组织的重要性方面似乎提出了相互矛盾的陈述。一方面，他们断言“尽力去区分企业（或任何其他组织）内部事物和企业外部事物几乎或完全没有意义。劳动力、材料及资本投入的所有者和产出的消费者与法律虚拟之间存在着大量的复杂关系，这才有真正的意义”（第 311 页）。然而在这之后的一篇附注中，他们评述说：“企业的这种观点”（作为合约关系的联结体）指出了法律及法律系统对社会组织，特别是对经济活动的组织所起的重要作用……（各种）控制活动既影响所执行的合约种类，又影响签约赖以依靠的范围。结果，这决定了各种组织形式的有用性、生产率、获利能力和生存能力（第 311 页，注 14）。

5 其他的例外见克罗恩曼。注意到仆人或雇员总是代理人，但并非所有的代理人都是佣人。委托人与代理人、雇主与雇员以及独立签约人的法律定义见《代理机构重述》（第二版）§1 和 2）。

6 克拉克对代理理论家们所采用的企业概念的态度在很多方面与这里提出的观点是一致的。我相信，在对有关企业的性质的争论进行分析时，在检验雇员承担义务的制裁措施和终止（合约）的作用时，以及在解释雇佣关系与商业关系的法律差异的经济含义时，特别是把它们应用于与内部组织普遍相联系的优势时，现在的论文会更为深入。

7 适用于所有者与管理者之间、也适用于主人与仆人或雇主和雇员之间的关系规则；见《代理机构重述》（第二版）§25）。

8 见“密歇根皇冠防护公司与逃避债务”，同上。而且，“在雇主被授权从雇员或代理人那里弥补不正当获利之前，雇主并不必然遭受实际损失”[拜页与国际纸业公司，314F，第二版，第 831 页（1963）]。

9 最近，阿曼·阿尔奇安对他自己和企业的这种定义之间保持了一定距离；见阿尔奇安，1984。

10 如果一项服务涉及一项专门的或独特的能力，则需要特定履行。然而，在这些案例中，合约被看成是针对各种服务而签订的合约而不是劳务合约，也就是说，是商业交易而不是雇佣交易。

11 除了“任意规则”外，法院也应用一些公共政策；见斯泰伯和默里（Steiber and Murray：第 322 页）。此外，有些法院最近开始把正当理由保护原则应用到雇佣关系的更广领域，在不存在明确的书面合约的情况下，有效地推断出合约担保的存在[这些变化的演变，见芬金(Finkin)]。相对于商务交易而言，应用于雇佣交易的规则的这种明显变化，具有降低雇佣关系灵活性的作用。然而，正如上面所讨论的，构成解雇雇员的正当理由的各种行为仍有一种倾向，它使交易者终止雇佣关系比终止商业合约有更大的灵活性。 211

12 克拉克认为，事实上原样复制是不可能的："[基本的信托责任]不能到处讨价还价(或许，除非一个人愿意把管理者与股东的作用分开，或者愿意彻底地修正其参数)。"(第 64 页)另见注解 10。

13 虽然格罗斯曼和哈特通常对企业的交易成本理论持批评态度，其原因与本文所论述的原因相似，但是他们采用法律的视角按照"对资产的剩余控制权"来定义所有权，这与本文所采用的方法是一致的。他们还认为，他们的理论可以扩展到对行动的剩余控制权，以此作为分析"订约人—受约人和雇主—雇员关系的相对优点的基础"(第 717 页)。除了别的以外，本文还详细阐述了由法律制度所定义的义务与制裁方面的那些权利的性质及来源。

参考书目

Alchian, Arman A. 1984. "Specificity, Specialization, and Coalitions," 140 *Journal of Institutional and Theoretical Economics/Zeitschrift für die gesamte Staatswissenschaft* 34—39.

——, and Harold Demsetz. 1972. "Production, Information Costs, and Economic Organization," 62 *American Economic Review* 777—95.

Arrow, Kenneth J. 1975. "Vertical Integration and Communication," 6 *Bell Journal of Economics* 173—83.

Batt, E. R. 1967. *the Law of Master and Servant*, ed. G. J. Webber, 5th ed. London: Pitman and Sons.

Cheung, Steven N. S. 1983. "The Contractual Nature of the Firm," 26 *Journal of Law and Economics* 1—21.

Clark, Robert C. 1985. "Agency Costs versus Fiduciary Duties." In J. Pratt and R. Zeckhauser, eds., *Principals and Agents: The Structure of Business*. Boston: Harvard Business School Press, 55—79, 217—19.

Coase, Ronald. 1937. "The Nature of the Firm"[chapter 2 of this volume].

Corbin, A. 1951. *Corbin on Contracts*. St. Paul: West Publishing Co.

Crocker, Keith J. 1983. "Vertical Integration and the Strategic Use of Private Information," 14 *Bell Journal of Economics* 236—48.

Demsetz, Harold. 1982. "Barriers to Entry," 72 *American Economic Review* 47—57.

Dykstra, G. O., and L. G. Dykstra. 1969. *Business Law: Text and Cases* (3rd [Uniform Commercial Code]ed.). New York: Pitman.

Epstein, Richard A. 1984. "In Defense of the Contract at Will," 51 *University of Chicago Law Review* 947—82.

Evans, David, and Sanford Grossman. 1983. "Integration." In D. Evans, ed., *Breaking Up Bell*. New York: North-Holland.

Finkin, Matthew W. 1986. "The Bureaucratization of Work: Employer Policies and Contract Law," *Wisconsin Law Review* 733—53.

Geotz, Charles J., and Robert E. Scott. 1983. "The Mitigation Principle: Toward a General Theory of Contractual Obligation," 69 *Virginia Law Review* 967—1024.

212 Grossman, Sanford J., and Oliver D. Hart. 1986. "The Costs and Benefits of Ownership: A Theory of Vertical Integration," 94 *Journal of Political Economy* 691—719.

Klein, Benjamin. 1980. "Transaction-Cost Determinants of 'Unfair' Contractual Arrangements," 70 *American Economic Review* 356—62.

Klein. Benjamin, Robert G. Crawford, and Armen A. Alchian. 1978. "Vertical Integration, Appropriable Rents and the Competitive Contracting Process," 21 *Journal of Law and Economics* 297—326.

Kronman, Anthony T. 1978. "Mistake, Disclosure, Information, and the Law of Contracts," 7 *Journal of Legal Studies* 1—34.

Macaulay, Stewart. 1963. "Non-Contractual Relations in Business," 28 *American Sociological Review* 55—70.

Jensen, Michael C., and William H. Meckling. 1976. "Theory of the Firm: Managerial Behavior, Agency Costs and Ownership Structure," 3 *Journal of Financial Economics* 305—60.

Journal of Law Reform. 1983. "Note: Challenging the Employment-At-Will Doctrine through Modern Contract Theory," 16 *Journal of Law Reform* 449.

Rubin, Paul H. 1978. "The Theory of the Firm and the Structure of the Franchise Contract," 21 *Journal of Law and Economics* 223—33.

Simon, Herbert A. 1951. "A Formal Theory of the Employment Relationship," 19 *Econometrica* 293—305.

Stanford Law Review. 1974. "Note: Implied Contract Rights to Job Security," 26 *Stanford Law Review* 335.

Steiber, Jack, and Michael Murray. 1983. "Protection against Unjust Discharge: The Need for a Federal Statute," 16 *Journal of Law Reform* 319—41.

Williamson, Oliver E. 1975. *Markets and Hierarchies*. New York: Free Press.

——. 1983. "Credible Commitments: Using Hostages to Support Exchange," 83 *American Economic Review* 519—40.

——. 1985. *The Economic Institutions of Capitalism*. New York: Free Press.

213 13 作为组织所有权的纵向一体化：费雪车身公司与通用汽车公司关系的再考察

本杰明·克莱因

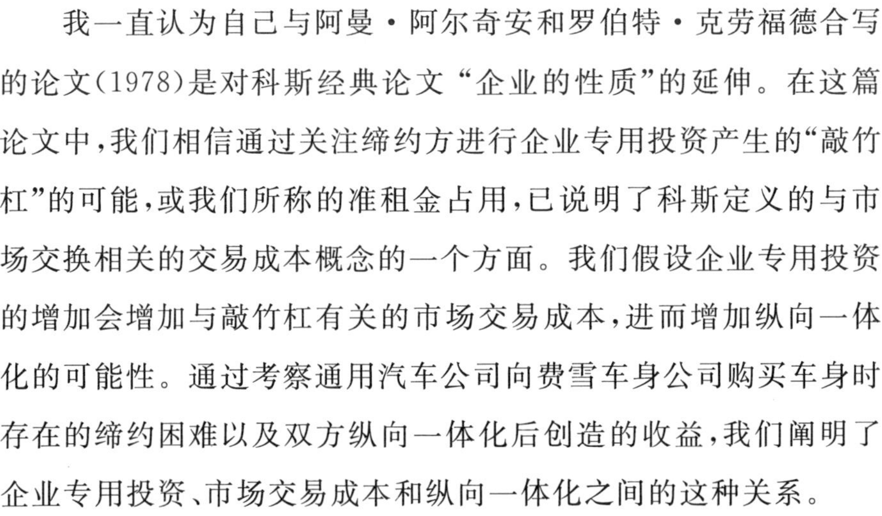

我一直认为自己与阿曼·阿尔奇安和罗伯特·克劳福德合写的论文(1978)是对科斯经典论文“企业的性质”的延伸。在这篇论文中，我们相信通过关注缔约方进行企业专用投资产生的“敲竹杠”的可能，或我们所称的准租金占用，已说明了科斯定义的与市场交换相关的交易成本概念的一个方面。我们假设企业专用投资的增加会增加与敲竹杠有关的市场交易成本，进而增加纵向一体化的可能性。通过考察通用汽车公司向费雪车身公司购买车身时存在的缔约困难以及双方纵向一体化后创造的收益，我们阐明了企业专用投资、市场交易成本和纵向一体化之间的这种关系。

从科斯的演讲(本书第 5 章)明显看出他本人并不认为我们的分析是对其早期论文的延伸，而是对纵向一体化的另一种解释，而且是错误的解释。科斯承认企业专用投资增加了准租金，进而产生了敲竹杠的可能。但他认为没有理由相信这种情况更可能导致纵向一体化而不是长期合约。尽管长期合约是不完全的，但科斯认为市场通常仍然可以有效地处理机会主义行为，因为企业需要考虑自身行为对未来经营的影响。科斯指出，在撰写其经典论文之前，他已经明确地考虑过把机会主义行为看成是纵向一体化的动机，特别考虑过应用于解释通用汽车公司和费雪车身公司的案例，但同时也明确地拒绝了这种想法。

不幸的是，科斯排斥机会主义分析是基于对市场缔约过程的过于简单化和对此过程相关的交易成本的过于狭隘的看法。对费雪车身公司和通用汽车公司的案例中纵向一体化如何解决机会主义行为的更全面的分析，可以帮助我们透视与市场缔约过程有关 214
的交易成本的性质以及纵向一体化如何减少这种成本。纵向一体化节约的基本交易成本并非与制订和执行合约的数目有关的“签约成本”(ink costs)，而是与合约所诱发的敲竹杠有关的成本。这一分析显示，敲竹杠的可能性并不仅仅源于企业专用投资的存在，也源于存在专用投资时僵化设定的长期合约条款。而纵向一体化则通过改变企业组织资产的所有权，创造了一定程度的灵活性，避免了合约导致的敲竹杠的可能，进而显著地节约了交易成本。

1. 既解决又引起敲竹杠问题的长期合约

科斯相信，在许多情况下，合约安排而不是纵向一体化可以、也确实用于解决敲竹杠问题。在这一点上他是对的。比如，考虑在地上建房的例子。显然，你不会在短期租借的地上建房，因为一旦土地租借期满后，土地所有者可能会针对房屋投资的准租金向你敲竹杠。但这并不意味着你必须拥有土地，即通过纵向一体化来解决问题。在建房前通过利用商议的土地长期租借合同，潜在的敲竹杠问题可以得到解决。因为土地这种投入品的预期质量偏差甚微或不存在，所以无须纵向一体化，长期租借合约自然地成为最小化敲竹杠可能性的有效方法。

费雪车身公司和通用汽车公司在1919年采用的长期排他性交易合同可以视为一种类似的、无须纵向一体化而避免敲竹杠可能的合约手段。[1]由于费雪车身公司不得不在铸造机和模具上进行高度专用于通用汽车公司的投资，以生产通用汽车公司所需的汽车车身，所以产生了显著的敲竹杠可能性。在费雪车身进行专用投资后，如果车身不降价，通用汽车就可以通过威胁削减对费雪生产车身的需求甚至完全终止合同，从该投资中劫取准租金。而要求通用汽车在长达十年的期限内从费雪车身公司采购所需全部封闭车身的排他性交易合同，则限制了通用汽车以上述方式机会主义威胁费雪车身公司的能力。这种合约安排进而减少了费雪车身公司对通用汽车公司的声誉信赖，并鼓励费雪车身公司进行专用性投资。

虽然十年期的排他性合约安排使费雪车身公司免受通用汽车敲竹杠之虞，但又导致了费雪车身公司敲竹杠的可能性。由于合同要求通用汽车公司不得从别处购买车身，费雪车身公司可以乘
215 机提价或降低质量。为避免通用汽车公司遭受逆向敲竹杠的可能性，双方在合同中设定了一个价格公式，即在十年期内价格应按照市场竞争水平制定。另外，为进一步最小化费雪车身敲通用汽车竹杠的可能性，合同中还包含了最惠国条款，这样费雪车身公司就不能就“类似”车身向通用汽车索取高于向其他汽车制造商索取的

价格。这种“价格保护”条款之所以阻止了敲竹杠,原因在于给予任何买方的提价或降价待遇也必须给予其他所有买方。这样,当卖方要为增加赢利而采用新的销售方案时,被专用投资或合同承诺“锁定”的在位买方也得到相应保护。

即使制订了包括明确设定的价格和价格保护条款的长期合约安排,仍然存在一定的敲竹杠可能,原因在于合同不能列明未来履约情况的全部要素。由于不确定性和以合同强制方式列明全部履约情况的困难性,合同在一定程度上必然是不完全的。这就产生缔约一方利用合同敲另一方竹杠的可能。比如建房例子中的长期租地合同可能使土地所有者通过机会主义地控制供水,或不修建用于防止房下土地侵蚀的墙,或以整修为名封闭道路威胁限制房屋的通路来敲房主的竹杠。

虽然合同是不完全的,但缔约方对声誉的顾虑限制了敲竹杠在经济上的可能性。正是声誉的重要性和缔约方因敲竹杠导致的相应成本,界定了合同关系的所谓的“自我实施范围”。进行专用资产投资和制定合同条款的缔约方以此种方式进入合约安排,就进入了这种自我实施范围,而在这种自我实施范围内就不会发生敲竹杠行为。然而,市场条件变化的可能性仍然存在(比如,一个缔约方所获准租金的价值突然增加),这使得该缔约方宁愿承受声誉损失而敲另一缔约方的竹杠。[2]

比如在通用汽车—费雪车身公司的案例中,市场上对费雪车身公司制造的封闭式金属车身的需求剧增。1919 年签约时,汽车生产过程主要使用单体制造的大型木制敞口车身,当时封闭式金属车身还是创新型产品,后来市场对封闭式金属车身的需求快速增长，到了1924年通用公司生产的汽车超过65%都使用封闭式金属车身。[3]这种需求变动使合约安排超出了其自我实施范围，进而使费雪车身敲通用汽车的竹杠是有利可图的。

虽然费雪车身公司本可以利用该合约安排的众多未完全列明的条款，诸如交货期或质量特征，但是费雪车身却通过采用一项相对低效率、高度劳动密集型的技术，同时拒绝将车身生产工厂建在
216 毗邻通用汽车装配工厂的做法成功地敲了通用汽车公司一竹杠。[4]站在费雪车身角度看，这种敲竹杠机制有利于增加其赢利，原因在于合同价格条款规定车身价格等于费雪车身公司的“可变成本”加17.6%的利润率，即在费雪车身的劳动力和运输成本上加17.6%的利润率。设计这一附加的利润率应该是用于弥补费雪车身公司预期的资本成本，因为预期资本成本可能难于独立计算为专向通用汽车公司送货的运费，所以不能在合同价格公式下摊销。这个合同可能显得不完善，但只是事后有缺陷。假若需求的增长并不如此迅速，费雪的声誉(即顾及未来可能失去与通用汽车和其他汽车制造商的生意)再加上最惠国条款本可以有效地约束费雪车身公司的行为。然而，大幅度增加的需求给予费雪车身短期内对通用汽车敲竹杠的可能，费雪车身即使不得不放弃新的和未来的销售机会，也要超出自我实施范围。

费雪车身—通用汽车的案例说明，尽管通过制约缔约方行为、长期合约条款和缔约方声誉可能防止敲竹杠并鼓励专用投资，但长期合约条款仍会导致敲竹杠问题。因此，像科斯那样断定长期合约和缔约方声誉通常可以在市场上“有效制止机会主义行为”是一种误导。虽然这种断言是正确的，但一个更为完整的分析必须

认识到缔约方声誉的作用是有限的，同时，合约可能会导致而不是解决了敲竹杠问题。正是缔约方为避免通用汽车敲费雪车身竹杠的可能性而采用的长期的、包含固定价格公式的排他性交易合同导致了费雪车身敲通用汽车竹杠的巨大可能性。这种由合约所致敲竹杠行为的后果远大于合约最初要保护的费雪车身对通用汽车进行专用投资所产生的准租金。虽然制订约束性合同条款可能节约品牌资本，同时减少超出自我实施范围的可能性，但是，如果市场情况确实使缔约方超出自我实施范围，僵化的长期合约条款可能会导致更大的敲竹杠可能性。为了防止这种僵化，缔约方可能有意地让合同不完全，进而在市场条件“越线”(get out of line)时，给自己“留条退路”(an out)。

费雪车身—通用汽车的案例有力地证明，正是这种由合同诱发的敲竹杠可能性和僵化的事后错误合同条款导致的成本代表了利用市场机制解决敲竹杠问题的主要交易成本，这些交易成本包括缔约方在合同谈判和再谈判过程中为导致并执行敲竹杠而消耗的实际资源。交易双方将搜寻超越其交易伙伴的信息优势，并试图通过谈判商定一个产生敲竹杠可能的事前合同条款，即更可能暗含有利于己方的错误合同条款的事后情形。一旦出现了这种有
利于己方的错误情况，在再谈判过程中为使交易伙伴确信确实存 217
在敲竹杠的可能，交易双方会消耗实际资源。在费雪车身—通用汽车案例中，这种再谈判交易成本包括在进行纵向一体化之前，由不恰当厂房选址和低资本密集型生产导致的成本。[5]

与使用长期合约有关的这些交易成本，说明了为什么企业专用投资的存在更可能导致纵向一体化的理论原因。专用投资导致

了长期合同条款的必要性，进而意味着与合同诱发的敲竹杠可能性有关的租金消散交易成本。如果没有专用投资，就不必使用长期合约，可以运用即期合同。由于与纵向一体化有关的成本通常为激励成本，与专用投资水平无关，所以专用投资水平越高，纵向一体化的可能性越大。专用投资水平越高，且运用市场的潜在成本越大（因为必须设计更为明确和僵化的合同机制以保护专用投资），纵向一体化越有可能成为解决方案。

2. 实物资本与人力资本

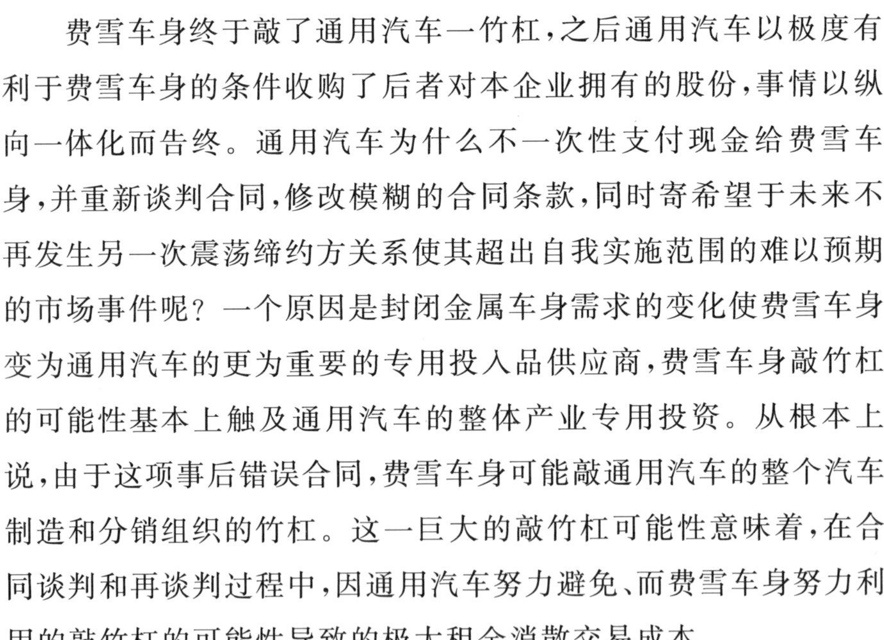

费雪车身终于敲了通用汽车一竹杠，之后通用汽车以极度有利于费雪车身的条件收购了后者对本企业拥有的股份，事情以纵向一体化而告终。通用汽车为什么不一次性支付现金给费雪车身，并重新谈判合同，修改模糊的合同条款，同时寄希望于未来不再发生另一次震荡缔约方关系使其超出自我实施范围的难以预期的市场事件呢？一个原因是封闭金属车身需求的变化使费雪车身变为通用汽车的更为重要的专用投入品供应商，费雪车身敲竹杠的可能性基本上触及通用汽车的整体产业专用投资。从根本上说，由于这项事后错误合同，费雪车身可能敲通用汽车的整个汽车制造和分销组织的竹杠。这一巨大的敲竹杠可能性意味着，在合同谈判和再谈判过程中，因通用汽车努力避免、而费雪车身努力利用的敲竹杠的可能性导致的极大租金消散交易成本。

纵向一体化通过消除合同第二方而避免了这些交易成本。这一点在实物资本的例子中显而易见。比如，在建房—土地所有权案例中，因纵向一体化消除了敲竹杠的可能性。正是这些类似的例子引出了以下明显的结论，即当敲竹杠的可能性也就是源于企业专用投资的准租金较大时，较有可能采用纵向一体化。正如乔斯克（1988）令人信服地证明，上述关于企业专用实物资本所有权的经济动机的分析具备显著的经验相关性。

然而，在许多现实例子中，不仅仅是实物资本而是涉及人力资 218
本充当了重要的企业专用资产。[6]由于专用人力资本体现在按法律规定不得被他人拥有，同时在任何组织安排下都可能机会主义行事的个人，纵向一体化就无法消除其他缔约方以及敲竹杠问题。在这样的例子中，纵向一体化的确切收益就很不清楚。

为理解人力资本背景下纵向一体化的收益，该经济问题不应定义为拥有或租借投入（如我们在建房—土地所有权案例中的说法），而是像科斯那样称为自制还是购买投入。前一种问法只适用于实物资本，而后一种问法适用于人力资本。当企业在市场上购买投入要素时，通常并不拥有与生产相关的实物资本。自行生产投入要素的企业可能也不拥有与生产相关的实物资本（比如企业办公室所在的建筑）。然而，正如我们将看到的，自制而非购买投入的企业通常与企业专用人力资本发生独特的关系。

我们再考虑费雪车身—通用汽车的案例以研究上述问题。假使敲竹杠问题只是基于费雪车身对通用汽车的专用实物资本投资，与费雪车身的人力资本毫无关系，通用汽车本可以通过拥有这些实物资本来解决问题。通用汽车本可以拥有自己的模具和铸造机，而让费雪车身使用这些资本为其制造汽车车身，进而避免了敲竹杠问题，并获取了费雪车身公司制造车身的各种成本优势的好处。[7]

这种解决方案的一个问题是通用汽车的专用实物资本投资的范围可能远不只是模具和铸造设备。比如，费雪车身还必须在厂房中进行互补性实物资本投资，这些投资涉及厂房位置以及保证费雪车身持续获得通用汽车对该设施的需求的问题。这些问题也可通过合同解决。为避免合同刚性及与事后错误合同条款相关的引致的敲竹杠问题，通用汽车可以拥有全部的实物资本，只与费雪订立后者操作运行这些设备的合同。尽管这样的合同安排可能产生费雪车身使用通用汽车设备的边际扭曲，但会解决敲竹杠问题，只要敲竹杠问题仅仅源于专用实物资本投资。

然而，许多制造汽车车身的专用投资由费雪车身的人力资本投资构成，而通用汽车无法拥有这些人力资本。通用汽车可以融资给费雪车身的人力资本投资，但这需要某些长期固定价格的合同承诺，以防止一旦通用汽车没有一次性支付给费雪车身等于其源于人力资本投资准租金的款项，费雪车身会以终止关系威胁通
219 用汽车。纵向一体化虽然变费雪为通用汽车的雇员而不再是独立缔约方，但并未消除潜在的敲竹杠问题。因为与实物资本相对，即使与通用汽车纵向整合后，费雪车身仍可拥有专用人力资本。缔约方必须利用长期合约安排而不是所有权(转换)，尽管长期合约存在刚性和潜在的敲竹杠问题。[8]

既然不能拥有人力资本，那么通用汽车和费雪车身的纵向一体化如何减少了敲竹杠问题？相对于实物资本的情况，纵向一体化并未排除费雪兄弟。纵向一体化后，通用汽车不再从费雪车身公司购买车身，而是在费雪的帮助下“制造”车身。然而，将费雪兄弟从独立缔约方变为通用汽车的雇员能在本质上改变问题吗？尽管当时通用汽车拥有费雪车身的厂房，并能够要求费雪兄弟在何处建厂房，但已变为雇佣经理的费雪兄弟通过威胁变动其他方面，仍具备利用其人力资本专用投资来敲通用汽车竹杠的能力。

3. 作为组织所有权的纵向一体化

尽管使用雇员而非独立缔约方的安排可能意味着显著的法律差异以及对缔约过程的不同约束，诸如雇主易于终止合同以及雇员忠诚度要求，我仍然赞同科斯的观点，即雇主—雇员合同并不代表企业的实质。[9]费雪兄弟从独立缔约方转变为雇员，并未解释通用汽车公司从纵向一体化中究竟获得何种收益。

纵向一体化不但令费雪兄弟成为通用汽车公司的雇员，而且将费雪车身公司的全部雇员收归旗下。通过获取费雪车身的组织所有权，包括该组织中全部协作生产工人的劳动合同以及如何制造车身的全部知识，通用汽车从“购买”车身转为“制造”车身。正是从拥有企业的一系列互相依赖的劳动合同以及具体化在组织中雇员团队的企业专用知识的意义而言，企业的所有者才能够拥有该企业的人力资本。[10]

纵向一体化可以解决敲竹杠可能性，即使敲竹杠可能性源于人力资本，但纵向一体化并未减少缔约方的数目，原因在于它转移的是一个生产团队的所有权。比如费雪车身—通用汽车的例子，不可能是费雪兄弟自己拥有全部相关的企业专用人力资本信息，这些信息更有可能由费雪雇员的整体占有并且植根于费雪车身的

220 组织结构。纵向一体化不仅将费雪兄弟从独立缔约方转为雇员，而且将费雪车身的组织所有权和一系列互相依赖的劳动合同转给通用汽车公司。

经过这样的权力转移后，不再发生敲竹杠问题的根本原因在于，当经济主体的数目庞大时就难以进行共谋。如果只有一个雇员或少数几个关键雇员，他们会以离职并带走组织相威胁（受制于有关商业秘密或窃取信誉的法律约束）。然而，由于包括众多关键雇员，组织通常会很安全。一般而言，即使工资并未提高到反映组织资本的准租金水平，也不可能出现所有雇员同时开小差或离职的威胁。纵向一体化后，费雪兄弟不能要求其所有原来的雇员离开通用汽车公司，然后统统在星期一上午现身于某个新的公司，以此来敲通用汽车公司的竹杠。一般而言，这不仅不具备经济的可行性，更重要的是，在法律上也不可行。从这一意义上说，大型团队组织中纵向一体化意味着人力资本资产的所有权资产十分接近于实物资本资产。

我们的分析说明，通用汽车和费雪车身的一体化分析起来与土地—房屋案例非常相似。通过与费雪车身整合，通用汽车获取了前者的组织资本。这个组织植根于费雪车身雇员的人力资本，但在某种意义上又大于雇员人力资本的总和。雇员不断流动，但组织保存了过往经历的记忆以及如何最佳做事（即如何制造车身）的知识。这一组织资产可被视为一部称为费雪公司的大型机器。当费雪兄弟拥有这部机器时，有必要订立一个明确的汽车车身供应合同，但该合同事后会导致显著的敲竹杠问题。纵向一体化后，通用汽车通过购买这部机器（即费雪公司），避免了这些合同难题，而且，在一定意义上（通用汽车）消除了需要汽车车身的供应合同，消除了第二缔约方（即费雪兄弟）。[11]

4. 组织所有权和投入协调

科斯很可能会赞同有必要将企业视为组织这一观点。他认为，正是由于存在协作劳动投入，而不仅是单一雇员，代表了一种企业关系。“雇主—雇员合同接近于企业关系，但是……除非与人们订立诸个用于处理相互协调问题的合同，否则不会形成完整的企业关系”（第 5 章）。然而，科斯强调企业的作用并不是组织资产的所有者，而是协作投入的协调者和控制者。科斯指出，必须视企业为“经营一宗生意”。而有关制度形式的经济问题包括“比较在企业内部协调生产要素活动和利用市场交易或借助在其他企业内从事经营的方式的成本”（第 5 章）。正是这一关于投入协调的 221
概念被科斯归结为企业的实质。

签约代理中心（central contracting agent）的概念似乎具备对企业性质的一定洞察力，签约代理中心作为一组互相依存合同的网络中心（hub），通过协调消除了网络末端每一个体之间签约的必要性。正是由于协作控制团队，减少了市场关系的数量并取而代之以行政决策。这个概念与科斯关于纵向一体化减少市场交易的观点相一致（1988，演讲 3）。然而，每个在市场上购买构成某一最终产品投入物的签约方都可被视为一系列合约安排的枢纽。各单独投入的供应商彼此无须建立任何合约安排。尽管纵向一体化看起来似乎消除了协作投入物之间建立合约安排的必要性，但实际上并非如此。

不幸的是，关于签约方应采用企业还是市场安排的问题，科斯从 1937 年至今一直错误地认为使用市场机制的成本只包括发现价格和执行合约的狭义交易成本（第 2 章、第 5 章）。然而，纵向一体化只意味着少量节约这些购买和执行合同的成本。组织所有权本质上至多只减少了一个必须被执行的合同数量。通用汽车仍必须与费雪车身的全体雇员订立分立的合约。如果费雪兄弟想留下来，必须订立两个新的雇佣合同以替代原来的独立签约方车身公司的供货合同。如果费雪兄弟选择离开，合同数目就会减少一个。

纵向一体化改变的是合约安排的性质，而不是减少合约的数量。被消除的那一项合同又创造了签约方之间的一种新关系。通用汽车公司不必再事先规定生产条件（诸如车身、厂房区位、资本密集度、交货期等）或价格。尽管实际上通用汽车还要在其内部部门间沟通文件中载明许多类似的条件，进而不能节省“签约成本”，但这些文件不再具备合同法律效力。

由于不能受法律制约，这增加了灵活性而减少了借合同敲竹杠的可能性。通用汽车和费雪车身不必再耗费实际资源以确定在合同生产关系延续期内可能发生的众多情况，并事先规定对每一情况的应对措施。通过纵向一体化，大部分此类情况已基本不可能出现，而且通用汽车得以等到未来情况出现后再决定如何行事。如上所述，通用汽车和费雪车身不但节省了在谈判事先规定的合同应对措施时因搜寻信息优势而浪费的交易成本，而且避免了一
222 旦事后市场条件与事先规定的合约条款发生极大出入时，再谈判过程耗费的实际资源成本。由于消除了合同刚性和相关的敲竹杠

可能性,双方的关系可以灵活应对出乎意料的市场条件。

尽管包括科斯在内的评论家可能认为这种因纵向一体化增加的灵活性具有协调或“指导”投入的能力,我不相信把该能力视为企业的核心特征会有所帮助。投入指令既不是定义企业的充分条件,也不是必要条件。比如,一家联合大企业可能只是拥有另一家企业(拥有另一家企业的组织资产),却不指导该企业的投入。相反,我可能会在每个周末指导我的园丁做我希望的工作,但我并不拥有园艺公司。如果园丁手下有一组工人,供他用来执行我的指令,从组织角度而言,这个园丁就拥有一家园艺公司。借助指令我规定了自己需要的特定服务,但我只是在市场购买这些特定服务,而“生产”这些特定服务的则是园丁。

只要交易双方不进行专用投资,进而不需要合同,投入指令就可在市场上完成。原则上,竞争市场内的即期合同能提供充分协调和指导协作投入的机制。比如,一家磨坊主能在现货市场上签订小麦供货合同,同时可根据其需求变动,具备改变订货数量和质量的完全灵活性。该磨坊主可以在市场上增加需求(即“指示”生产商供货)数量或不同质量的小麦而无须担忧任何敲竹杠问题。

然而,多数市场关系需要交易专用投资,进而产生敲竹杠的可能性。比如,一家杂志出版社可能想要变动某期杂志的出版(假设为登载一则新近惊人报道而推迟出刊时间并增加刊物数量)。由于交易专用投资,刊物印刷服务不能在完全竞争的即期市场上购买。如果该出版商从一家独立的印刷公司购买印刷服务,没有附带的支付,该印刷商可能拒绝此种方式的“指示”。鉴于这种敲竹杠可能性,会使用规定特定突发情况及其付款安排的长期合约安排。但这些合同条款必然是不完全的，所以，正如我们在通用汽车—费雪车身的案例中看到的，合同可能会导致更大的敲竹杠可能性。

在没有明显的专用实物资本投资的案例中，交易专用投资普遍存在。即使是小麦的案例，转换供应商也会很昂贵，因为需要花时间寻找新供应商并检查产品质量和相关服务（诸如交货期、可靠性等）。同样地，小麦供应商也必须了解特定磨坊主的付款习惯、交货要求、工作日程等等。正是由于缔约方针对特定供应商进行
223 专用投资，所以现实世界中的需求曲线从未具有完全弹性。但要认识到的很重要的一点是，如果交易专用投资并不显著，就应运用现货市场，同时缔约方会有充分的能力在市场上“指示”协作投入。从分析的角度看，纵向一体化并不是生产过程中协调或“指导”协作投入所必需的。

5. 结论

鉴于交换关系中存在专用投资，缔约方将不得不决定是使用长期合约还是纵向一体化来解决敲竹杠问题。纵向一体化会导致人们熟知的因激励减少和官僚增加而增大成本的可能性。本文中我已探讨了另一方面的问题——与长期合约有关的交易成本。这种交易成本的重要组成部分并非科斯强调的制订合约的“签约成本”，而是交易双方为了创造、避免和执行必然不完全的长期合约安排所暗含的敲竹杠问题，进而在合约的谈判和再谈判过程中所产生的显著的租金消散成本。

尽管与长期合约安排相比，纵向一体化可能意味着指导协作投入的更强的能力，但我们必须清楚一家整合的企业将如何对待纵向一体化的基本经济动机。通过改变组织资产的所有权，纵向一体化允许缔约方避免了因专用投资而导致潜在敲竹杠问题所产生的交易成本。至于缔约方是否采用纵向一体化来解决特定的敲竹杠可能性，取决于所涉及的专用投资的程度，以及制定既能灵活适应市场条件，又避免产生另外的敲竹杠可能的长期合约的能力。由于制定和使用长期合约的能力部分地取决于潜在的市场不确定性和缔约方的声誉水平，这些因素也将影响纵向一体化的可能性。

本文对纵向一体化动机的分析与科斯 50 年前提出的基本观点相一致，即认为企业内部交易与市场交易内在截然不同。根据科斯对企业和市场的根本区分[12]而发展的仅仅视企业为“合约的联结体”的观点并不完整，而且有误导性。现在我同意科斯的这一观点，即企业间交易和企业内交易不仅有法律意义上的区别，还有分析意义上的区别。企业远不止是特定明示和隐含合约的集合。企业由有价值的团队资产和处理信息和实行控制的发达机制构成。通过在一个企业范围内整合这些组织资产的所有权，纵向一体化消除了对单一基本合约的需要，增加了灵活指导生产的能力，最终减少了显著的潜在敲竹杠问题以及随之产生的大量交易成本。

注　释 224

感谢哈罗德·德姆塞茨、凯文·詹姆斯(Kevin James)、蒂姆希·欧普勒

(Timothy Opler)和奥利弗·威廉姆森对本文的有益建议。

---

1 费雪车身公司和通用汽车公司的合约安排见费雪车身公司 1919 年 11 月 7 日的董事会备忘录。对此案例的分析部分取材于克莱因、克劳福德和阿尔奇安的论文(第 308—310 页)。

2 这一概率均衡与克莱因、克劳福德和阿尔奇安的分析不同。后者的分析假定在长期均衡中不存在敲竹杠,敲竹杠只是因为缔约方的短视和无知。肯尼(Kenney)和克莱因在分析合同法启示时,探讨了"自我实施范围"和这一均衡问题。

3 通用汽车公司"第十六届年度报告",1924 年 12 月 31 日。

4 参见小阿尔弗雷德·P. 斯隆(Alfred P. Sloan)在美国对杜邦公司一案中的证词,366U. S. 316(1961),186—90(1952 年 4 月 28 日)和 2908—14(1953 年 3 月 14 日)。

5 除了与谈判合同安排相关的交易成本和当实践中这种安排不奏效时与再谈判过程相关的转换交易成本之外,还有与缔约方未进行专用投资而首次进入合同安排相关的社会成本。因为意识到自身声誉资本的有限性、环境的不确定性,以及不完全合约的必然性,所以缔约方预期到与合同谈判和再谈判相关的租金消散交易成本。进而不同于任何风险规避行为,缔约方将避免进入有显著可能无法实施的合约安排。这时,与科斯的推断一致,缔约方将在市场上自愿采用均衡合约安排来处理机会主义行为,鉴于我们不大可能很频繁地观察到机会主义的发生。然而,我们没有发现当缔约方预期到有显著可能超出自我实施范围时,就完全不进行专用投资和不采用合约安排。

6 比如见克莱因、克劳福德和阿尔奇安(第 313—319 页)的讨论和威廉姆森的讨论(第 240—245 页)。

7 科斯认为这是解决敲竹杠问题的一种特定合同安排(第 3 章)。又见蒙特沃德和蒂斯的研究。费雪车身公司的成本优势不大可能源于生产过程的规模经济。在需求增长和一体化之后,费雪只向通用汽车公司供应车身的事实证明这一点。这是费雪车身案例与科斯讨论的(第 3 章)A. O. 史密斯案例的区别之一。A. O. 史密斯公司不时向多个汽车制造商供应车架,而生产车架比生产车身有更显著的规模经济效应,进而增加了以纵向一体化解决敲竹杠问题的成本(见斯蒂格勒)。注意到以下一点非常重要，即与汽车车身生产投资相比，汽车车架生产投资的买方专用性明显较小。

8 比如，在雇主可能进行大量交易方专用投资的娱乐业中，雇佣安排中使用的一个合同条款是优先取舍权条款。这个条款减少了敲竹杠威胁的可信性，原因在于它规定那些试图要求加薪量等于源自雇主投资准租金的雇员必须以停止全部工作为威胁，而不仅是威胁停止本公司的工作而为其他公司工作。

9 在科斯（第 5 章）的演讲中，他认为这一点是其 1937 年论文的主要弱点。 225

10 无数学者已经讨论过专用知识的概念。专用知识专属于企业并且可以转让，同时影响企业的生产技术。罗森注意到发掘贸易联系和组成一个高效“生产团队”可以创造这种企业专用信息资产，他还建立了一个模型，其中专用知识通过企业的生产经验获取（或者是企业生产经验的副产品）。普雷斯考特（Prescott）和威斯切尔（Visscher）发展了近似的概念，该概念又与纳尔逊和温特的企业演化理论相关。阿尔奇安（1959）和阿罗最先讨论了企业内部作为一种进步函数的信息累积的重要性。这个概念可以解释为什么旨在防止生产团队解散的破产法条款具有经济意义。尽管实物资产通常可能获救，但与企业经营中断相伴的破产可能会破坏企业的组织资产。这一分析也为兼并法中的“失败企业”辩护提供了经济学理由。

11 与此相反，格罗斯曼和哈特的纵向一体化模型由单人企业构成，即组织资产的所有权不能被转让或合并。格罗斯曼和哈特只关注实物资产和企业拥有哪种特定实物资产的问题。然而，纵向一体化的根本问题并非资产所有权，而是企业的自制还是购买决策。通用汽车公司可能拥有费雪车身公司厂房中的全部实物资产，但仍需从独立的费雪车身公司处购买车身。格罗斯曼和哈特对实物资产所有权分配问题的回答，即认为依靠雇员激励效应，无法解释纵向一体化的发生。虽然费雪车身公司和通用汽车公司的纵向一体化可能导致加强对费雪兄弟的监督，因为他们不再承担自身行为的全部价值影响，但是无论在与通用汽车公司整合前后，绝大多数费雪车身公司的经理只是费雪车身公司实物资本的雇员而非所有者。

12 比如见阿尔奇安和德姆塞茨的研究，以及克莱因（1983）的研究。

参考书目

Alchian, Armen A. 1959. "Costs and Outputs." In M. Abramovitz, ed., *The Allocation of Economic Resources*. Stanford: Stanford University Press.

——, and Harold Demsetz. 1972. "Production, Information Costs, and Economic Organization," 62 *American Economic Review* 777.

Arrow, Kenneth J. 1962. "The Economic Implications of Learning by Doing," 29 *Review of Economic Studies* 155.

Coase, Ronald H. 1937. "The Nature of the Firm," 4 *Economica* n. s. 386 [chapter 2 of this volume].

——. 1988. "The Nature of the Firm: Origin, Meaning, Influence," 4 *Journal of Law, Economics, and Organization* 3—47.

Grossman, Sanford, and Oliver Hart. 1986. "The Costs and Benefits of Ownership: A Theory of Vertical and Lateral Organization," 94 *Journal of Political Economy* 691.

Joskow, Paul L. 1988. "Asset Specificity and the Structure of Vertical Relationships: Empirical Evidence," 4 *Journal of Law, Economics, and Organization* 95—118 [chapter 8 of this volume].

226 Kenney, Roy, and Benjamin Klein. 1985. "The Law and Economics of Contractual Flexibility," UCLA Department of Economics Working paper no. 388.

Klein, Benjamin. 1983. "Contracting Costs and Residual Claims: The Separation of Ownership and Control," 26 *Journal of Law and Economics* 367.

——, Robert Crawford, and Armen Alchian. 1978. "Vertical Integration, Appropriable Rents and the Competitive Contracting Process," 21 *Journal of Law and Economics* 297.

Monteverde, K. M., and David J. Teece. 1982. "Appropriable Rents and Quasi-Vertical Integration," 25 *Journal of Law and Economics* 321.

Nelson, Richard R., and Sidney G. Winter. 1982. *An Evolutionary Theory of*

Economic Change. Cambridge: Harvard University Press.

Prescott, Edward C., and Michael Visscher. 1980. "Organizational Capital," 88 *Journal of Political Economy* 466.

Rosen, Sherwin. 1972. "Learning by Experience as Joint Production." 86 *Quarterly Journal of Economics* 366.

Stigler, George. 1951. "The Division of Labor Is Limited by the Extent of the Market," 59 *Journal of Political Economy* 185.

Williamson, Oliver E. 1979. "Transaction Cost Economics: The Governance of Contractual Relations," 22 *Journal of Law and Economics* 233.

227 # 14　1991年诺贝尔奖获得者演讲：生产的制度结构

罗纳德·H. 科斯

在人生长河中，我结识了一些伟大的经济学家，但从未视己为其一员，或与其为伍。在高深理论(high theory)领域我并没什么创新，对经济学的贡献只是力主在经济学分析中纳入经济系统的特征，这些特征如此明显，恰如G. K. 切斯特顿(G. K. Chesterton)笔下布朗神父系列故事之一《隐形人》中的那个邮递员，反而易被 342 忽视。然而它们一旦被纳入分析，我相信会带来经济理论结构至少是价格理论或微观经济学的彻底变革。我的工作就是证明生产的制度结构在经济体系运行中的重要性。我的演讲将阐释这些特征被忽视的原因，为什么识别这些特征会导致对经济系统运转方式的分析、对经济政策的认识发生变革。这些变革正在发生。我还将大胆地谈论，如果思维方法的这种转变能增进我们的理解，就需要经验研究。这种转变并非我个人研究的结果。奥利弗·威廉姆森、哈罗德·德姆塞茨和张五常对该主题贡献突出，没有他们和众人的工作，我怀疑我本人著述的重要性能否获得承认。尽管设立纪念阿尔弗雷德·诺贝尔经济学奖具有通过吸引人们关注某些特定的经济学领域，进而鼓励深化这些领域研究的巨大好处，但它易于在突出少数学者工作的同时,或者,在我的例子中,是一个学者,倾向于掩盖其他有才能学者贡献的重要地位,而他们的研究对这些领域的发展至关重要。

我要谈的是经济学中的产业组织理论,但要理解其现状,有必要说说经济学的整体发展。在我看来,《国富论》发表后的两个世 228
纪中,经济学家的主要活动似乎是填补亚当·斯密体系,纠正其错误,使其分析更准确。《国富论》中的一个主题是政府管制或集中计划并非经济系统有序运行所必需的,经济可由价格体系(“看不见的手”)协调,进而导致有益的结果。如德姆塞茨所说,[1]自《国富论》发表以来,经济学家的主要任务是将亚当·斯密的这一命题形式化(formalize)。技术和消费者偏好是给定的因素,价格体系支配追求自我利益的个人的选择。经济学家们揭示了实现亚当·斯密的结果所需要的条件,并指出在现实世界中根本无法实现这些条件,同时倡导旨在产生这些条件的变革。经济学教科书就是这么写的。哈罗德·德姆塞茨曾正确地指出,这种理论所分析的是一个极端分散化的体系。这种理论确是人类知识的伟大成就,并且阐明了经济系统中诸多方面的问题,但无论如何,它并没有获得全部的成功。关注价格的决定导致研究视野变窄,使人们忽视了经济系统的其他方面。有时经济学家们似乎认为自己研究的主题应该只围绕定价体系,除此之外的任何问题都无关。因而,一位优秀人士也是我的老上级莱昂内尔·罗宾斯在《经济科学的性质和意义》中,提到了生产理论关于自耕农(peasant proprietorships)与产业形式的讨论的陈旧论调的“明显缺陷(glaring deficiencies)”:“这种论调认为,在经济学家看来‘组织’是工业(或农业)的内部安

排——即使不是内部到企业，至少也内部到了‘该’产业。同时，这种论调倾向于完全遗漏所有生产组织的支配因素——价格与成本的关系……。”[2]在罗宾斯看来，由此导致的后果是经济学家并不关注组织的内部安排，而只关注市场中发生的事情，诸如生产要素的购买以及这些要素的产成品的销售。至于在购买生产要素和销售产品之间所发生的事情则被完全忽略了。我不知道今天的经济学家在多大程度上接受了罗宾斯的看法，但不可否认微观经济学主要是研究价格和产出的决定，实际上这部分经济学也常被称为价格理论。

现代经济学的另一个特征是分析日趋抽象，这助长了对经济系统中定价体系外其他因素的忽视。这种抽象分析似乎不要求了解现实经济系统的具体情况，或者说进行抽象分析无须借助现实经济系统的具体情况。近期出版的《产业组织学手册》中，霍姆斯特姆和蒂洛勒在其撰写的长达 63 页，题为“企业理论”的论文结尾处总结道“目前这一研究领域的事实/理论的比率……很低”。[3]皮尔兹曼(Peltzman)对这本手册写了一篇尖刻的评论，指出其中
229 许多讨论只是没有任何经验基础的理论。[4]经济学家研究的只是自己心目中而不是现实世界的经济系统，我称这种研究的成果是“黑板经济学”，其中的企业和市场有名无实。主流经济理论常将企业描述为一个“黑箱”，企业也确实是未打开的黑箱。这是非常特别的假定，即现代经济体系中的绝大多数资源是在企业内使用的，如何运用这些资源取决于企业的管理决策而不是直接依靠市场运行的情况，经济体系的效率在很大程度上依赖于组织，尤其是现代公司如何处理其业务。更令人惊奇的是，相对于经济学家对定价体系的

关注,他们竟忽略了市场,更具体地说,忽略了支配交换过程的制度安排,鉴于制度安排是经济系统生产什么的决定因素,我们现有的经济学理论仍很不完善。这种状况正在改变,我很高兴参与这一过程。近年东欧发生的情况凸显了将这些制度因素纳入主流经济学的价值。这些前共产主义国家被建议转变为市场经济,国家领导人也希望这样做,但若缺乏恰当的制度,任何意义上的市场经济都是不可能的。如果我们能更好地了解我们自己的经济运行,或许会给他们提出更好的建议。

在获瑞典皇家科学院嘉奖的两篇论文中,我的研究目的正是试图填补这些不足,或者更准确地指出为最终填补这些不足的前进方向。让我从"企业的性质"一文谈起。1929 年,我就学于伦敦经济学院攻读商业学士学位,专业是产业集团。这个专业应是为希望做工厂经理的人设计的,也是一个我本人绝不适合的职业选择。然而,1931 年我很走运,阿诺德·普兰特从 1930 年开始担任商业教授,他是一位出色的教师,而 1931 年我在参加最终考试前约五个月时开始参加他的讲座,这成了我意外的收获。他引用了阿瑟·索尔特爵士的话,"正常的经济体系自行运转",并解释了一个由价格协调的经济体系是如何导致生产出消费者评价最高的商品和服务的。在受教于普兰特之前,我对经济如何运转的认识极为模糊。听过普兰特的讲座后,我对经济系统形成了清晰连贯的看法。他还向我介绍了亚当·斯密的"看不见的手"。由于我在高中时就完成了大学一年级的功课,我努力在两年内修满学士学位要求的课程。然而大学规定在获得学士学位之前,学生要在校三年,所以我必须再待一年。命运之神又一次垂青,我获得了伦敦大

学的卡塞尔旅行奖学金。我决定到美国去一年，学校的规定多少有所放宽，将这一年视为我在伦敦经济学院一年。

230 我决定研究美国产业的纵向和横向一体化。普兰特曾在其讲座中描述过各种产业的不同组织方式，但似乎没有解释这些差异的理论。我开始寻找这种理论，同时还要解决与这个主要任务相关的另外一个困惑。将定价体系视为一种协调机制的观点显然是正确的，但这一论点的某些方面困扰着我。普兰特反对当时大萧条时期非常流行的所有方案，这些方案旨在用某种形式的计划来协调工业生产。按普兰特的想法，竞争通过价格体系发挥作用，进而可以做所有必需的协调。而我们又有管理这一生产要素，它的功能也是协调。如果定价体系提供了协调所需的全部功能，为什么还需要管理呢？当时，同样的问题又向我呈现出另一种表现形式。俄国革命刚刚在大约 14 年前爆发，我们对社会主义制度究竟如何计划所知甚少。列宁说过俄国经济系统将像一个大工厂那样经营。然而，许多西方的经济学家坚持说这不可能。但西方确实有工厂，其中一些还相当大。我们该如何将经济学家关于定价体系的作用和成功的中央经济计划的不可能性，与管理的存在及明显的计划社会、在我们自身经济体系内运营的企业的存在协调起来呢?[5]

我在 1932 年夏天找到了问题的答案。这就是意识到存在使用价格体系的成本。必须揭示价格究竟是什么。谈判要进行，合约要鉴定，监督要实行，解决纠纷的安排要制定，等等。由此产生的成本后来被称为交易成本。交易成本的存在意味着市场以外的其他协调方法成本巨大，并有诸多不完善，仍有可能优于经济学家们通常所分析的唯一的协调方法，即价格机制。正是对进行市场交易的成本的回避，可以解释企业存在的原因，在企业中，行政决策决定要素配置（并且我认为确实解释了）。我在1937年的论文中指出，在一个竞争性的体系中，存在着计划的最优状态，因为企业作为一个小型的计划社会得以继续存在的唯一前提是，其执行协调功能的成本低于通过市场交易方式达成目标发生的成本，并且低于其他企业执行同样功能的成本。一个有效的经济系统不仅需要市场，而且需要适度规模组织内的计划领域。这种混合应该是什么样的，我们发现是竞争的结果。这就是我在1937年论文中提出的观点。然而，从保存下来的我在1932年写的信中大家知道，这一观点的全部要义都已在我于1932年10月初在邓迪学院讲授的一门课中提出来了。[6]那时我21岁，人生刚刚起步，无论如何想象不到这些观点在大约60年后竟能成为摘取诺贝尔奖的主 231
要依据。年届八旬，因二十多岁时所做的工作获奖，对我来说实在是奇特的经历。

毫无疑问，经济学家对企业在经济运行中重要作用的认同，将会促使他们更缜密地考察企业活动。奥利弗·威廉姆森和其他人的工作更深入地诠释了控制企业做什么和如何做的因素。同时我们还可以期待从最近由美国人口调查局经济研究中心（Center for Economic Studies of the Bureau of the Census of the United States）发起的对企业活动的研究中知道得更多。但如果认为“企业的性质”的发表对经济学的最重要的后果就是引起人们重视企业在现代经济中的重要作用那就错了。在我看来，人们极有可能产生这种看法。我认为这篇论文中后来被视为重要贡献的是将交易成本明确地引入了经济分析。我在“企业的性质”中指出，交易成本的存在导致了企业的出现。但这种效应在经济中是普遍存在的。经商者在决定以什么样的方式开展业务和生产什么时必须考虑交易成本。如果进行一项交换的成本大于这项交换可能带来的收益，这项交换就不会发生，那么专业化带来的更高生产率也不会实现。所以交易成本不仅仅影响合约安排，而且影响到生产什么样的产品和服务。如果不将交易成本纳入理论体系，经济系统运行中的许多方面就无法解释，包括企业的出现，但还有更多其他问题。事实上，我们眼中的大部分经济活动是用于避免高交易成本，或是减少交易成本，从而便于个体自由谈判，同时我们可以利用哈耶克揭示的扩散的知识。

我知道只有部分经济学运用交易成本来解释经济系统的一个主要特征，即货币的演变和使用。亚当·斯密指出，在存在劳动分工但经济系统中的所有交易都采取物物交换的形式的情况下会产生商业阻碍。如果某人没有生产者需要的某些东西，他无法买到任何东西。他解释说，这个困难可以通过货币的使用而解决。在物物交换体系中，想要购买某物的人必须找到出售这种产品、并且需要潜在买方拥有某种商品的人。同样，想要出售某物的人必须找到同时需要这种产品并拥有某种潜在卖方所需要的东西的人。在物物交换系统中交换需要满足杰文斯(Jevons)所说的“双重吻合”的条件。显然，寻求具有合适资格的交换伙伴可能要耗费很高的成本，而且会使许多具有潜在利益的交换不能实现。使用货币带来的利益包括交易成本的降低。货币的使用还通过简化合约的签订、减少为交换必须携带的产品数量来降低交易成本。但是，使

用货币所带来的利益的性质,似乎渐隐于经济学家所关注的背景 232
之中,并且似乎没有人注意到,由于减少交易成本的需要,还有其他经济体系特征存在。

现在我该谈谈发表于 30 多年前的、受到瑞典科学院嘉奖的另一篇论文——“社会成本问题”。在这里,我不会多讲它在法律学者中所产生的广泛影响,主要讲一下它在经济学中并不太大的影响,虽然我相信它将会有广泛的影响。我现在认为,在这篇论文中运用的研究方法终有一天会改变微观经济学的结构——我会解释原因。我要补充的是,写该文时我可没有这个一般性的目的。我认为我在揭示庇古关于个人产品和社会产品之间差异的分析的弱点,而这一分析被经济学家们普遍地接受了,仅此而已。不久之后,部分地是由于我和张五常在 1960 年年初的研讨,我才发现我在这篇文章中所写的对经济理论的重要意义,并更清楚地看到哪些问题需要作更多的考察。

庇古得出的结论和大多数经济学家使用标准经济理论所得出的结论,是(也许现在仍是)某种政府行动(通常是征税)用来限制那些其行动对他人有害(经常被称为负外部性)的人。正如我当初所想,我在这篇文章中表明的是,在交易成本为零的情况下(标准经济理论的一个假设),双方的谈判将会带来最大财富的安排,并且这与权利的初始分配无关。这就是声名狼藉的科斯定理。它由斯蒂格勒命名并加以形式化,虽然以我的文章为基础。斯蒂格勒声称,科斯定理遵循了经济理论的标准假设。这一断言在逻辑上毫无疑问,只是看在什么范围内。[7] 我并不是不赞同斯蒂格勒。只是我倾向于,科斯定理是通向分析具有正交易成本的经济的道路上的阶石这一观点。对我来说，科斯定理的意义在于它动摇了庇古体系。在标准经济理论假设交易费用为零时，科斯定理表明，在这些情况下，庇古方案不是必需的。当然这并不意味着，当交易成本为正时，政府行动（如政府经营、管制或征税，包括补贴）不能产生比个人之间在市场中的谈判更好的结果。情况是否会如此并不能依靠研究想象中的政府行为得出，而是要看实际的政府事实上做了什么。我的结论：让我们研究具有正的交易成本的世界。

假如我们从零交易成本的王国迈向正交易成本的王国，在这个新世界中法律体系的重要性立刻清晰起来。我在“社会成本问题”中解释过，在市场中交易的东西并不像经济学家通常所认为的那样，是物理实体，而是进行某些行动的权利和个人拥有的、由法
233 律体系确立的权利。我们可以想象，在假设的交易成本为零的世界中，交易双方可以通过谈判来改变任何阻碍他们采取增加产值所需的任何步骤的法律条款；但在交易成本为正的现实世界中，这种过程的成本会很高，而且即使允许，也会使大量有关法律的缔约无利可图。所以，个人拥有的权利，以及他们的责任和特权，在很大程度上都由法律决定。结果就是法律体系将会对经济体系的运行产生深远的影响，并且在某些方面可以说是前者控制后者。将这些权利应该配置给那些能够有效地使用它们的、具有引导他们这样做的动力的人是可取的，发现（且维持）这样的权利分配，应通过法律的明确和减少有关转让的法律要求方面的麻烦，因为转让费用应该很低。只有在一个适当的产权体系（这种体系已生效）下才会达到这样的状态，所以不难理解，为什么如此之多的法学家（至少在美国是这样）发现，探索这样一种产权体系的特征是一项

令人着迷的工作,以及关于“法律和经济学”的课题研究为什么会在美国的法学院中兴盛起来。确实,这项工作的进展如此之快,以致我认为,相信这个课题的主要轮廓将在五至十年内构画出来并不是过于乐观的想法。

直到最近,除了在最笼统的意义上,大多数经济学家似乎没有意识到经济与法律体系之间的这种关系。股票交易所和商品交易所经常被经济学家们用来作为完全的或近似完全的竞争的实例。但是这些交易所很详细地规定着交易者的活动(并且这种规定与任何可能存在的公共规定十分不同)。可以交易什么,什么时候可以交易,以什么样的方式结账等等,都由交易所权力部门规定。实际上存在着私人法律。如果没有这样的法则和规定,就不可能快速地完成交易。当然,当交易在交易所外进行时(几乎所有交易都是这样),交易者分散在各个地方,有着不同的利益需求,如在零售和批发业中那样,这样的私人法律很难建立,人们的活动将受国家的法律约束。如果不对交易赖以进行的制度设立加以明确规定,经济学家关于交换过程的讨论就毫无意义,因为这会影响到生产的动力和交易的费用。我认为这些现在正开始受到承认,并且由于今天在东欧正在进行的事情而变得水晶一般透明清晰。经济学家详尽分析两个人在森林边缘用胡桃交换草莓,而又觉得他们对交换过程的分析是完备的,这样的时代确实过去了。虽然这种分析从某方面来说有一定的启发意义。需要在现实世界的环境中研究缔约过程。然后我们要了解我们所遇到的问题,了解它们是如何被克服的,从而我们理所当然会意识到,我们必须从中进行选择的备选制度是丰富多彩的。

234 奥利弗·威廉姆森曾将对我在“企业的性质”中论点的缺少应用或有限的应用归咎为没有被“操作化”这一论点。由此，他认为，交易成本概念没有被纳入一般理论中。我想这是正确的。这有两个原因。第一，将交易成本纳入假设它为零的标准经济理论中，是非常困难的；而且正如托马斯·库恩曾经告诉我们的那样，就像大多数科学家，对自己的方法极端因循守旧的经济学家不愿尝试这种方法。第二，威廉姆森也曾指出，在企业内组织还是通过市场之间的选择，是我分析的中心内容，尽管在这方面我是正确的，但我没有指出什么是决定选择结果的因素，从而造成其他人以此为基础建立通常被称为“基本的洞察”时的困难。这也是真实的。但是，约束市场和科层组织的混合体（借用威廉姆森的术语）的相互关系是极端复杂的，在我们对其知之甚少的现状下，很难发现这些因素是什么。我们所需要的是更多的实验工作。在为美国经济研究局的一次会议撰写的一篇论文中，我曾解释为什么我认为需要这样。我是这样说的：“一个有灵感的理论家可能在没有这样的实验工作的情况下也能做得很好，但我的感觉是，灵感最有可能来自通过对数据的系统收集而揭示的模型、疑难问题和异常现象带来的刺激，尤其是当基本需要将突破我们现有的思维习惯时。”[8] 这是在 1970 年讲的。我今天仍认为这一论述是对的。尽管在七十年代和八十年代作了许多有趣而又重要的研究，我们确实远比 1970 年时知道得多，需要进行更多实验工作仍是不容怀疑的。不过，我得出这样一个结论，即：在工业组织中研究者面临的主要障碍是缺乏合约和企业活动的有用数据。所以我决定在这方面做些事情。

由于认为在华盛顿的政府部门和机构中可获得大量有关合约和美国企业活动的数据，并且大部分经济学家不知道这些数据，我在 1990 年夏天在芝加哥大学法学院组织了一次会议。在政府官员提交的论文中，他们描述了哪些数据是可获得的，以及如何获得，并且通报了在他们的部门内正在进行的一些研究。听众包括专业的经济学家。正如一位同事评论的那样，这是一次供给正好满足需求的案例。这次会议的会议录将发表在《法和经济学杂志》的特刊上。与我有关的另一项发展，是在匹兹堡大学工商学院建立合约与企业结构研究中心。这个中心将大规模地收集工商合约，并建立对所有研究者都开放的数据库，无论他们属于哪个机构。我们也不应该忘记现在在人口调查局经济研究中心已经展开 235
的工作。用我的诺贝尔奖奖金支持的这种对数据的更广泛应用，以及对所有从事生产的制度结构研究的人的鼓励，将会减少在今天经济学文献中普遍可以看到的只开花、不结果的理论探讨，而且会增加我们对现实经济体系如何运转的理解的研究。

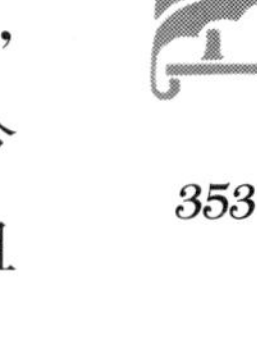

我的一些评论有时被解释为暗示我对经济理论的数学化怀有敌意。事实并非如此。确实，一旦我们开始揭示影响经济体系绩效的真实因素，因素间复杂的相互关系明显的需要用数学方法来处理，如同在自然科学中那样；到时像我这样写散文的经济学家，将会向他们敬礼。希望这个时代快些来临。

我很清楚，许多我尊敬和钦佩的经济学家不会同意我所表达的看法，有些人甚至会被这些看法激怒。但是一个学者必须具备这样的认知：如果他所说的话有错，不久就会有人指出来；至于那些正确的，他可以期待着最终看到被人接受，只要他的生命足够长。

注　释

1 哈罗德·德姆塞茨:《所有权、控制与企业》(*Ownership, Control and the Firm*),第1卷,第145页。

2 莱昂内尔·罗宾斯:《经济科学的性质和意义》(1932),第70页。

3 理查德·施马兰西和罗伯特·D. 威利格(Robert D. Willig)编:《产业组织学手册》,第126页。

4 山姆·皮尔兹曼(Sam Peltzman):"产业组织学手册:书评"("The Handbook of Industrial Organization: A Review Article"),载《政治经济学杂志》1991年2月号,第201—217页。

5 对这些事件更为详尽的叙述见奥利弗·E. 威廉姆森和西德尼·G. 温特合编的《企业的性质——起源、演化和发展》,第34—47页。

6 同上,第34—35页。

7 乔治·J. 斯蒂格勒,"关于科斯定理的两个注解"("Two Notes on the Coase Theorem"),《耶鲁法律杂志》,1989年12月号,第631—633页。

8 罗纳德·哈里·科斯,《企业、市场和法律》(*The Firm, the Market and the Law*),第71页。

索 引 236

（数字为原文所在的页码，即中译本的边码，数字后面的 n 表示该页中的注解）

A

B

C

D

E

F

G

240

H

I

J

K

O

P

Q

R

S

T

U

V

W

Y

Z

译　后　记

关于交易成本、企业的性质、新制度经济学等早已为国内的学者所熟悉，目前国内已有很多介绍交易成本经济学和新制度经济学的文献或译著。因此，原本打算写一个译者序，对本书的主要内容和作者的学术思想做一概括和介绍，但译稿完成后，这种想法就放弃了。因为在本书第一部分导论中，编者之一奥利弗·威廉姆森对全书的内容已经做了非常详细、精辟的概括和介绍，再写就显得多余了。

众所周知，罗纳德·H.科斯是20世纪最有影响的经济学家之一。科斯发表于1937年的论文“企业的性质”被认为是一篇经典，它改变了人们思考经济组织的方式，创立了现代企业理论。科斯于1991年获得了诺贝尔经济学奖，其主要贡献包括三个方面：提出了交易成本的概念，并把它引入经济学的分析框架；强调了交易成本、产权与经济效率的关系，构筑了产权理论的框架；将经济理论应用到法学问题上，形成了一门新的经济学分支——法律经济学。

现代企业理论致力于解释企业产生的原因和企业组织的经济学意义。企业的性质是什么？企业组织与市场组织的边界是什么？要理解企业制度和市场组织，就要理解科斯的思想；而要理解科斯，就要理解其后继学者如威廉姆森、德姆塞茨、哈特、克莱因等人的学术思想。仔细阅读本书，相信读者会对企业的性质、现代企业理论有一个全面、系统和新的认识与理解。

本书是一本论文集，收录了罗纳德·科斯于1937年首次公开发表的经典论文《企业的性质》，以及科斯在1987年为纪念"企业的性质"发表50周年而举行的一次研讨会上所做的三篇演讲，还有科斯在获1991年诺贝尔经济学奖时所做的演讲。这些内容涉及"企业的性质"的起源、意义和影响。从这四篇文章中，我们能看到科斯学术思想的形成、演变及其发展。这对于真正理解科斯及其学术思想至关重要。

本书收录的其他文章，也是1987年纪念"企业的性质"发表五十周年研讨会上的论文，包括奥利弗·威廉姆森的"经济组织的逻辑"、哈罗德·德姆塞茨的"企业理论再考察"、奥利弗·哈特的"不完全合约与企业理论"、保罗·乔斯克的"资产专用性与纵向关系结构"、本杰明·克莱因的"作为组织所有权的纵向一体化"、斯考特·马斯特恩的"企业的法律基础"、温舍·罗森的"交易成本与内部劳动力市场"、西德尼·温特的"论科斯、能力与公司"等，这些作者都是著名的经济学家，对现代企业理论和新制度经济学的形成与发展做出过重要贡献。这些论文中，有的是理论方面的，有的是经验研究方面的。单从这些论文题目中，就不难看出现代企业理论的演变、影响及发展。从本书各篇文章的论述中，我们可以看到过去、现在和将来关于经济组织的研究的状况。

1999年我在荷兰尼津洛德大学（Nyenrode University）做访问学者时，在该校的图书馆第一次看到了本书的英文版，并初步阅读了本书，当时就被书中的内容所吸引，觉得这是一本全面理解科斯、了解现代企业理论演进及发展的好书。回国以后，就向商务印书馆推荐了该书。经过商务印书馆的努力，获得了该书的中文版权。承蒙商务印书馆的信任，我又有幸承担了翻译该书的任务。现在看来，真是有些自不量力了。要真正读懂像科斯、威廉姆森、德姆塞茨等经济学大家的著作，把他们的学术思想真实、准确地表达清楚，谈何容易！要做到翻译的“信、达、雅”，专业知识、外语水平、中文表达能力缺一不可。

可以毫不夸张地说，翻译本书的过程，完全是一个学习的过程。在本书的翻译过程中，我们阅读了大量中外文的企业理论、交易成本经济学、新制度经济学等方面的著作和论文集，查阅了包括《新帕尔格雷夫经济学大辞典》在内的多部辞书，也查阅了许多关于科斯的各种文献，力求对有不同表述的专业概念、生涩的词汇等有一个合意的表达，力求译文通顺、准确并符合中文习惯。本书译稿完成后，我们对现代企业理论、交易成本经济学等又有了新的、比较全面的理解。

本书的翻译历经两年多时间，由于身兼行政管理工作，又承担着繁重的教学和科研任务，再加上水平有限，使得本书的翻译时断时续，进展缓慢。本书翻译工作由我和邢源源博士共同完成。具体分工如下：第一、六、七、九、十、十二章及书后的名词索引，由我本人翻译；第二、三、四、五、八、十一、十三章、科斯 1991 年的演讲以及前言，由邢源源博士翻译；最后由我进行统一校对和统稿。此外，博士研究生张毅、邢清清、王德武、刘志杰、王季、刘大伟等，以及硕士研究生周明月、牛晓晗、张铁英、燕鹏、黄锦、肖晗、张琳等参加了本书部分章节的初稿翻译或校对工作。在此,对他们所做的工作表示感谢。

衷心感谢商务印书馆的程秋珍老师,正是她无私而热情的帮助和不断的鼓励,才使我们两位译者有信心并最终完成此项工作。商务印书馆的朱泱老师认真校对了本书译稿,并提出许多宝贵意见,在此也深表谢意。

由于水平有限,译文中定有不少错误或不妥之处,恳请同人及广大读者批评指正。

姚 海 鑫

2006 年 1 月 5 日

图书在版编目(CIP)数据

企业的性质:起源、演变与发展/(美)奥利弗·E.威廉姆森,(美)西德尼·G.温特编;姚海鑫,邢源源译.—北京:商务印书馆,2017
(汉译世界学术名著丛书:120年纪念版:珍藏本)
ISBN 978-7-100-14190-1

Ⅰ.①企… Ⅱ.①奥… ②西… ③姚… ④邢… Ⅲ.①企业经济—文集 Ⅳ.①F270-53

中国版本图书馆CIP数据核字(2017)第137570号

汉译世界学术名著丛书
(120年纪念版·珍藏本)

企业的性质

起源、演变与发展

〔美〕奥利弗·E.威廉姆森 西德尼·G.温特 编

姚海鑫 邢源源 译

商务印书馆出版
(北京王府井大街36号 邮政编码100710)
商务印书馆发行
南京爱德印刷有限公司印刷
ISBN 978-7-100-14190-1

2017年12月第1版 开本710×1000 1/16
2017年12月第1次印刷 印张23¾

定价:95.00元